COMMUNICATION

Revue québécoise des recherches
et des pratiques en communication et information

Communication est une revue savante. Elle accueille articles, notes de recherche et notes de lecture qui abordent le champ d'études des communications publiques, tant du côté des contenants (les médias grands et petits) que des contenus (information, publicité, musique, fiction, images, etc.).

Communication est multidisciplinaire. Elle se veut un carrefour de diffusion des travaux menés dans les sciences de la communication et autres sciences humaines sur l'un ou l'autre aspect des communications de masse.

Communication publie le plus souvent des numéros omnibus et, à l'occasion, des numéros thématiques. Par exemple, « Les journalismes » (1996), « Éducation aux médias » (1995), « Le cinéma et ses spectateurs » (1992), « La production du culturel » (1991), « La communication organisationnelle » (1990), « La musique populaire » (1986), « Les représentations » (1984).

Communication existe depuis plus de vingt-cinq ans. Elle publie deux numéros par année, d'environ 220 pages chacun.

DIRECTION

Rédacteur en chef

Roger de la Garde
Université Laval

Adjointe administrative

Marie France Hamel
Université Laval

Comité de rédaction

Paul Attallah
Université Carleton

Giovanni Bechelloni
Université de Firenze

Paul Bleton
Télé-université de Montréal

Milly Buonanno
Université de Firenze

Ronald Burnett
Emily Carr Institute of Art and Design,
Vancouver

Larbi Chouikha
Institut de Presse et des Sciences
de l'Information, Tunis

Mihai Coman
Université de Bucarest

Secrétaire de rédaction

Line Ross
Université Laval

Adjoint à la rédaction

Gilles Gauthier
Université Laval

Line Grenier
Université de Montréal

Ahmed Hidass
Institut National de l'Information et de la
Communication, Rabat

Michel Mathien
Université Robert Schuman, Strasbourg

Yvonne Mignot Lefebvre
CNRS Paris I

Pierre Moeglin
Université Paris XIII

Daniela Roventa Frumusani
Université de Bucarest

Thierry Watine
Université Laval

Tous les articles publiés par la revue *Communication,* qu'ils soient sollicités ou non, font l'objet d'une première évaluation à l'aveugle par trois membres de notre comité de lecture. À la lumière de ces évaluations et de leur propre lecture, les membres du comité de rédaction prennent ensuite une décision finale. Celle-ci est communiquée, avec les commentaires (anonymes) des évaluateurs, aux auteur(e)s. En plus du fond, tous les articles font l'objet d'un examen critique sur le plan de la langue.

Tous les textes sont de caractère scientifique et doivent être inédits. Les auteurs y présentent les résultats soit d'une recherche empirique, soit d'une réflexion critique portant sur l'une ou l'autre des théories ou des méthodologies en communication. L'approche peut être de nature disciplinaire ou multidisciplinaire. La revue accueille également la réflexion des professionnels de l'information sur leur métier. Là encore, la réflexion doit témoigner d'une approche inédite qui ajoute aux connaissances déjà acquises et peut revêtir la forme d'une étude de cas. Nous n'acceptons comme article de fond ni dossier journalistique, ni document de vulgarisation, ni chapitre d'une thèse ou d'un ouvrage.

Notre calendrier d'opérations prévoit deux périodes pendant lesquelles les auteurs sont invités à soumettre leurs textes : du 1er janvier au 30 mars et du 1er juin au 30 septembre. Les auteurs connaîtront la décision du comité de rédaction trois mois après la fin des périodes de soumission, soit aux mois de juin et décembre. Les notes (de recherche et de lecture) font l'objet d'une évaluation à l'interne. Un comité de rédaction restreint procède à l'examen de ces textes courts et transmet ses recommandations aux auteurs.

Les articles publiés dans cette revue n'expriment que l'opinion de leurs auteurs et n'engagent nullement celle des éditeurs ou de la rédaction. La revue *Communication* est publiée par le Département d'information et de communication de l'Université Laval.

INDEXATION

Les articles de la revue *Communication* sont indexés dans les répertoires électroniques suivants :

Francis (France)
Repères (Québec)

Manuscrits

Prière d'adresser toute correspondance à :

La revue *Communication*
Département d'information et de communication
B-5604, Pavillon L.-J. Casault
Université Laval
Québec (Québec) Canada G1K 7P4
Téléphone (418) 656-2131, poste 2963 télécopieur (418) 656-7807
Courrier électronique : revue.communication@com.ulaval.ca

BULLETIN D'ABONNEMENT
(ou de renouvellement)

Je désire recevoir le **Volume 23** (2 numéros)
de la revue *Communication*.

Abonnement*	Canada/Amériques	Autres pays
régulier	30 $	35 $
étudiant	25 $	30 $
institutionnel	50 $	60 $

Je désire recevoir l'index cumulatif des articles   1$

* Les taxes canadienne et québécoise sont incluses dans les prix affichés.

* TPS R119 278 950

Conditions de paiement

Par chèque, payable à l'ordre de : Université Laval

Par carte de crédit (indiquer votre numéro, la date d'expiration et le nom du titulaire)

Mastercard N° _____

VISA N° _____

Date d'expiration : _____/ _____/_____

Nom du titulaire : _____

NOM : _____

ADRESSE : _____

VILLE : _____

CODE POSTAL : _____   TÉLÉPHONE : ( ) _____

SIGNATURE _____ DATE : _____

La revue *Communication*
B-5604, Pavillon L.-J. Casault
Université Laval
Québec (Québec)
Canada G1K 7P4
Téléphone : (418) 656-2131 poste 7588
Télécopieur : (418) 656-7807
courrier électronique : revue.communication@com.ulaval.ca

Sommaire

SOMMAIRE

NOTES DE LECTURE

BIBLID 0382-7798(2004)23:1p. 9-18

Perspectives communicationnelles et relations publiques. Présentation

Solange Cormier
Solange Tremblay[1]

Du télégraphe au dialogue

Comment les théories de la communication sont-elles intégrées aux relations publiques ?

La communication participe d'une rhétorique qui conduit à envisager cette réalité interactive comme une panacée qui, tout à la fois, explique les échecs de différents ordres et constitue le remède à de nombreux problèmes sociaux et humains. Le sociologue Philippe Breton parle d'une « utopie de la communication » pour désigner cette tendance.

Or, le concept de communication renvoie à des réalités de plusieurs niveaux obéissant à des logiques différentes. L'articulation de ces distinctions permet la réflexion sur les métiers dits de la communication.

1. Solange Cormier est professeure à demi temps au Département des communications de l'Université du Québec à Montréal et intervient comme consultante en communication. Elle est codirectrice de la collection « Communication » aux Presses de l'Université du Québec. Courriel : s.cormier@st-donat.net. Solange Tremblay est conseillère en communication, membre du Réseau GARP – un regroupement de professionnels offrant des services spécialisés en communication, en relations publiques et en affaires publiques. Elle dirige également le Centre d'études sur les responsabilités sociales de la Chaire en relations publiques de l'UQAM. Courriel : solangetremblay@videotron.ca et tremblaysolangeqc@yahoo.ca.

Premier moment

Les schémas classiques de la communication, reprenant l'analogie télégraphique, mettent l'accent sur la dimension informative de la communication et son pouvoir de changement ou d'influence. La communication reste essentiellement une transmission d'information. Ainsi, Laswell (1948, voir Winkin, 2001) décompose le processus de communication en cinq éléments : qui, dit quoi, par quel canal, à qui, avec quel effet ? Cette approche modélise le processus de communication selon la logique linéaire, établissant un lien entre une cause et des effets. Dans cette perspective, le récepteur est considéré comme un réceptacle passif. Claude Shannon et Warren Weaver (1949), à partir d'une vision cybernétique, ajoutent les opérations de codage et de décodage et insistent sur l'information en retour qui forme une boucle de rétroaction.

Sur le plan épistémologique, nous en sommes encore à une conception substantialiste du réel ; l'observateur, séparé de ce qu'il observe, enregistre les données du réel et les analyse pour en dégager des constances, des régularités, des causalités. Comme le souligne Laplantine, tout ce qu'il y a de plus conservateur dans les sciences sociales, comme les représentations, conduit « à ne faire qu'enregistrer et non à agir, à n'être que témoin et non acteur » (1999 : 87).

Sur le plan de la recherche, l'épistémologie positiviste amène les chercheurs à comparer les faits avec la théorie, ce qui permet de réviser la théorie pour l'adapter à la réalité objective des faits. Par exemple, en relations publiques, les recherches empiriques portant sur l'efficacité des méthodes d'influence relèvent de cette approche. À cet égard, il est surprenant de constater que les ouvrages sur la persuasion sociale, comme celui de Guégen (2002), sont plutôt rarement évoqués dans ce type de recherche. Le chercheur, dans ce contexte, recueille les données à analyser, ce qui contribue à définir son rôle de manière non engagée dans l'observation.

Deuxième moment

L'école de Palo Alto sous l'influence de Gregory Bateson met l'accent sur la dimension interactive de la communication. Dans cette approche pragmatique, Watzlawick et al. (1972) considèrent que tout comportement social a une valeur communicative. Le sens de cette communication « généralisée » est fortement lié au contexte à l'intérieur duquel le comportement se produit. La première publication de l'ouvrage de Watzlawick, Beavin et Jackson a lieu en 1967. Il est intéressant de noter que, l'année précédente, le livre de Berger et Luckman deviendra l'ouvrage de base du constructivisme après les travaux de Piaget, lesquels n'avaient pas été reconnus comme tels au moment de leur parution. Watzlawick (voir Winkin, 1984) lui-même affirme adhérer au constructivisme radical concernant la réalité de second ordre. Cette réalité de second ordre résulte des interactions sociales et, dans ce sens, elle est une construction sociale.

Dans l'épistémologie phénoménologico-constructiviste, la réalité ne préexiste pas à son observation. Nous construisons la réalité sociale ou de deuxième ordre. À la lumière de cette approche, la recherche vise la compréhension plutôt que l'explication, le comment plutôt que le pourquoi, la recherche de sens plus que la recherche des causes. Les méthodologies qualitatives répondent à ces critères.

Comme toute communication est tentative d'influence, l'efficacité de ladite influence ne dépend pas tant de la pression exercée par l'émetteur sur les dispositions psychologiques du récepteur que d'une restructuration de la situation, génératrice de sens pour les sujets qui y évoluent (Mucchielli *et al.*, 1998). La théorie des processus de la communication formulée par les auteurs met en évidence l'importance des différents contextes : sensoriel, spatial, temporel, relationnel, normatif, celui des identités, celui des positionnements.

Cette conception s'applique à la communication organisationnelle interne. Cependant, il arrive trop souvent qu'on applique les méthodes conçues pour des publics de grande taille à la communication interne. Celle-ci devrait être avant tout interactive, c'est-à-dire privilégiant le contact direct avec les employés et l'écoute attentive de ce qu'ils ont à dire. L'interactivité est favorisée par la multicanalité qui caractérise la communication face à face ou dans les petits groupes.

Dans l'optique de la « communication généralisée » (Mucchielli *et al.,* 1998), plusieurs affirmations, pourtant galvaudées, sont un non-sens ; il en va ainsi du « manque de communication » dans les organisations, du rôle de « communicateur », de se donner comme objectif « d'établir la communication ».

Troisième moment

Le troisième moment du développement des théories de la communication est celui d'une approche de la complexité qui, à côté de la rationalité familière, inclut le désordre, le chaos et le paradoxe. La complexité des systèmes ouverts les soumet nécessairement à l'incertitude et à l'indécidabilité. L'approche sereine des situations complexes suppose d'admettre l'incertitude comme un élément constitutif de la réalité.

La complexité ne se laisse jamais appréhender totalement. On peut développer une compréhension globale d'un système complexe, mais on n'arrivera jamais à en prévoir toutes les réactions ni les comportements. Comme le dit Winkin, un modèle « ne peut rendre compte de la créativité et de la nouveauté » (2001 : 74). Pour vivre avec la complexité, nous devons inventer de nouvelles manières d'être ensemble. Compréhension, capacité de dialogue, capacité d'innovation, intégration, simplicité, autonomie et culture sont des valeurs et des ressources qui permettent de survivre dans un système complexe. On passe de l'importance du contexte à l'impératif d'élaborer un contexte.

La publication du livre de Arnett (1986), un exégète de Martin Buber, marque le début d'un intérêt nouveau pour revoir le dialogue à la lumière des théories de la communication et l'envisager sous l'angle d'une praxis sociale. Cette orientation se fait également sentir dans l'ouvrage de Isaacs (1999) et elle est développée, de façon fort pertinente, dans l'ouvrage de Baxter et Montgomery (1996). Récemment, l'article de Kent et Taylor (2002) va dans le même sens. Pour les tenants de l'approche communicationnelle dialogique, l'entre-deux a une réalité ontologique. Comme le souligne Laplantine, « l'indétermination de ce qui est singulier, l'indécidabilité du sens, l'irréconciliabilité de points de vue différents sont ce qui constitue l'extraordinaire richesse de cette fin de siècle » (1999 : 8).

Sur le plan de la recherche, l'accent est mis sur une position critique. Il ne s'agit plus seulement de valider la théorie à l'aide des faits, ni de comprendre les processus de communication qui se déroulent, mais encore de confronter les faits avec des valeurs (Galtung, 1996 ; Toth, 2002). L'écart entre les faits et les valeurs privilégiées agit comme structurant des tentatives de changement.

Sous cet angle, les relations publiques font face à une tâche paradoxale et théoriquement impossible, celle de parvenir à concilier les intérêts corporatifs, organisationnels ou institutionnels et les intérêts publics au regard de valeurs démocratiques. Mais seules les tâches irréalisables méritent qu'on s'y engage. Il leur reste à tenter de bâtir, grâce au dialogue, des intervalles, des entre-deux, des interstices. Pour ce faire, l'idéal, le rêve, l'imaginaire doivent être au rendez-vous.

Des cadres d'analyse à la pratique

L'étude des relations publiques comme discipline et comme profession renvoie à de nombreuses sources. Issues des sciences humaines et des sciences sociales dont elles empruntent plusieurs cadres théoriques et méthodes d'analyse, les relations publiques puisent leurs corpus de connaissances dans des disciplines comme les communications, la psychologie, la sociologie, les sciences politiques, le journalisme et les sciences de la gestion pour ne nommer que les principales.

Sur la pratique même des relations publiques, de nombreux chercheurs proposent diverses analyses et des approches critiques qui contribuent au développement des connaissances tout en influençant directement leur essor. Parmi eux, James Grunig (1984) s'est particulièrement penché sur l'évolution des relations publiques en identifiant les quatre phases principales qui ont marqué leur développement.

Si l'histoire des relations publiques au Québec et au Canada suit sensiblement la même évolution que celle rencontrée aux États-Unis, elle peut être analysée sous différents angles, notamment en l'apparentant avec celle des écoles de pensée en management.

Selon cette perspective, les débuts des relations publiques pourraient coïncider avec l'avènement de l'organisation scientifique du travail dans les organisations, la production en série, le taylorisme, une forte hiérarchisation des entreprises, le contrôle : une phase où les gestionnaires (*managers*) dictent les messages de l'organisation aux relationnistes selon des perspectives purement promotionnelles ou propagandistes. La deuxième phase est plutôt caractérisée par un éveil aux dimensions humaines, par une direction de type paternaliste et un mode de communication qui s'intéresse aux besoins des publics mais dans une perspective de diffusion d'informations.

Si les deux premières phases se définissent par des communications descendantes, en aval du processus décisionnel, les troisième et quatrième voient apparaître des communications à action bilatérale. Une évolution importante s'est en effet opérée depuis la naissance des relations publiques. Avec l'essor des sciences de la gestion, l'automatisation des usines et des bureaux, l'internationalisation des marchés et une forte compétition mondiale, on assiste à un bond dans les communications : la troisième phase ouvre la voie aux communications bilatérales mais à effet inégal. Elles sont axées sur l'écoute et la consultation des publics, mais elles sont orientées par les priorités de l'organisation et ne permettent pas d'influencer ses décisions.

La dernière phase de développement correspond à la forme la plus accomplie des relations publiques, telle qu'elle s'exerce de plus en plus aujourd'hui. On l'associe aux nouveaux modes de gestion favorisant la qualification professionnelle dans les organisations de même qu'aux nouvelles valeurs reconnaissant l'importance du savoir et de la qualité de vie : l'ère du capital humain selon Reich (1984). Elles se déterminent par des communications symétriques bidirectionnelles, permettant à l'organisation d'interagir adéquatement avec ses publics sur une base de confiance et de compréhension mutuelles. De grandes compétences et un large savoir sont requis du professionnel qui doit être en mesure de concilier les intérêts de son organisation avec ceux de ses publics et de s'adapter à son environnement. Devenues une fonction de gestion majeure dans les entreprises, elles se situent dorénavant en amont du processus de décision.

Aussi, l'étude des relations publiques suppose l'acquisition d'un ensemble de connaissances tout autant que d'une rigueur intellectuelle qui permettront l'analyse de problématiques et de situations souvent complexes.

Pourtant, introduire l'idée de rigueur en relations publiques peut encore faire sourciller aujourd'hui. Certains lui reprochent toujours d'être tout au plus un ensemble de techniques et de moyens utilisés pour mousser la visibilité et la rentabilité des organisations.

Précisons d'emblée qu'aucune approche de communication ne peut être abordée comme une solution magique pour résoudre un problème ou pour assurer une nouvelle opportunité de développement pour une organisation. Aucune recette ne peut être appliquée et aucune liste de moyens d'intervention ne peut être composée par simple observation ou contact avec une réalité. Comme le souligne Robert L. Heath (1992a : 25), une campagne de relations publiques peut échouer pour de nombreuses raisons : « un diagnostic mal établi, l'identification de mauvais publics ou des mauvais objectifs, ou parce que la campagne a été mise en place à une mauvais période » (traduction libre). C'est pourquoi les interventions des professionnels doivent être guidées par une connaissance élevée de l'organisation et des nombreux contextes qui l'entourent, ce qui implique des recherches qui doivent souvent se poursuivre en cours d'action afin de permettre à l'organisation de s'ajuster aux mouvements continus de son environnement.

Les relations publiques ne dictent rien, elles n'inventent rien. Elles sont tout au plus une interface entre une organisation et ses différents publics. Mais comme l'ont démontré de nombreuses études, leur rôle peut être très structurant et bénéfique pour les organisations.

Aux critiques qui accusent les relations publiques de manipuler l'information, de fabriquer l'image des uns et des autres, il est de bon ton de rappeler que les relations publiques s'exercent dans les milieux les plus différents – groupes de consommateurs, organismes publics, groupes de pression, milieu gouvernemental, entreprises, organismes philanthropiques, médias – et qu'on fait appel à elles pour traiter des dossiers les plus variés, qu'ils soient économiques, politiques, sociaux, culturels, humanitaires ou environnementaux. La courte histoire des relations publiques, ici et ailleurs, démontre par ailleurs qu'elles sont associées au développement des organisations et à la démocratisation de nos sociétés (Maisonneuve *et al.*, 1998 : 36). De nombreux gains sociaux ont ainsi pu être réalisés, en grande partie grâce à la contribution de campagnes de relations publiques bien structurées. Ainsi, les relations publiques ne sont pas étrangères à l'adoption de nouveaux comportements favorisant la protection de l'environnement, à la sensibilisation aux effets néfastes de certains produits pour la santé, à l'introduction de comportements plus sécuritaires en voiture, aux appuis récoltés en faveur du développement de la recherche pour le traitement de maladies graves, à la régression de l'usage du tabac dans les habitudes de consommation ou encore au soutien de populations vulnérables à la suite de désastres naturels, de catastrophes environnementales, de crises sociales ou politiques.

Pour pouvoir être efficaces cependant et remplir leur mission auprès des organisations qu'elles conseillent, les relations publiques doivent d'abord et avant tout connaître et comprendre le milieu dans lequel évoluent leurs clients ou leurs employeurs.

C'est en composant une liste la plus complète possible des publics qui interagissent avec l'organisation que les relations publiques permettent de mieux appréhender l'environnement dans lequel elle gravite tant sur les plans économique, social, culturel, environnemental ou politique. Il y a plus de trente ans, Peter Drucker (1972), un maître à penser du management moderne, enseignait déjà que toute entreprise est une création de la société et de l'économie et qu'aucune ne peut durer sans qu'elles la considèrent comme « nécessaire, utile et productive » (p. 185). En fait, aucune organisation ne peut se développer sans communication avec ses publics, sans que les différents groupes qui composent ses publics ne souhaitent son existence et ne permettent son développement. Et ils sont nombreux : clientèle, fournisseurs, associations partenaires, institutions financières, autorités locales et gouvernementales, groupes de la communauté et médias, pour ne nommer que les principaux. Sans oublier les associés principaux de l'organisation dans l'essor et l'exercice de sa mission : ses employés. Dans un monde de plus en plus décloisonné, chaque organisation interagit aujourd'hui avec un nombre très important de publics. Aucune organisation n'est une île.

Aussi, concilier les nombreux intérêts des divers publics des organisations constitue l'essence même des relations publiques comme elles s'exercent de plus en plus aujourd'hui. Comme l'a démontré James Grunig et T. Hunt (1984), les communications descendantes (promotion, diffusion d'information) qui ont caractérisé les premières phases de l'évolution des relations publiques cèdent de plus en plus le terrain aux communications bidirectionnelles symétriques qui permettent d'établir des relations favorisant un climat de confiance et la compréhension mutuelle entre l'organisation et ses publics.

Dans son importante étude sur l'évolution du rôle des affaires publiques[2], Andrew B. Gollner (1983) a insisté sur les notions d'interaction, d'interpénétration et d'interdépendance entre l'organisation et ses principaux publics internes et externes. En évoquant ces notions, Gollner souligne avec force le processus de communication interactive permettant à l'organisation d'être influencée à son tour par ses publics. Bien intégrées aujourd'hui, ces notions introduisent toute la complexité du rôle des praticiens dans la gestion de ces relations. Maisonneuve *et al.* précisent à ce chapitre que « le relationniste est souvent perçu comme un *outsider* par l'organisation qui le considère davantage comme un partisan des coalitions externes, alors que pour les médias et les groupes de pression, le relationniste sera perçu comme un promoteur inconditionnel de l'organisation » (1998 : 45).

Aujourd'hui, avec la masse importante d'informations qui circule autour d'eux et l'accès direct aux informations en ligne, les publics sont plus actifs et peuvent plus facilement exercer leur sens critique sur le monde qui les entoure : bien loin maintenant l'époque de l'information à sens unique et des publics passifs. Il n'est donc pas tout de s'adresser à un public, il faut également s'assurer de la participation du récepteur à l'acte de communication puisque, comme le souligne Ravault, « le sens ultime d'une communication est dans ce qu'en font les destinataires » (1996 : 72), ce que les études sur la réception active permettent d'éclairer (Thayer, 1968).

Les relations publiques sont devenues un champ de pratique de plus en plus complexe qui nécessite un esprit ouvert et une rigueur de travail importante. Pour intervenir adéquatement, elles doivent s'exercer de façon très organisée et être gérées scientifiquement. Aussi la recherche et l'analyse sont-elles des composantes essentielles à cette pratique. Elles lui permettent d'évaluer une situation ou un enjeu à travers divers prismes pour bien cerner les différentes composantes qui influent sur l'organisation.

Une chose est certaine, les relations publiques évoluent à un rythme rapide, ce que les mutations profondes qui ont cours à l'échelle mondiale risquent encore d'accélérer : un terrain certes très fertile pour la poursuite de nombreuses études sur le sujet.

---

2. Et des relations publiques souvent vues comme leur synonyme.

Références bibliographiques

ARNETT, R.C. (1986), *Communication and Community : Implications of Martin Buber's Dialogue,* Carbondale, Southern Illinois University.

BAXTER, L. A., et B. M. MONTGOMERY (1996), *Relating : Dialogues and Dialectics,* New York, Guilford Press.

BERGER, P., et T. LUCKMAN (1967), *The Social Construction of Reality, A Treatise in the Sociology of Knowledge,* Garden City, New York, Double Day.

DRUCKER, Peter (1972), *Le management en question,* Paris, Éditions de l'Organisation.

GALTUNG, J. (1996), *Peace by Peaceful Means,* Thousand Oaks (CA), Sage.

GOLLNER, Andrew B. (1983), *Social Change and Corporate Strategy – The Expanding Role of Public Affairs Issues,* Stamford, Connecticut, IAP.

GRUNIG, J. E., et T. HUNT (1984), *Managing Public Relations,* New York, Holt, Rinehart & Winston.

GRUNIG, Larissa A. (1992), « Toward the philosophy of public relations », dans Elizabeth L. TOTH et Robert L. HEATH (dir.), *Rhetorical and Critical Approaches to Public Relations,* New Jersey, Lawrence Erlbaum Associates, p. 65-91.

GUÉGUEN, N. (2002), *Psychologie de la manipulation et de la soumission,* Paris, Dunod.

HEATH, Robert L. (1992a), « The wrangle in the marketplace : A rhetorical perspective of public relations », dans Elizabeth L. TOTH et Robert L. HEATH (dir.), *Rhetorical and Critical Approaches to Public Relations,* New Jersey, Lawrence Erlbaum Associates, p. 17-36.

HEATH, Robert L. (1992b), « Visions of critical studies of public relations », dans Elizabeth L. TOTH et Robert L. HEATH (dir.), *Rhetorical and Critical Approaches to Public Relations,* New Jersey, Lawrence Erlbaum Associates, p. 315-319.

ISAACS, W. (1999), *Dialogue and the Art of Thinking Together,* New York, Doubleday.

KENT, M. L., et M. TAYLOR (2002), « Toward a dialogic theory of public relations », *Public Relations Review,* 28(1), p. 21-31.

LAPLANTINE, F. (1999), *Je, nous et les autres,* Paris, le Pommier-Fayard.

MAISONNEUVE, D., J.-F. LAMARCHE et Y. ST-AMAND (2003). *Les relations publiques dans une société en mouvance,* 3ᵉ édition, Sainte-Foy (Québec), Presses de l'Université du Québec.

MUCCHIELLI, A., J-A. CORBALAN et V. FERRANDEZ (1998), *Théorie des processus de communication,* Paris, Armand Colin.

RAVAULT, René-Jean (1996), « Développement durable, communication et réception active », dans Thérèse PAQUET-SÉVIGNY (dir.), *Communication et développement international,* Québec, Presses de l'Université du Québec, p. 59-79.

REICH, Robert (1984), *The Next American Frontier,* New York, Markham Penguin Book.

SHANNON, C., et W. WEAVER ([1949] 1975), *La théorie mathématique de la communication,* Paris, Retz.

THAYER, Lee (1968), *Communication and Communication Systems,* Homewood, Irwin.

TOTH E. L. (2002), « Postmodernism for modernist public relations : The cash value and application of critical research in public relations », *Public Relations Review,* 28(3), p. 243-251.

WATZLAWICK, P., J. H. BEAVIN ET D. D. JACKSON (1972), *Une logique de la communication,* Paris, Éditions du Seuil.

WINKIN, Y. (1984), *La nouvelle communication,* Paris, Éditions du Seuil.

WINKIN, Y. (2001), *Anthropologie de la communication,* Paris, De Boeck/Seuil.

BIBLID 0382-7798(2004)23:1p. 19-41

Les relations publiques, véritable instrument de démocratie

Bernard Dagenais[1]

Le journalisme se présente comme le chien de garde de la démocratie et s'inscrit dans une démarche de défense du bien public. Les relations publiques, à la solde de leur organisation, protègent les intérêts particuliers de celle-ci. Le journalisme est considéré comme le quatrième pouvoir. Les relations publiques sont considérées comme une forme de manipulation. On appelle les relationnistes les *spin doctors,* et on qualifie de geste de relations publiques tout propos ou initiative que l'on soupçonne d'être un maquillage de la réalité.

Au-delà de ces images idéalisées du journalisme ou caricaturales des relations publiques se profilent deux métiers qui, chacun à sa manière, contribuent à la définition de la sphère publique. Dans cet article, nous voulons exposer la dynamique qui entoure ces deux métiers et démontrer que les travers du journalisme mettent en péril sa mission de chien de garde de la démocratie alors qu'en même temps, la présence des relations publiques permet aux citoyens/consommateurs d'avoir un regard critique sur la société. En somme, dans le cas du journalisme, l'idéal noble qu'on lui attribue est trahi par des pratiques qui font dominer sa réalité commerciale ; et dans le cas des relations publiques, les critiques qu'on lui adresse occultent le rôle véritable qu'elles peuvent jouer dans l'orientation des grands enjeux de société.

Dans un premier temps, nous allons définir ces deux métiers. Dans un deuxième temps, nous allons exposer comment la pratique du journalisme permet aux sources et à leurs relationnistes d'accaparer une large part du discours public. Nous démontrerons que les débats publics sont très souvent orchestrés par la rivalité entre les sources qu'alimente et influence la logique

---

1. L'auteur est professeur au Département d'information et de communication, à l'Université Laval (Québec). Courriel : Bernard.Dagenais@com.ulaval.ca

médiatique. Les relations publiques deviennent ainsi un chaînon incontournable de la démocratie, alors que trop souvent elles en sont considérées comme un frein.

Une définition des métiers de la communication

Les médias ont comme rôle, en tant qu'institution sociale, d'informer, d'éduquer, de divertir et de vendre (Raboy, 2000 : XII), mais aussi de surveiller les acteurs et les débats publics, de hiérarchiser les nouvelles de l'actualité et de jeter un regard critique sur l'ensemble de la réalité. Aucune autre instance de la société, à priori, ne possède la structure et le pouvoir requis pour accomplir l'ensemble de ces rôles.

Si les relations publiques ont été définies comme l'art de mettre en valeur les entreprises et les organisations qui y ont recours et de créer un sentiment de sympathie entre elles et leurs différents publics (Dagenais, 1999 : 23), une tendance récente reconnaît que les relations publiques participent désormais à la définition du savoir (Maisonneuve *et al.,* 1998 : 3-4). En effet, face à une société de plus en plus complexe, face à une fragmentation de plus en plus marquée de points de vue des différents partenaires de la société, face aux moyens de plus en plus raffinés que possèdent les organisations et les entreprises de tous genres pour faire connaître leur position, le savoir se construit par la mise en circulation des informations qu'elles détiennent.

Heath (2000 : 88) soutient que les valeurs de la démocratie se définissent par les plaidoyers et les contreplaidoyers qu'expriment les partenaires de la société. Même si cette activité est orientée par les intérêts que peuvent en retirer ces partenaires, elle apporte à l'ensemble de la société des dimensions essentielles du savoir. Aujourd'hui, on retrouve une quantité phénoménale d'informations sur les sites Web, dans les revues spécialisées et dans les documents produits par les organisations elles-mêmes et le citoyen/consommateur ne peut guère échapper à l'obligation de les consulter s'il recherche des informations diversifiées sur les savoirs qui le préoccupent. Mais même s'il ne faisait aucun effort pour chercher des points de vue critiques, le jeu des relations publiques va les lui imposer, comme nous le verrons plus loin.

La démocratie et le choc des idées

Les sociétés libérales sont animées d'une concurrence continue d'idées, d'affrontement de positions, d'échanges de points de vue. En politique, les partis arrivent rarement à des consensus : l'opposition trouve mille raisons de dénoncer les décisions du parti au pouvoir qui à son tour dénonce le manque de vision du parti de l'opposition. Les groupes pro-vie et pro-choix cherchent à convaincre la population et le législateur de choisir leur camp. Pepsi et Coke sont lancés dans une guerre commerciale pour occuper le premier rang de l'industrie des boissons gazeuses. Les environnementalistes s'en prennent aux entreprises polluantes. Les homosexuels cherchent à enrayer l'homophobie d'une partie de la population. En somme, dès qu'une idée s'affirme, son contraire se présente.

Or, ces prises de parole n'ont d'existence que si elles trouvent écho dans la sphère publique. Et pour ce faire, la voie royale passe par les médias qui font connaître ces points de vue à des auditoires de plus en plus larges. À ce sujet, deux écoles de pensée s'affrontent. La première, représentée par les groupes qui se sentent ignorés par les médias et par certains intellectuels, émet des réserves sur la capacité des médias de donner une juste part aux différents points de vue qui tentent de s'exprimer sur la place publique. La deuxième, représentée par les journalistes et certains chercheurs, accuse les relations publiques d'occuper une place trop grande dans la présentation des enjeux et de ne laisser filtrer que l'information qui les favorise. En somme, les deux écoles se conjuguent pour affirmer que le citoyen/ consommateur n'a pas droit à une information complète.

Le débat tourne autour de l'importance des sources d'information dans la construction de la sphère publique. Certains acteurs sociaux et leurs idées auraient droit à une place privilégiée dans les médias, soit en s'imposant directement ou indirectement par leur statut, soit en contrôlant le discours public.

Le parti pris des médias

Selon la première école, plusieurs failles apparaissent dans le rôle messianique que l'on reconnaît d'emblée aux médias dans la protection de la démocratie. Elle remet en cause les médias comme des institutions neutres au service de l'intérêt public. En voici les principaux arguments.

La sélection des informations : il appartient aux journalistes de sélectionner les informations qui constitueront l'ordre du jour des préoccupations de la société, ce que McCombs et Shaw (1972) appellent *l'agenda setting.* Or, cette sélection passe par une série de gardes barrière, les *gatekeepers,* qui vont filtrer, orienter et teinter la couleur de l'information à partir de préoccupations commerciales, idéologiques et sociales des médias.

21

Par ailleurs, il existe *une routine et une logique journalistiques* qui enca-drent la notion de nouvelles (Altheide et Snow, 1979). Ainsi, ce qui se trouve en première page d'un quotidien, par exemple, n'est pas nécessairement ce qui est important en soi, mais ce qui correspond à cette logique ou routine. La photo couleur de la une, dans de nombreux quotidiens, constitue une exigence de la mise en page. Elle peut n'avoir aucun lien avec les priorités du jour, en autant qu'elle soit en couleur et intéressante. Il en est de même des accidents mortels qui, dès qu'ils sont spectaculaires et qu'ils entraînent plusieurs morts, quel que soit le pays où l'accident s'est produit, auront une priorité presque absolue sur toute autre information. Les résultats des matchs sportifs seront impérativement intégrés aux nouvelles de tous les médias du monde. Ainsi donc, la logique médiatique va imposer certains choix qui, ni de près ni de loin, ne peuvent aider les citoyens à mieux gérer leur milieu de vie. Et de ce fait, d'autres informations seront ainsi éliminées de la scène publique faute d'espace ou d'intérêt. Dans les exemples que nous avons proposés, la photo de la une relève de la mise en scène de l'infor-mation et de ce que l'on appelle la spectacularisation des informations, et les accidents et les sports de la routine journalistique.

L'information en temps direct impose une nouvelle contrainte aux médias. Une tentative de suicide en direct, un accident majeur, une prise d'otages, un déversement de matières toxiques vont maintenir sur place des équipes de journalistes tant que le drame ou la crise ne sera pas terminé. Parce qu'elles sont présentes sur la scène de l'événement et qu'elles doivent donc se rentabiliser, pendant les dix, vingt ou trente heures que durera la crise, les équipes resteront sur place et tiendront l'antenne pour expliquer qu'il n'y a aucun développement. Mais pendant ce temps, d'autres activités ne seront pas couvertes…

La dimension commerciale et la recherche de bénéfices accrus des médias ont fait naître plusieurs préoccupations. D'une part, la définition de la nouvelle répond dans une large partie à des préoccupations économiques. L'industrie des médias, pour jouir de la manne des quelque 10 milliards de $ dépensés chaque année au Canada en publicité, doit s'ajuster aux besoins des annonceurs. Et la préoccupation légitime de ces derniers est de rentabi-liser leur investissement. La recherche d'une rentabilité accrue par les actionnaires se manifeste principalement dans un choix de contenu à retombée élevée. Ils recherchent donc ce que l'on appelle un environnement sympathique à leurs produits. C'est ainsi que toute personnalité, toute institution reconnue recevra une attention immédiate des médias, que ce soit pour le meilleur ou pour le pire. Par ailleurs, la curiosité du public et des médias est davantage attirée par les écarts à la norme qui prennent la forme du spectaculaire, de l'unique, de la controverse ou du scandale. Ce n'est plus tant la profondeur des informations qui priment que leur valeur commerciale (Miller, 1998). Le volet divertissement évacue la fonction critique et la mission d'informer, la recherche du plus grand nombre écarte tout ce qui pourrait choquer. Ces reproches reviennent comme une litanie dans une très grande partie des écrits critiques des médias et sont toujours étayés d'exemples probants. Pourquoi existe-t-il des dizaines de chroniqueurs sportifs dans les divers médias et aucun chroniqueur à la pauvreté ? Parce qu'il est probable que le public n'ait pas envie de suivre avec autant de passion l'évolution de la pauvreté que celle de ses équipes sportives et surtout la pauvreté n'est pas porteuse d'un environnement sympathique à la publicité. La structure économique des médias comporte donc un certain frein à la circulation de certaines informations, en particulier celles qui remettent en cause les systèmes établis. Nous y reviendrons plus loin.

D'autre part, les médias appartiennent à des conglomérats, ce qui provoque certains dérapages. D'abord, la concentration des médias a amené les grands propriétaires à se partager le marché canadien et a imposé le quotidien unique dans plusieurs grandes villes, avec parfois l'obligation de partager l'éditorial unique entre plusieurs quotidiens au pays. Ensuite, la convergence de la propriété des médias écrits et électroniques sous toutes ses formes crée des situations de monopole des idées aux mains de grands groupes de presse souvent liés de très près à de grands groupes financiers (Bernier 2000, Ryan 2001). Cette situation entraîne une certaine réserve ou des biais certains lorsque vient le temps de traiter de certains sujets et objets comme en témoignent l'affaire Pratte à *La Presse* et la naissance du *National Post,* le premier limogé de son poste de *columnist* pour avoir osé mettre en cause son grand patron Power corporation et la volonté explicite exprimée par le propriétaire d'alors du *Post,* Conrad Black, de s'opposer à l'hégémonie du Parti libéral au pays. Par ailleurs, si un quotidien indépendant comme *Le Devoir,* qui a toujours affirmé son indépendance, et qui sous le règne de deux directeurs différents a écarté de ses pages éditoriales des collaborateurs qui affichaient des pensées divergentes de celles de la direction, peut-on croire qu'il en va différemment dans les conglomérats où les enjeux sont à la fois politiques et économiques.

Ces éléments privilégient donc un certain nombre d'approches et de cadrages qui ont comme corollaire d'éliminer de la sphère publique un grand nombre de réalités. La structure de propriété des médias facilite donc la circulation de certaines informations et en bloque d'autres.

Il existe, par ailleurs, dans tous les médias *un biais idéologique* qui, quoique non manifeste, transpire à l'analyse des prises de position et des choix de nouvelles. Des analyses de contenu d'un même événement ou d'une même thématique dans différents médias, comme celles réalisées par Marlé (1964), Morin (1969), Menudier (1972), Robertson (1998), démontrent hors de tout doute que tout média exprime et privilégie une certaine façon de voir la réalité. De ce fait, adopter un média en particulier, c'est aussi adopter une position idéologique. Les grands médias d'information de masse nord-américains revendiquent une certaine absence d'idéologie lorsqu'ils se comparent à certains médias européens d'opinion. Mais dans les faits, ils défendent à leur façon une certaine idéologie. Pour eux, la vision du capitalisme néolibéral et la libre circulation des biens et services qui s'inscrit dans la mouvance de la mondialisation n'est pas une idéologie, mais une réalité pure et dure à laquelle s'opposent des idéologies socialisantes. Dès lors, le citoyen qui n'emprunte qu'un seul média pour comprendre les grands enjeux, et c'est la grande majorité, est prisonnier d'un cadre de référence et d'un parti pris idéologique bien précis.

Par ailleurs, les animateurs, les comédiens, les vedettes, les personnalités connues, les « experts » en sexologie ou en cartomancie, les vendeurs de produits horticoles ou financiers engagés pour « informer » ne sont pas des journalistes. Ce sont des dilettantes, d'anciennes personnalités politiques, des vendeurs de produits, ou des semeurs de haine. Certains de ces chroniqueurs spécialisés sont parfois des professionnels de ces disciplines se servant de leur tribune pour faire mousser leur entreprise. Il serait injuste de faire le procès du journalisme en ayant en tête certains de ces *pseudojournalistes*. Mais il n'en demeure pas moins que ceux-ci obtiennent des cotes d'attention exceptionnelles et qu'aux yeux du grand public, ils font de l'information. Or, la plupart des médias font appel à de tels pseudojournalistes pour remplir certains de leurs espaces.

Les médias trop près de la coalition dominante

Au-delà de ces constats sur les pratiques journalistiques, de plus en plus de journalistes (de Virieu, 1990 ; Halimi, 1997 et 1999 ; Ramonet, 1999 ; Woodrow, 1991) et d'intellectuels (Mermet, 1987 ; Neveu, 1993 ; Bourdieu, 1996a et b ; Gingras, 1999 ; Monière 1999) déplorent la façon dont les médias jouent leur rôle de défenseur de la démocratie. Depuis des décennies, des dizaines d'entre eux ont écrit des articles et des ouvrages et ont participé à des tribunes publiques pour expliquer que les médias remplissaient mal leur rôle de chien de garde de la démocratie, certains allant même jusqu'à affirmer que les médias trahissaient leur devoir et servaient d'instrument contre la démocratie (Kellner, 1990 ; Freund, 1991 ; Fallows, 1996 ; Chomsky et Mc Chesney, 2000 ; Morrot, 2001).

Cette tendance peut traduire un souci constant des journalistes de porter un regard critique sur leur propre métier, d'en dénoncer les travers et d'œuvrer au maintien continu d'un journalisme de qualité. Les intellectuels, quant à eux, expriment ainsi leur désir profond de voir les médias jouer un rôle plus dynamique dans le développement de la démocratie. Mais cette attitude peut aussi traduire le malaise profond qui secoue le journalisme d'aujourd'hui et qui amène certains intellectuels à croire que les médias ont abandonné leur rôle social pour devenir de simples entreprises commerciales à la recherche d'un maximum de profit. Et pour préserver leur empire, ils auront tendance à défendre le statu quo social et politique et se colleraient ainsi aux courants dominants de leur société. Pour reprendre l'expression de Grunig (1992), les médias sont trop près de la coalition dominante.

L'école marxiste a longuement expliqué les fonctionnements de l'idéologie dominante qui envahit toutes les instances d'une société. Celles-ci vont dès lors s'appliquer à reproduire le système qui les supporte. Bourdieu et Passeron (1970) en ont fait la démonstration avec le système d'éducation. Et Herman et Chomsky (1988 : 306) l'ont transposée dans le domaine des médias de masse. Les sociétés occidentales acceptent toutes les critiques qui peuvent améliorer le système de production capitaliste, mais rejettent toute initiative qui pourrait remettre en cause les fondements mêmes de ce système.

Brune (1993) et Halimi (1997) ont parlé de complaisance des journalistes face aux grands de ce monde. Et on a souvent invoqué le syndrome de Stockholm pour expliquer la relation qui pouvait exister entre des chroniqueurs spécialisés et le milieu professionnel qui les entoure. On parle donc d'inféodation aux puissances. Elle se fait sans contrainte, de façon volontaire et même participative. De ce fait, certaines idées, certains changements et certaines critiques qui ne cadrent pas avec l'idéologie dominante ont du mal à se frayer un chemin dans le discours public. Lorsque le milieu religieux régnait en maître au Québec, tout le Québec y était soumis. Il faut relire le dépliant de l'équipe du tonnerre de Jean Lesage, en 1962, où chaque candidat disposait de cinq lignes pour se présenter. Chacun d'entre eux faisait allusion à son investissement dans une organisation religieuse et invoquait un frère, une sœur, un cousin ou un oncle entré en religion. Les témoignages qu'a livrés Kalle Lasn dans sa revue *Adbusters* traduisent la difficulté d'affronter une certaine forme de censure qui brime l'expression de courants d'idées dérangeants.

Tous ces éléments alimentent les réflexions de ceux qui croient que les médias jouent contre la démocratie. Leurs arguments s'appuient sur le fait que la démocratie repose sur la libre circulation de l'information et de toute l'information. Celui qui sait décide et contrôle ; celui qui ne sait pas écoute et subit. Or, inconsciemment ou non, les médias exercent un certain choix, donc orientent l'information qui circule. Ceci ne veut pas automatiquement dire que les médias sont hostiles à la démocratie, mais plutôt qu'ils exercent un certain contrôle sur la circulation des informations, contrôle qui peut privilégier certains acteurs.

Guillebaud (1993 : 96) soutient que l'idéal de démocratie ne peut pas vivre en toute harmonie avec l'univers capitaliste des médias davantage orientés vers le profit que vers la recherche de la vérité et du bien-être de l'humanité. Les grands médias de masse tendent à transformer les citoyens en consommateurs de divertissement plutôt qu'en partenaires de l'humanité.

Bruck et Raboy (1989 : 5) croient qu'avec la spectacularisation des informations, le temps et le discours sont tellement comprimés qu'elles ne sont plus que des objets de consommation plutôt que des éléments de compréhension. À ce titre, une étude (Barnabé, 1993) a démontré que « la durée moyenne des déclarations des candidats à la présidence américaine, dans les journaux télévisés, est passée de 43,1 secondes en 1968 à 8,9 secondes en 1988 ».

Kellner (1992 : 61) soutient que les grands médias de masse sont contrôlés par les forces corporatives conservatrices qui s'en servent pour faire mousser leur propre intérêt. Il est intéressant de rappeler que l'auteur (1990 : XIII) avait auparavant fait état du rapport de la Commission trilatérale paru en 1975 sous le titre : *La crise de la démocratie,* dans lequel on apprenait que la tendance des médias à privilégier la contestation développait une culture négative qui minait le leadership, contestait l'autorité et délégitimait les institutions établies. Kellner résume ainsi cette position : « trop de démocratie nuirait à la démocratie et menacerait la stabilité des sociétés capitalistes existantes ». Kellner renverse la proposition et insiste pour dire qu'il n'y a pas assez de démocratie dans les médias, tout particulièrement à la télévision, ce qui mine les fondements de la démocratie. Les médias ont failli à leur tâche de produire l'information utile pour permettre l'émergence d'un citoyen informé.

On reconnaît par ailleurs que tous les acteurs sociaux n'obtiennent pas spontanément la même écoute auprès des médias. Alors que les élus sont suivis à la trace par les chroniqueurs politiques, d'autres acteurs vont devoir inventer des stratégies originales de communication pour s'imposer aux médias.

Malgré ces critiques, il existe un consensus pour affirmer que les pays occidentaux partagent une presse libre qui favorise la liberté et une certaine forme de démocratie et que dans les pays où la presse ne jouit pas de cette marge de manœuvre, il n'existe qu'un triste reflet de ce que l'on appelle la démocratie. Dans les démocraties occidentales, les médias, en révélant des comportements déplacés, peuvent faire tomber des têtes politiques, comme celle de Gary Hart, dans la course à l'investiture démocrate de 1988, amener sur la place publique des enjeux que certains voudraient cacher et critiquer tous ceux qui occupent des charges publiques. Le fameux « J'accuse » de Zola prouve la force de la presse, mais en même temps la condamnation de Zola à l'exil démontre la présence musclée du pouvoir.

L'apport des relations publiques aux débats publics

L'idée de l'orientation biaisée des médias est renforcée par une autre école de pensée qui celle-là affirme que les relations publiques envahissent l'univers des médias. Selon cette école, ce ne sont plus les médias qui filtrent l'information, mais les relationnistes qui leur imposent des points de vue.

Les médias seraient en fait composés des informations qu'ils reçoivent des sources et ce seraient elles qui contrôleraient les débats publics. C'est ainsi que l'espace d'un quotidien, par exemple, serait accaparé à quelque 90 % par l'initiative des sources. La publicité occupe au départ environ 65 % de l'espace (Dupont, 2001). Les industries culturelles et sportives occupent 90 % des cahiers qui leur sont dédiés. Dans les pages culturelles, par exemple, on ne parle que des livres, des films, des pièces de théâtre qui se préparent ou qui sont à l'affiche, donc qui sont mis en marché. Un auteur qui ne publie pas et qui n'est pas l'objet d'un scandale n'existe pas. Les pages sportives sont presque exclusivement consacrées au sport professionnel et aux événements sportifs programmés par des organisations. Les cahiers spéciaux existent pour proposer un environnement sympathique à certaines industries : la mode, la construction, le jardinage, la cuisine, les voyages. Les pages économiques couvrent les grandes entreprises et leur développement. Il n'y a pas de chroniqueur syndical. Et les problèmes du monde du travail occupent une infime portion des espaces consacrés au monde économique. Balbastre et Stechal (1996) ont démontré que les médias ne couvrent, du monde économique, que ce qui favorise le monde des affaires. On va consacrer des espaces chaque jour à l'évolution des cours boursiers, mais on sera extrêmement timide sur le monde ouvrier. « La réalité du monde du travail, celle des luttes ouvrières, demeure presque systématiquement un grand continent englouti par les ondes », affirment les auteurs. À cet égard, ils citent le cas de la sortie du film *Germinal* en 1993 qui a eu droit à une vaste couverture, alors que la même année, l'industrie textile a perdu 6000 emplois dans le Nord/Pas de Calais et que la chaîne France 2, par exemple, n'a jamais traité du sujet.

Chaque matin, dans les salles de nouvelles et de rédaction, on évalue les sollicitations reçues à couvrir les conférences de presse et les événements et on choisit, parmi elles, celles qui semblent les plus importantes. Les chroniqueurs parlementaires, judiciaires ou municipaux sont appelés à couvrir leur secteur d'activités qui est animé par l'actualité. Les médias d'information prêtent leur espace à ceux qui prennent la parole sur la place publique.

Le discours public est donc articulé par les sources. Et ce sont elles encore qui décident majoritairement des agendas des propos, car si elles restent silencieuses, on ne parlera pas d'elles. Et si elles parlent, c'est qu'elles en ont décidé ainsi, soupesant le moment de prendre la parole, les propos qu'elles vont divulguer et la façon d'habiller ces propos et les circonstances où ils vont être connus. Il existe certes des exceptions où l'actualité oblige les entreprises à se justifier sur la place publique mais, en général, le journaliste présente et critique une réalité qui est articulée par d'autres acteurs.

La réalité est créée par un ensemble de quatre éléments : (1) les acteurs, sociaux, politiques, économiques, culturels et sportifs jouent des rôles et expriment des propos qui tentent de justifier leur rôle ; (2) les événements produits par les acteurs ou provoqués par la nature ou par un accident ; (3) les relationnistes qui les habillent ou qui les créent ; et (4) les journalistes qui les couvrent, les commentent ou les critiquent.

De ce fait, dans une large mesure, les journalistes reçoivent, reproduisent et analysent la nouvelle des acteurs marchands, sociaux ou politiques. Ainsi, avant que la nouvelle n'arrive aux mains des journalistes, elle est déjà travaillée, préparée, soupesée par des équipes de relationnistes qui sont engagés par les entreprises pour ce faire.

Des analyses ont déjà démontré le poids de la communication d'entreprise dans les médias. Une étude des quotidiens commandée par la Fédération professionnelle des journalistes du Québec (Tremblay *et al.,* 1988 : 16) précise que

> *39 % des moyens utilisés par les journalistes dans le but d'obtenir une*
> *information font directement appel à du matériel préparé par des agents*

d'information ou des relationnistes ; 47 % des nouvelles font usage d'éléments extraits du discours de promotion ; 25,6 % des articles que nous avons examinés ainsi que l'ensemble des brèves ont été totalement ou partiellement écrits à partir de tels éléments.

Les auteurs précisent que si l'on ajoutait les sections des arts et spectacles, de la consommation, du tourisme, des sports et la publicité qui n'avaient pas été considérés dans l'étude, on constaterait que les quotidiens sont fortement redevables aux entreprises et aux organisations, donc aux sources, dans leur préparation (Dagenais, 1999 : 47).

Cette « invasion » des relations publiques a été maintes fois décriée par les journalistes. La Fédération professionnelle des journalistes du Québec avait tenu son congrès annuel en 1988 sur ce thème. Certains conférenciers avaient alors dénoncé la mainmise des relations publiques sur la circulation des informations et sur leur véracité.

Les deux écoles de pensée que nous venons de présenter se rejoignent dans le fait que, selon elles, l'information qui circule est filtrée, contrôlée et biaisée. Et pourtant, le citoyen/consommateur est-il si mal informé ? Les groupes reconnus de la société réussissent-ils vraiment à écarter des médias et du discours public les voies discordantes ? Une troisième école de pensée affirme, au contraire, que le recours aux relations publiques par des groupes qui défendent des intérêts divergents permet au citoyen/consommateur de partager des points de vue différents, quelles que soient les barrières idéologiques ou économiques que peuvent dresser les médias.

Dès lors, quel est le rôle particulier que jouent les relations publiques dans la circulation des informations ? Dans les entreprises et les organisations qui désirent une présence publique, qui transite habituellement par les médias, ce sont les relationnistes qui vont préparer les contenus à diffuser, émettre les communiqués, organiser les conférences de presse et les événements-média, servir de porte-parole et répondre aux journalistes. Ces rôles leur permettent de centrer l'information sur les éléments qui vont servir le mieux leur organisation et ses intérêts. En ce sens, ils essaient d'exercer une certaine maîtrise sur les informations qui peuvent avoir des impacts négatifs sur leur univers de référence et c'est tout à fait justifié. Car, en parallèle, ils ne peuvent exercer aucun contrôle sur les informations que peuvent décider de faire circuler leurs compétiteurs ou adversaires et ils doivent s'exposer aux critiques des médias. Ainsi, sur la place publique, les organisations vont devoir s'afficher positivement et en même temps se défendre des attaques dont elles sont victimes.

Les relationnistes, qu'ils se nomment agents d'information, attachés de presse, chargés des affaires publiques ou du service à la clientèle, peuvent se retrouver dans toutes les institutions, entreprises et organisations qui composent une société civile. Ils se retrouvent dans les entreprises de fabrication de biens et services et dans les organismes de défense des consommateurs, dans les associations patronales et syndicales, dans les partis au pouvoir et d'opposition. C'est donc dire que leur participation à la sphère publique va permettre d'avoir constamment en présence des points de vue divergents sur les mêmes réalités.

La troisième école de pensée dont nous parlons attribue aux relations publiques plutôt qu'au journalisme le mérite de permettre cette confrontation des idées. Les médias seraient davantage le lieu d'expression de ces antagonismes que l'initiateur de ces prises de position. En effet, une certaine littérature prétend que certains groupes ou certaines revendications ont été longtemps négligés sinon condamnés par les médias (Beauchamp, 1987 ; Keable, 1985 ; Raboy 1992 ; Roth, 1992). Il est vrai qu'il y a un demi-siècle, le climat social acceptait mal les revendications, l'Église prônait en même temps la soumission à l'autorité et les médias participaient à cette idéologie.

Ce sont les travailleurs qui ont amené les patrons à redéfinir l'espace de l'organisation du travail. Ce sont les femmes qui ont amené la société, qu'elle soit civile ou religieuse, à tenir compte de leur existence dans la définition des droits et devoirs des partenaires sociaux. Ce sont les écologistes qui ont amené la grande industrie et les gouvernements à se soucier de la pollution. Les premiers mouvements indépendantistes ont fait l'objet de chasse aux sorcières et ont été vertement critiqués dans les éditoriaux. Le sida a été présenté comme étant « la lèpre gaie » (Dagenais, 1994), l'homosexualité a mis du temps à avoir droit de cité dans les médias et les personnages homosexuels sont apparus avec beaucoup de timidité dans les émissions de grande écoute à la télévision. Les activistes et les altermondialistes ont dû pousser les médias dans leur logique extrême pour qu'enfin on parle d'eux. Plus près de nous, les pacifistes aux États-Unis qui s'opposaient à la guerre contre l'Irak ont été accusés d'absence totale de patriotisme et presque de complicité avec l'ennemi avant d'avoir droit à une existence civile.

Les grands changements sociaux sont nés de tous ces groupes de contestation qui ont décidé de porter très haut le flambeau de leurs idéaux et qui ont imposé aux médias, et de ce fait à la société, le devoir de tenir compte de leurs revendications […]. D'où que nous regardions, c'est la prise de la parole par des groupes de personnes qui a été le moteur des développements de toute nature. Et c'est en utilisant des stratégies de relations publiques que furent débattus sur la place publique ces différents enjeux. Et très souvent, au début, ces groupes ont dû affronter la résistance sinon l'opposition des médias à leur cause (Dagenais, 1999 : 44).

Tous ces groupes vont promouvoir des idées ou des causes évacuées par les principales institutions d'une société, institutions auxquelles sont intimement liés les médias. Ils vont donc avoir à se battre contre l'indifférence sociale, l'hostilité des autorités et la méfiance des médias. Les tactiques de guérilla utilisées par les groupes contestataires atteindront leur objectif : faire parler des causes et des groupes qui les soutiennent (Morency, 2001).

En effet, il existe actuellement un débat au sein de la communauté journalistique au sujet de ce que l'on appelle le « journalisme public » (Watine, 2003). L'enjeu est le suivant : est-ce que le journaliste devrait s'engager dans des causes, les soutenir et les défendre ou doit-il, pour conserver sa distance critique, éviter de s'impliquer ? C'est cette dernière tendance qui prévaut. Ainsi, ce ne sont pas les journalistes économiques qui ont été les premiers à décrier les effets pervers de la mondialisation, ce sont les activistes qui, par des stratégies adéquates, ont alerté les populations du monde à ce problème. Ce n'est ni le gouvernement ni les médias et encore moins les industries forestières qui ont alerté la population des méfaits de la coupe à blanc des forêts, ce sont des activistes comme Richard Desjardins au Québec.

Ainsi, pour faire avancer leurs causes, les acteurs de la société vont construire des discours publics qui leur seront favorables et se feront aider dans ce dessein par des spécialistes pour les préparer et pour s'assurer qu'ils franchiront l'entrée des médias. Lorsque ce pas sera accompli, les médias vont alors jouer un rôle de diffuseur, d'amplificateur et de critique. C'est en ce sens que des auteurs comme Bruck et Raboy (1989 : 7), Kellner (1990 : 6) et Charron (2000) estiment que les médias sont autant des instruments de répression et de domination que des supports dynamiques à l'émancipation humaine, aux réformes et aux changements sociaux. Mais en réalité, les médias ont été peu souvent les moteurs de ces changements. En fait, les médias, comme les autres instances officielles, sont à quelques rares exceptions près en retard sur l'évolution sociale. En réalité, en tant que témoins de l'actualité qu'ils décident ou non de diffuser, les médias sont très rarement des leviers de changement.

On aurait tort d'attribuer aux seuls relationnistes le soin d'avoir fait avancer les causes. Ce sont les leaders de ces causes qui en sont les premiers responsables. Mais c'est en pratiquant les relations de presse de façon adéquate qu'ils ont réussi. En effet, comme la société est timide envers les idées nouvelles qui peuvent la bousculer, les médias observent une prudence naturelle. Pour vaincre cette prudence, il faut donc savoir utiliser la logique et la routine journalistiques.

La première routine médiatique que les groupes de contestation devront affronter est celle-ci : dès qu'une autorité ou un groupe nanti s'expriment, ils ont droit à une écoute attentive. Ils peuvent se contenter d'exprimer leur orientation ou leur opposition par de simples déclarations ou communiqués. Les groupes en émergence vont devoir utiliser des actions de provocation pour attirer l'attention des médias. Le but premier n'est pas de faire partager leurs préoccupations, mais de les faire connaître. C'est donc en utilisant non plus la routine mais une certaine logique médiatique qu'ils réussiront à percer l'indifférence des médias.

Cette logique englobe l'appétit pour le temps direct et l'écart à la norme. Il suffira d'organiser une manifestation qui devra être couverte en direct et dont le premier objectif sera de déranger l'ordre établi, donc objet de controverse. Si on y ajoute un porte-parole télégénique ou connu, les groupes vont ainsi créer un événement digne d'attention, donc une nouvelle. Et comme tout ce qui est écart à la norme et controverse attire les médias, désormais ces groupes auront recours à des actions d'éclat pour se frayer un chemin dans la sphère publique.

Toutefois, pour être couvert par les médias, il ne suffit pas d'organiser l'événement, il faut aussi apprendre à appâter les médias pour qu'ils le couvrent : on aura donc recours aux relations de presse. Pour favoriser ce que Philippe Guilhaume (1990 : 15) appelle le syndrome du merle, « comme ces oiseaux qui se regroupent pour s'envoler dans la même direction quand un bruit les dérange », il faudra faire beaucoup de bruit communicationnel autour de l'événement avant sa tenue, en amplifiant si nécessaire l'importance du geste ou le nombre de personnes attendues.

La connaissance fine du fonctionnement des médias, le recours à des stratégies de relations publiques éprouvées permettent aux leaders et à leurs conseillers en relations publiques d'articuler sur la place publique leurs interventions et d'occuper toute la place médiatique qu'ils souhaitent.

Un judicieux recours à des relations de presse permet donc à tous les partenaires de se faire entendre et peut aussi donner lieu à des malversations. Lorsque les acteurs ont compris la logique et la routine journalistiques, ils peuvent en abuser. Car les médias véhiculent ce qu'ils entendent. Et plus la voix qui les entretient revêt une autorité, plus elle sera diffusée sans contrôle. Si l'acteur ou l'entreprise n'ont pas à cœur l'intérêt public, ils se le feront rapidement reprocher. Le président américain George W. Bush et le premier ministre britannique Tony Blair ont essayé de faire croire au monde entier en 2002 que Saddam Hussein possédait des armes de destruction massive et les médias ont répété cent fois plutôt qu'une cette « réalité ». Lorsque des sources divergentes ont exprimé des doutes sur cette « réalité », elles ont eu accès à une écoute et, en même temps, elles ont eu droit à un discours d'antipatriotisme toujours véhiculé par les médias. Et ce discours a même entraîné la mort du scientifique Kelly, en Grande-Bretagne, qui s'est suicidé après que les médias l'eurent pointé du doigt comme étant la source divergente qui essayait de contredire le discours officiel.

Ce qu'il faut retenir de tout cela, c'est que les médias suivent les sources et ne les précèdent que rarement. Et c'est le jeu des interventions des sources qui crée le discours public. Pour Spicer (2000 : 118), c'est par les relations entre les organisations, les gouvernements, les groupes et les publics que se construit le marché des idées et des enjeux. Heath (2000 : 70) insiste de son côté pour affirmer que l'argumentation qui se construit à la suite des plaidoyers et des contre-plaidoyers émis par les relationnistes permet la confrontation des idées.

Les débats autour des enjeux

Une fois que les groupes de contestation auront atteint une certaine légitimité, ils pourront dès lors rivaliser avec les groupes nantis pour occuper l'espace médiatique en utilisant le discours seulement. L'affrontement entre ces groupes d'intérêt différents sur la place publique finit par donner de la réalité une image plus juste. Aujourd'hui, le véritable chien de garde de la société prend davantage le visage de l'affrontement sur la place publique de ces groupes qui veillent à protéger leurs acquis et des groupes qui contestent ces acquis. Ils surveillent toute législation pouvant leur nuire, tout autre groupe pouvant leur porter ombrage, tout concurrent qui utiliserait des moyens détournés et irréguliers pour arriver à ses fins. C'est la surveillance des autres groupes qui créent les véritables débats publics.

Ainsi, toute entreprise ou organisation est scrutée par ses concurrents qui la dénoncent volontiers, par ses employés qui exercent un contrôle scrupuleux sur ses activités, par d'autres groupes d'intérêt qui constatent que les valeurs en lesquelles ils croient sont bafouées par elle. Cette surveillance est organisée par des spécialistes qui possèdent une connaissance parfaite des dossiers et du temps et de l'énergie pour le faire. Aussi guettée et épiée de si près, l'entreprise ne peut se permettre de faux pas et doit donner l'heure juste lorsqu'elle intervient sur la place publique.

Aujourd'hui, le communicateur a une responsabilité aussi grande que le journaliste dans l'équilibre sociopolitique. Connaissant très bien, sinon mieux que tout journaliste son champ d'activité, appuyé par des spécialistes extrêmement aguerris qui exercent une surveillance serrée de leur environnement, il fera donc connaître sur la place publique les positions de son entreprise ou organisation en même temps qu'il contrera le tir de ses adversaires.

Par ailleurs, les journalistes n'ont ni le temps ni la compétence pour exercer un jugement critique sur toutes les déclarations des organisations qui œuvrent dans leur champ de couverture, même si on doit reconnaître que certains d'entre eux ont développé une maîtrise parfaite de leur champ d'action. De plus, par souci de rentabilité, on assiste à une réduction des salles de rédaction tant de la presse écrite qu'électronique. On trouve ainsi certains secteurs d'activité couverts par un seul journaliste. Ce dernier doit faire face à des dizaines de relationnistes qui interviennent sur la place publique dans ce seul secteur comme dans le cas de l'éducation par exemple. Réal Barnabé écrivait, lors du 20e congrès de la Fédération professionnelle des journalistes du Québec (1988), qu'il y « aurait au Québec de deux à trois fois plus de relationnistes que de journalistes ». Et Lise Payette, lors du même événement, rappelait qu'il y a « presque plus de journalistes en politique et dans les grandes boîtes de communication que dans les médias ».

Le pouvoir des relations publiques

Pour obtenir ou maintenir une certaine légitimité, les acteurs politiques, marchands, sociaux et religieux vont devoir apprendre à se présenter sur la place publique et à articuler un discours qui supportera la contestation, qui sera dans la lignée de la rectitude politique et qui ne prêtera pas flanc trop facilement aux attaques des adversaires. Car désormais, c'est le discours qui dicte le savoir. La politique s'articule autour d'une parole publique entièrement construite. La spiritualité et la religion se définissent par l'intangible mais se nomment pour exister. L'économie est construite autour de la production de masse qui n'est possible que grâce à la consommation de masse que permet la publicité. Aujourd'hui, la santé est discours de prévention autant que soins médicaux. Ces discours sont articulés par les sources et n'ont de vie sociale que s'ils sont diffusés par les médias. Désormais, ce n'est plus la force du raisonnement qui prime, mais la capacité de présenter sur la place publique ses positions.

Au-delà du savoir, les acteurs sociaux vont aussi chercher à se positionner également sur l'échiquier du pouvoir.

Ceux qui se veulent discrets sont attaqués et doivent se défendre. Ceux qui s'exposent trop suscitent l'envie et excitent la concurrence. S'expliquer sur la place publique est devenue une nécessité. Et pour réussir, il faut savoir se servir de toute la richesse des stratégies de communication (Dagenais, 2000 : 116).

C'est en partie grâce à la maîtrise des relations de presse par les sources que des discours différents vont pouvoir circuler dans la sphère publique. Les changements sociaux sont le résultat du combat constant entre les différentes instances de la société et tout particulièrement entre la coalition dominante et les groupes de contestation. L'évolution des idées se fait par la différence et les contraires. C'est l'affrontement des idées sur la place publique par des apôtres de chaque approche qui fait évoluer la société. Ce qui fait avancer la société, c'est le choc des idées (Holtzhausen, 2000). Et Heath (2000 : 70) affirme que tous les faits, les valeurs et les politiques qui circulent dans la sphère publique sont l'objet de défenseurs et d'opposants.

Or, c'est souvent grâce aux approches des relations publiques et à leur connaissance de la routine et de la logique médiatiques que ces idées contradictoires peuvent circuler. Pour Heath (2000 : 71), les relations publiques ajoutent une valeur à la société parce qu'elles permettent un dialogue entre diverses parties qui ne partagent pas nécessairement les mêmes vues. Toute idée n'est bonne qu'en autant qu'elle peut supporter la critique publique et affronter la concurrence. Il peut arriver que ces critiques soient mensongères et manipulatrices. Mais seul un autre discours peut les contredire. Les grands enjeux de la société se débattent à partir de points de vue différents.

Campbell (1996) avait émis la remarque suivante : les vérités ne marchent pas sur leurs propres jambes. Elles sont portées par des gens qui les transmettent à d'autres. Elles doivent être présentées, défendues et répandues par le langage, les arguments et les appels.

Les journalistes doivent jeter, en principe, un regard neutre et critique sur la réalité. Ils rapportent et commentent l'actualité qui se déroule sous leurs yeux. Chaque jour, ils sont appelés à couvrir les activités, événements, conférences de presse qui leur sont proposés. Mais ce sont d'autres acteurs qui créent cette même réalité, qui prennent des décisions, qui posent des gestes, qui divertissent le public, qui font tourner l'économie et qui développent des stratégies pour attirer l'attention des médias.

Certes les journalistes donnent une dimension sociale aux activités qu'ils sélectionnent. Ils sortent de l'anonymat des événements, des déclarations, des scandales. Si les journalistes peuvent braquer leurs phares sur des réalités et leur donner une amplitude certaine, ils ne sont pas maîtres de ces réalités au départ, mais seulement de leur diffusion. Ce qui laisse une grande marge de manœuvre aux différents acteurs sociaux dans l'occupation de l'espace public puisque ce sont eux qui choisissent la majeure partie du temps de se taire ou de parler. Et s'ils décident de parler, ce sont encore eux qui construisent le discours qu'ils veulent mettre de l'avant.

On ne peut écarter les dangers de la rétention ou de la manipulation de l'information par les relations publiques. Une organisation commet des erreurs, pratique des infidélités à ses codes d'honneur, et parfois même triche. Elle n'est pas plus parfaite que les humains qui la composent. Mais il ne lui appartient pas de s'agenouiller chaque matin au confessionnal médiatique et de faire une confession publique des péchés qu'elle aurait pu commettre. « Les relations publiques, après tout, ne sont pas l'art du mensonge, mais celui de l'organisation de la vérité à des fins particulières » (Boisvert, 1998).

À l'accusation adressée aux relationnistes de contrôler de façon abusive l'information, ceux-ci répondent par deux arguments. Le premier, c'est qu'aucun journaliste n'est obligé de croire et de publier les informations que lui acheminent les relationnistes. Le second, c'est qu'il ne faut pas blâmer les relationnistes si les journalistes n'ont ni le temps ni les moyens de vérifier les informations qu'ils reçoivent.

Or, comment expliquer que les journalistes font confiance aux informations qu'ils reçoivent de leurs sources ? C'est que la majeure partie du temps, les relationnistes donnent l'heure juste. Ce métier nécessite une grande rigueur et une éthique irréprochable. Pour s'assurer que les informations qui circulent au sujet de l'entreprise correspondent bien à la réalité que veut donner d'elle-même l'entreprise, chaque information diffusée devra donc être visée, corrigée, approuvée par différentes instances dans l'administration. Les textes sont préparés par les relationnistes, corrigés par les responsables de contenu, révisés par les autorités. Chaque communication fait l'objet d'une vérification très serrée des faits, des chiffres et des idées qui sont véhiculés.

Le métier de relationniste requiert une rigueur qui pourrait rendre jaloux tout journaliste. Car si le journaliste doit produire des textes chaque jour, pressé par le temps et sans pouvoir toujours vérifier ses sources, le relationniste doit se tourner la langue sept fois avant d'émettre un communiqué qui aura été vu, lu, relu, corrigé et approuvé par diverses personnes. Ceux qui pensent que c'est pour mieux manipuler ne comprennent pas bien ce métier. C'est davantage pour s'assurer que tout ce qui est écrit est parfaitement exact et correspond à la réalité de l'entreprise ou de l'organisation. Pour les journalistes, c'est la preuve que l'information est superfiltrée. Pour les rela-tionnistes, c'est la certitude que toute information est véridique, exacte et conforme aux objectifs de l'entreprise. Si le journaliste pouvait mettre autant de temps qu'un relationniste pour s'assurer de l'exactitude des faits qu'il véhicule, il comprendrait la différence entre filtrer l'information et s'assurer de son exactitude (Dagenais, 1999 : 46).

La désinformation et la propagande existent, comme la persuasion et la contre-propagande. La propagande ne véhicule pas nécessairement des propos faux (Jowett et O'Donnell, 1999). Et la contre-propagande n'est pas toujours véridique. Mais l'une et l'autre véhiculent des visions divergentes de la réalité. Les propagandes syndicale ou patronale, de droite ou de gau-che, de guerre ou de paix peuvent s'équilibrer en autant que les médias restent ouverts à toutes les divergences de la société. Par exemple, dans la bataille pour renverser Saddam Hussein, les médias américains se sont ran-gés derrière la version officielle et ont banni pendant un certain temps toute expression de dissidence. Il aura fallu des marches de la paix partout dans le monde, des vedettes osant défier la consigne du silence pour amener la presse américaine à écouter et à présenter l'autre dimension de cette guerre. Mais c'est parce que les dissidents ont su utiliser des stratégies adéquates que les médias leur ont accordé de l'importance. Le président américain n'avait qu'à faire une seule déclaration à la télévision pour fustiger les opposants. Ceux-ci ont dû défiler par centaines de milliers de personnes dans le monde pour avoir la même écoute des médias.

C'est en ce sens que les relations publiques constituent un réel support à la démocratie. Elles permettent l'expression de tous les courants d'idées envers et contre la coalition dominante et les médias. Les relations publiques ont comme mandat premier de mettre en valeur leurs organisations et leurs intérêts (privés). En ce sens, elles ne peuvent revendiquer la neutralité du journalisme qui vise l'intérêt public. Mais dans les faits, les médias cher-chent aussi l'intérêt privé de leurs entreprises et les organisations ont compris qu'elles devaient conjuguer avec l'intérêt public. Les relations publiques peuvent donc aussi aider la démocratie à s'édifier.

Références bibliographiques

ALTHEIDE, David L., et Robert P. SNOW (1979), *Media Logic,* Thousand Oaks (CA), Sage Publications.

BALBASTRE, Gilles, et Joelle STECHAL (1996), « Un grand continent englouti par les ondes : le monde du travail, interdit de télévision », *Le Monde diplomatique,* juin, p. 6.

BARNABÉ, Réal (1988), « Des nouvelles sans relations de presse, est-ce possible ? », Actes du 20ᵉ congrès annuel de la FPJQ, tenu à Québec les 2, 3 et 4 décembre.

BARNABÉ, Réal (1993), « Des journalistes bien portants », *Le Magazine 30*, 17(4), mai, p. 31.

BEAUCHAMP, Colette (1987), *Le silence des médias : les femmes, les hommes et l'information*, Montréal, Éditions du Remue-Ménage.

BERNIER, Marc-André (2000), « Concentration et convergence des médias : protéger les intérêts des actionnaires de la démocratie (lire les citoyens) », tiré du site Internet www. Globetrotter.qc.ca/metamedia.

BOIVERT, Yves (1998), « Le juste milieu : le fond de poubelle de l'information », *Le Magazine 30*, juin, p. 32.

BOURDIEU, Pierre, et Jean-Claude PASSERON (1970), *La reproduction : éléments pour une théorie du système d'enseignement*, Paris, Éditions de Minuit.

BOURDIEU, Pierre (1996a), *Sur la télévision*, Paris, Éditions Liber. (Coll. « Raisons d'agir ».)

BOURDIEU, Pierre (1996b), *L'emprise du journalisme*, Paris, Éditions Liber. (Coll. « Raisons d'agir ».)

BRUCK, Peter A., et Marc RABOY (1989), *Communication for and against Democracy*, Montréal, Black Rose Books.

BRUNE, François (1993), « Néfastes effets de l'idéologie politico-médiatique », *Le Monde diplomatique*, mai, p. 4-5.

CAMPBELL, K. K. (1996), *The Rhetorical Act*, Belmont (CA), Wadsworth.

CHARRON, Jean (2000), « Journalisme et démocratie », communication au séminaire de la CEFAN, *Médiations et processus culturels*, Université Laval, novembre.

CHOMSKY, Noam, et Robert W. MCCHESNEY (2000), *Propagande, médias et démocratie*, Montréal, Éditions Écosociété.

DAGENAIS, Bernard (1994), « Le corps médical oriente le discours public sur le sida : le cas du Canada et du Sénégal », *Communication*, 15(2), p. 49-78.

DAGENAIS, Bernard (1999), *Le métier de relationniste*, Québec, Presses de l'Université Laval.

DAGENAIS, Bernard (2000), « Point de vue », dans Thierry LIBAERT, *Le plan de communication : définir et organiser votre stratégie de communication*, Paris, Dunod, p. 114-118.

DE VIRIEU, François-Henri (1990), *La médiacratie*, Paris, Flammarion.

DUPONT, Luc (2001), *Quel média choisir pour votre publicité ?*, Montréal, Les Éditions Transcontinental.

FALLOWS, James M. (1996), *Breaking the News : How the Media Undermine American Democracy*, New York, Pantheon Books.

FREUND, Andreas (1991), *Journalisme et mésinformation*, Paris, Les Éditions de La pensée sauvage. (Coll. « Média-discours ».)

GINGRAS, Anne-Marie (1999), *Médias et démocratie, le grand malentendu*, Sainte-Foy, PUQ.

GRUNIG, James E. (1992), *Excellence in Public Relations and Communication Management*, Hillsdale (N.J.), Lawrence Erlbaum Associates.

GUILHAUME, Philippe (1990), « L'information est malade », dans Hugues HOTIER (dir.), *Éthique et communication,* Université de Montaigne- Bordeaux 3, ISIC, p. 11-15.

GUILLEBAUD, Jean-Claude (1993), « Les médias contre la démocratie ? », *Esprit,* mars/avril, p. 86-101.

HALIMI, Serge (1997), *Les nouveaux chiens de garde,* Paris, Éditions Libre-Raisons.

HALIMI, Serge (1999), « Vers une démocratie du simulacre généralisé : ces débats médiatiquement corrects », *Le Monde diplomatique,* mars, p. 3.

HEATH, Robert L. (2000), « A rhetorical perspective on the values of public relations : Crossroads and pathways toward concurrence », *Journal of Public Relations Research,* 12(1), p. 69-91.

HERMAN, Edward S., et N. CHOMSKY (1988) *Manufacturing Consent : The Political Economy of the Mass Media,* New York, Pantheon Books.

HOLTZHAUSEN DERINA, R. (2000), « Postmodern values in public relations », *Journal of Public relations Research,* 12(1), p. 93-114.

JOWETT, Garth S., et Victoria O'DONNELL (1999), *Propaganda and Persuasion,* Thousand Oaks (CA), Sage, 3e édition.

KEABLE, Jacques (1985), *L'information sous influence. Comment s'en sortir ?,* Montréal, VLB Éditeur.

KELLNER, Douglas (1990), *Television and the Crisis of Democracy,* Westview Press, Boulder.

KELLNER, Douglas (1992), « Television, the crisis of democracy and the Persian Gulf War », dans M. RABOY et B. DAGENAIS (dir.), *Media, Crisis and Democracy : Mass Communication and the Disruption of Social Order,* Londres, Sage, p. 44-62.

MAISONNEUVE, Danielle, Jean-François LAMARCHE et Yves SAINT-AMANT (1998), *Les relations publiques dans une société en mouvance,* Sainte-Foy, Presses de l'Université du Québec.

MARLÉ, René (1964), « La guerre de 1914 dans les *Études* et les *Stimmen der Zeit* », *Études,* septembre, p. 203-215.

MCCOMBS, M. E, et D. L. SHAW (1972), « The agenda-setting function of mass media », *Public Opinion Quarterly,* 36, p. 176-187.

MENUDIER, Henri (1972), « L'image de l'Allemagne à la télévision française », *Études,* octobre.

MERMET, Gérard (1987), *Démocrature : comment les médias transforment la démocratie,* Paris, Aubier.

MILLER, John (1998), *Yesterday's News : Why Canada's Daily Newspapers are Failing Us,* Halifax, Fernwood.

MONIÈRE, Denis (1999), *Démocratie médiatique et représentation politique,* Montréal, Presses de l'Université de Montréal.

MORENCY, Pierre (2001), *La puissance du marketing : découvrez les règles secrètes du jeu,* Montréal, Éditions Transcontinental.

MORIN, Violette (1969), *L'écriture de presse,* Paris, Mouton.

MORROT, Bernard (2001), *Presse, la grande imposture,* Paris, Flammarion.

NEVEU, Érik (1993), « Médias et construction de la crise de la représentation : le cas français », *Communication*, 14(1), p. 21-54.

RABOY, Marc (1992), « Media and the invisible crisis of everday life », dans M. RABOY et B. DAGENAIS (dir.), *Media, Crisis and Democracy : Mass Communication and the Disruption of Social Order*, Londres, Sage, p. 133-143.

RABOY, Marc (2000), *Les médias québécois : presse, radio, télévision, inforoute*, Montréal, Gaëtan Morin.

RAMONET, Ignacio (1999), *La tyrannie de la communication*, Paris, Galilée.

ROBINSON, Gertrude J. (1998), *Constructing the Quebec Referendum : French and English Media Voices*, Toronto, University of Toronto Press.

ROTH, Lorna (1992), « Media and the commodification of crisis », dans M. RABOY et B. DAGENAIS (dir.), *Media, Crisis and Democracy : Mass Communication and the Disruption of Social Order*, Londres, Sage, p. 144-162.

RYAN, Claude (2001), « À qui doivent appartenir les journaux », *Le 30*, décembre-janvier, p. 15-16.

SPICER, Christopher H. (2000), « Public relations in a democratic society : Value and value », *Journal of Public Relations Research*, 12(1), p. 115-130.

TREMBLAY, Gaëtan, Michel SAINT-LAURENT, Armande SAINT-JEAN et Enrico CARONTINI (1988), *La presse francophone québécoise et le discours de promotion*, Montréal, Fédération professionnelle des journalistes.

WATINE, Thierry (2003), « Le modèle du "journalisme public" », *Hermès*, n° 35, p. 231-239.

WOODROW, Alain (1991), *Information manipulation*, Paris, Éditions des Félins.

RÉSUMÉ

Dans toute société, certaines organisations défendent le statu quo et d'autres veulent le changer. Les unes et les autres vont utiliser les relations publiques pour faire connaître et défendre leurs points de vue, pour dénoncer leurs adversaires, pour rectifier les propos qui circulent sur la place publique et qui ne correspondent pas à leurs idéaux. Pour ce faire, elles disposent de compétences, de temps, de ressources qu'aucun média ne possède. Elles exercent ainsi une surveillance de l'environnement beaucoup plus serrée que ne le font les médias. Pour les organisations en émergence, le recours à certaines stratégies de communication leur permet de vaincre une certaine résistance, voire dans quelques cas, une certaine hostilité de la part de la société et des médias. C'est en ce sens que les relations publiques constituent un véritable outil de démocratie.

In all societies, certain organizations defend the status quo and others want to change it. Each will use public relations to make known and defend their different points of view, denounce their adversaries, rectify the remarks which circulate in public and which do not correspond with their ideals. To accomplish this, they are in possession of competencies, time, and resources that none of the media are. In this sense, they exercise a much closer surveillance of the environment than the media do. For emerging organizations, the recourse to certain strategies of communication allow them to overcome a certain resistance, even, in some cases, a certain hostility on the part of society and the media. It is in this sense that public relations constitute a veritable tool of democracy.

En toda sociedad, algunas organizaciones defienden el statu quo y otras promueven el cambio. Tanto las unas como las otras van a recurrir a las relaciones públicas para hacer conocer y defender sus puntos de vista, denunciar a sus adversarios, así como rectificar las declaraciones que circulan públicamente y que no corresponden a sus ideales. Para lograrlo, disponen de competencias, tiempo y recursos que ningún otro medio de comunicación de masa posee. De esta manera ejercen una vigilancia del entorno mucho más restrictiva que la que normalmente aplican los medios de comunicación de masa. Para las organizaciones emergentes, el hecho de recurrir a determinadas estrategias de comunicación les permite vencer cierta resistencia y en algunos casos incluso un tipo de hostilidad por parte de la sociedad y los medios de comunicación de masa. Es en este sentido que las relaciones públicas constituyen un verdadero instrumento para la democracia.

BIBLID 0382-7798(2004)23:1p. 42-74

Relations publiques *B2B* et prises de décision. Influence sur les publics institutionnels

Danielle Maisonneuve[1]

Les relations *B2B* sont un champ d'action des relations publiques couvrant la communication des organisations avec leurs publics institutionnels. Les communications entretenues directement avec les représentants des organisations s'établissent en dehors des réseaux de diffusion de masse (tels les médias grand public ou les événements destinés à la population). Cette communication conçue par les relationnistes pour les publics institutionnels s'effectue par divers moyens d'information, imprimés et électroniques. Pratiquée entre des organisations partenaires ou clientes, elle constitue un champ d'action des relations publiques qui concerne les relations d'affaires entre des organisations. Ce créneau d'activité est nommé les relations publiques *B2B* (pour *business to business*), ou communications d'affaires interorganisationnelles.

La question de l'influence des relations publiques *B2B* auprès des décideurs dans les organisations et des clients institutionnels présente un enjeu important pour les relationnistes et pour leurs interlocuteurs dans les organisations. Or les études réalisées jusqu'ici concernent surtout l'impact des relations publiques et des médias de masse auprès du public en général. Poser la question de l'influence des relationnistes auprès des décideurs, œuvrant dans les organisations partenaires et clientes, permet de mieux identifier l'impact des relations publiques dans l'établissement de communications d'affaires entre les organisations.

---

1. Professeure et titulaire de la Chaire en relations publiques, Université du Québec à Montréal. Courriel : maisonneuve.danielle@uqam.ca

Problématique et cadre théorique

Notre recherche tente de cerner la perception des publics institutionnels quant à leur mode de réception de l'information conçue par les relationnistes et diffusée par divers moyens de communication. L'objectif principal de nos travaux est de mieux comprendre l'impact de la communication interorgani-sationnelle en tant que processus d'influence entre les interlocuteurs institu-tionnels. Les objectifs secondaires de notre étude sont de deux ordres : tout d'abord, valider l'influence de l'information sur la réduction de l'incertitude chez les publics d'affaires et ensuite documenter la pluridirectionnalité des communications s'établissant à l'intérieur d'une communauté d'interpréta-tion par diverses stratégies de relations publiques. Pour réaliser ces objectifs, nous nous sommes concentrés sur l'appréciation de plusieurs moyens de relations publiques par les décideurs et les clients institutionnels de nom-breuses organisations, au Québec et au Canada, pour vérifier s'il se crée un ajustement mutuel entre les divers pôles d'une communication, selon le schéma que propose Thayer (1968) :

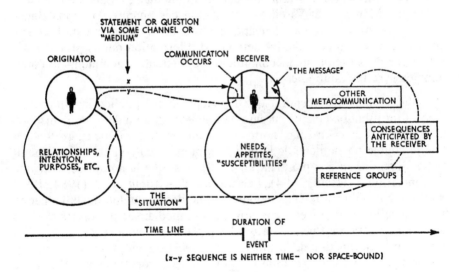

FIGURE 1
SCHÉMA DE LA COMMUNICATION SELON LEE THAYER (1968 : 123)

Selon nous, bien que conçu pour illustrer le processus systémique des communications interpersonnelles et sociales, le schéma de Thayer peut également illustrer les relations entre les interlocuteurs représentant les organisations. Partant de ce schéma systémique de la communication, notre recherche entendait documenter l'influence des activités de relations publiques auprès des publics institutionnels en apportant des éléments de réponse à la question suivante, qui définit la problématique étudiée : quelle est l'incidence des relations publiques *B2B* sur les décideurs dans les organisations ? L'hypothèse de notre étude est qu'il s'effectue un processus d'incrémentation de l'information, sur la base de la réduction de l'incertitude (Heath, 1994) et sur la plate-forme de relations le plus personnalisées possible, telles qu'établies entre les relationnistes et les publics institutionnels : plus les relationnistes ont recours à des moyens de communication individualisés et ciblés, plus significative est leur influence sur les prises de décision de ces publics institutionnels.

La métacommunication interorganisationnelle mise en place par les relations publiques façonne l'environnement global où se déploient les activités de l'organisation. Cet environnement est influencé par les organisations qui influent à leur tour sur leur environnement, en une boucle autopoïétique (Maturana et Varela, 1980). Selon ces auteurs, la connaissance s'élabore dans la relation dialectique entre un système cognitif et son environnement. En ce sens, les activités d'information qui se produisent à l'intérieur du système socioéconomique permettent de maintenir la continuité du système (autopoïèse[2]).

Pour cerner la perception que développent les publics institutionnels face à l'information conçue par un relationniste, au nom de son organisation et diffusée par divers médias, notre recherche a retenu comme cadre conceptuel le double phénomène de l'aptitude-à-prendre-en-compte et la disponibilité-à-prendre-en-compte (Thayer, 1968) ainsi que la notion de réduction de l'incertitude (Heath, 1994). Les travaux de Grunig *et al.* (1984, 1992, 2002) sont également retenus, notamment la théorie du domino et la théorie situationnelle selon laquelle une information médiatisée par divers moyens de communication influence surtout les personnes déjà à la recherche d'information[3]. En fonction de la situation où ils se trouvent, les publics institutionnels reçoivent l'information plus ou moins favorablement, selon leurs

---

2. Néologisme du grec « autos » qui signifie *de lui-même* et « poisseuses », c'est-à-dire *action de faire*. L'autopoïèse est le modèle d'organisation d'un système vivant ou d'un réseau dont les composantes participent à la production ou à la transformation des autres.

3. À noter que les médias de diffusion sont pris au sens large et non seulement au sens de médias journalistiques. Les relationnistes transmettent de l'information par divers médias tels sites Web, publicité institutionnelle, imprimés, communication événementielle, communication interpersonnelle, réunions, etc.

besoins spécifiques[4] et leur engagement dans l'action. Le processus d'influence varie donc en fonction du type des récepteurs, actifs ou passifs, engagés dans l'action ou non directement concernés par l'information. Parce que les publics actifs – incluant les publics activistes (Grunig, Grunig et Dozier, 2002 : 16-17 ; p. 453-456) – sont à la recherche d'information, il a été démontré (Grunig et Hunt, 1984 : 14) que ces publics actifs sont beaucoup plus ouverts à l'influence que les publics passifs, ces derniers étant moins conscients des problématiques ou non directement concernés par certains enjeux qui ne les touchent pas, donc moins influençables.

Selon cette approche, les publics institutionnels forment un public actif parce que directement concernés par les problématiques reliées à leur travail : ils représentent un groupe à la recherche d'information requise pour éclairer leurs prises de décision, ayant par conséquent une disponibilité-à-prendre-en-compte plus grande qu'un public passif. Cette catégorie de public forme donc une communauté interprétative (Carrage, 1990) dont les membres pratiquent une écoute participative et se réapproprient les messages de manière subjective, en fonction de leurs besoins, selon le principe de l'énaction (Varela, 1989) comme fondement de la subjectivité de toute connaissance : « la cognition, loin d'être la représentation d'un monde prédonné, est l'avènement conjoint d'un monde et d'un esprit à partir de l'histoire des diverses actions qu'accomplit un être dans le monde » (Varela *et al.*, 1993 : 35). Par ses actions de communication et de relations interorganisationnelles, le relationniste participe ainsi à la création de la réalité des organisations en favorisant une intersubjectivité transorganisationnelle. Ce concept d'intersubjectivité, selon Jürgen Habermas, situe le rôle de la communication dans l'appréhension d'une autre subjectivité organisationnelle : « L'intersubjectivité supra-individuelle, dans une communauté communicationnelle obéissant à des nécessités de coopération, préside à la formation non contrainte de la volonté » (Habermas, 1988 : 49). Ce rôle de la communication entre les organisations entre en œuvre pour comprendre l'intersubjectivité en cause dans le processus décisionnel chez les décideurs dans les organisations.

Avec la théorie de la réduction de l'incertitude, le chercheur américain Heath (1994) précise que l'on cherche d'abord de l'information sur les sujets qui nous préoccupent, notamment en vue de faciliter la prise de décision. L'information diffusée par les relationnistes contribuerait ainsi à

---

4. Les recherches sur les usages et les gratifications, dont Jensen et Rosengren (1992) présentent les grandes lignes d'évolution, mettent en évidence les motivations des publics à s'exposer aux médias.

réduire l'ambivalence et l'incertitude chez les publics institutionnels par les choix à effectuer lors des prises de décision reliées à leur travail. Par conséquent, nous pouvons poser l'hypothèse que les publics institutionnels peuvent subir l'influence de l'information nécessaire à leur travail et à leurs prises de décision parce qu'ils sont déjà à la recherche de ce type d'information (théorie situationnelle) et parce qu'ils ont besoin de cette information pour prendre des décisions (théorie de la réduction de l'incertitude).

Cependant, le degré de cette influence est difficile à mesurer, car il peut toujours s'agir d'une influence négative, le récepteur étant celui qui a le dernier mot dans tout processus de communication. Prenons le cas des médias : les études permettent d'affirmer qu'ils influencent la définition de l'agenda public (McCombs, 1977) et modulent les sujets de préoccupation de la population, incluant les publics d'affaires et les clients institutionnels, par la mise à l'ordre du jour de certains thèmes : « it might not tell people "what to think" but it could tell them "what to think about" » (Grunig et Hunt, 1984 : 234).

Or les relationnistes, en tant que sources d'information parmi d'autres pour les médias, peuvent influencer sur la définition des sujets proposés à l'agenda des publics institutionnels (notamment par les médias spécialisés). La définition de l'agenda contribue donc à la priorisation des sujets qui préoccuperont les organisations et leurs décideurs.

Mais qu'en est-il de l'influence en tant que processus ? Grunig et Hunt suggèrent de mesurer l'influence potentielle de l'information diffusée par les médias choisis par les relations publiques en modélisant la chaîne des effets de l'information selon l'« effet domino » (Grunig et Hunt, 1984 : 124). On sait qu'une information ne fait pas tomber automatiquement tous les dominos de la chaîne (réception, acceptation, rétention, changement d'attitude et changement de comportement[5]) puisque cette chaîne des effets peut être rompue à tout moment. Les études sur la réception active (Jensen et Rosengen, 1992) précisent d'ailleurs que l'information encodée par les relationnistes est rarement l'information telle que décodée par le récepteur.

---

5. À remarquer que les deux derniers effets de cette chaîne ne se réalisent pas toujours dans cet ordre, le comportement influençant également les attitudes : « Les attitudes et les actions s'engendrent mutuellement comme les œufs et les poules […]. La plupart des données des recherches vont toutefois dans le sens de l'affirmation disant que nos attitudes se modèlent sur notre comportement » (Myers et Lamarche, 1992 : 57). Notre recherche n'ayant pas pour objet de valider l'une ou l'autre des prises de position dans ce débat, nous retenons pour l'instant la théorie du domino de Grunig et Hunt (1984) tout en gardant à l'esprit que le comportement des décideurs peut également influencer leurs attitudes.

Cette information est donc loin d'avoir – à tout coup – l'impact souhaité par le diffuseur puisqu'il faut tenir compte de l'influence du contexte politique, social et économique (Murdock, 1989), tel que le démontre le schéma de la communication selon Thayer (figure 1).

Méthode d'analyse de l'influence

Pour valider le modèle de communication de Thayer ainsi que la chaîne des effets de Grunig et Hunt, nous avons effectué une recherche auprès des publics institutionnels, durant une période de deux ans (2000-2002) permettant de cerner l'impact de l'information sur les prises de décision dans les organisations. Pour documenter chacune des phases du processus d'influence, nous avons opté pour une méthodologie mixte, quantitative et qualitative, en trois étapes séquentielles, dans le cadre de cette recherche subventionnée par la Chaire en relations publiques de l'UQAM[6].

1er volet de la recherche :
sondage auprès des décideurs du réseau québécois de la santé

Nous avons d'abord réalisé une étude auprès des décideurs[7] du réseau de la santé dans toutes les régions du Québec, pour vérifier si la cascade des effets, selon la théorie du domino de l'information, est interrompue à un moment ou l'autre du processus d'influence. Pour ce faire, un sondage en ligne a été effectué à l'aide du logiciel Surveyor Manager 1.2.2[8], selon une version adaptée aux besoins de cette étude. La version HTML du question-naire a été publiée sur un microsite Web sécurisé, spécialement conçu pour la recherche, en vue de réaliser des analyses à plat et des analyses croisées,

---

6. La chercheure principale et les assistants de recherche ont signé l'entente de déonto-logie pour la recherche sur des sujets humains de l'UQAM. Ils n'avaient aucun lien d'emploi avec les organisations étudiées et pouvaient conserver une distance critique face à l'objet de recherche, assurant la rigueur intellectuelle nécessaire à l'analyse des résultats. L'équipe de recherche regroupait les chercheurs et les assistants de recherche suivants que nous désirons remercier : Josianne Betit, Maryse Boisvert, Lise Chartier, Martine Di Loreto, Catherine Douesnard, Caroline Doyon, Annie Gélinas, Caroline Nguyen Minh, David Ostigny, Raymonde Pilon et David Vallerand.

7. Ces décideurs peuvent être des médecins, des fonctionnaires du ministère de la Santé et des Services sociaux, des administrateurs d'hôpitaux, des pharmaciens, bref tout public en situation de décision face à l'autorisation, la vente, l'achat ou la prescription de médicaments, l'adoption de nouveaux protocoles de dépistage ou curatifs et l'utilisation de nouveaux équipements biomédicaux.

8. Ce logiciel a également servi à la compilation des résultats et à la conception des tableaux indiciels et des graphiques présentant les données recueillies à toutes les questions, incluant les questions ouvertes.

selon plusieurs variables (géographiques, managériales, culturelles et socio-économiques).

L'administration du sondage a été réalisée entre le 6 juin 2000 et le 1er septembre 2000 pour mesurer la perception des publics institutionnels au regard de l'information conçue par les relationnistes de l'industrie pharmaceutique et biomédicale (fabricants de médicaments et d'équipements biomédicaux) et diffusée par les médias. Ce premier volet de notre recherche avait pour objectif de cerner :

- la réception de cette information ;
- l'acceptation de cette information ;
- la rétention de l'information (ces trois premières étapes représentent l'étape de l'influence cognitive auprès des publics institutionnels, soit les décideurs du réseau de la santé) ;
- le changement d'attitude induit par cette information, tel que perçu par les publics institutionnels (étape de l'influence affective) ;
- et le changement de comportement[9], également selon la perception des publics institutionnels (étape de l'influence conative).

Bien que l'on sache que les effets de la théorie du domino ne se produisent pas toujours dans l'ordre indiqué, nous avons tout de même retenu cette approche séquentielle, non pas pour démontrer la rigidité d'effets en cascade prévisible, mais uniquement comme points de référence globale pour l'analyse de l'influence puisque :

> *The hierarachy theories assumed the stairstep notion : cognitive effects precede affective effects and, similarly, affective effects precede conative effects. […] The effects may not be connected, and they do not always occur in the order assumed by the model* (Grunig et Hunt, 1984 : 125).

C'est pourquoi nous avons élaboré un questionnaire de sondage assez long pour respecter la succession des étapes de la théorie du domino : avec ses 68 questions, le sondage avait pour but d'évaluer la perception des décideurs à l'endroit de l'information diffusée par les relationnistes dans tous les types de médias, du média grand public au média scientifique, sans oublier Internet. Des questions sur les contacts interpersonnels ont également été

---

9. Le mot « comportement » évoque la prise de décision par les publics institutionnels, soit les décideurs du réseau de la santé. Il s'agit de la dernière phase du processus de l'influence « en passant de l'étape du <dire> à l'étape du <faire> » (Ravault, 1984).

posées. L'objet étudié était la médiatisation des résultats de recherche pharmaceutique et biomédicale, notamment sur les sujets suivants : les recherches scientifiques dans le secteur de la santé, portant sur les nouveaux médicaments, les nouveaux protocoles diagnostiques, les nouveaux protocoles curatifs, les nouveaux équipements de technologie médicale, les nouvelles approches médicales, la recherche fondamentale en santé, incluant les aspects psychosociaux et la santé publique, la recherche appliquée et la recherche multidisciplinaire (ex. : médecine et nutrition, santé et environnement, etc.).

Le questionnaire a été envoyé par courrier électronique aux membres de l'Association des hôpitaux du Québec (échantillon de 500 décideurs dans les établissements de santé au Québec) et de l'Association des physiciens et ingénieurs biomédicaux du Québec (échantillon de 135 membres). Au total, 76 décideurs[10] ou 11,9 % de l'échantillon de 635 décideurs ont complété le sondage d'opinion qui incluait six questions ouvertes leur permettant d'exprimer leur opinion de manière plus élaborée, en sus des réponses apportées aux 62 questions fermées du questionnaire. Les réponses ont été traitées de manière anonyme et confidentielle. Le taux de réponse s'établissant à près de 12 %, soit 635 questionnaires remplis, les résultats du sondage présentent donc une marge d'erreur pouvant varier (au plus) entre 1 % et 3 %, avec un niveau de confiance de 95 % (19 fois sur 20). En ce sens, nous pouvons affirmer, avec Beauchamp (1991 : 176), que les sondages représentent « des instruments scientifiques fiables de mesure du pouls de l'opinion ».

2e volet de la recherche : groupes témoins de décideurs en pharmacie

2e volet de la recherche : groupes témoins de décideurs en pharmacie

Pour la poursuite de cette étude, nous avons tenu à l'été 2001 six groupes témoins auxquels ont participé 54 personnes travaillant en pharmacie (pharmaciens propriétaires, pharmaciens salariés et techniciens en pharmacie, de la région de Montréal[11]). Pour le recrutement des participants, 283 pharmaciens et techniciens ont été approchés[12], pour un bilan de recrutement s'établissant à 54 personnes[13], réparties en six groupes témoins dont l'objectif

---

10. Provenant de l'ensemble du Québec, les répondants au sondage étaient des cadres à 68 %, ayant pour la moitié d'entre eux entre 46 et 56 ans. Les deux tiers des répondants sont des hommes.

11. Soit l'agglomération montréalaise, incluant les banlieues des couronnes sud et nord.

12. Par téléphone, télécopieur, courrier électronique, affichettes dans les aires de travail et visites en pharmacie.

13. À noter qu'un obstacle circonstanciel a été rencontré pour le recrutement des participants aux groupes témoins : la période estivale créait une réduction de personnel en pharmacie à cause des vacances, limitant ainsi leur disponibilité à participer à des groupes témoins.

était de recueillir des données qualitatives sur l'évaluation de la communication entre l'industrie pharmaceutique et le personnel en pharmacie. Ces six groupes témoins, comprenant un nombre quasi égal d'hommes et de femmes, étaient répartis comme suit :

TABLEAU 1
PARTICIPANTS AUX GROUPES TÉMOINS

NOMBRE DE GROUPES TÉMOINS	PHARMACIENS PROPRIÉTAIRES	PHARMACIENS SALARIÉS	TECHNICIENS EN PHARMACIE	TOTAL
Identification des groupes témoins	2 Groupes témoins A-1 B-1	2 Groupes témoins A-2 B-2	2 Groupes témoins A-3 B-3	6
Nombre de participants	20 pharmaciens propriétaires, soit 2 groupes de 10 participants	18 pharmaciens salariés, soit 2 groupes de 9 participants	16 techniciens, soit 2 groupes de 8 participants	54 participants aux groupes témoins

Cette répartition des participants en six groupes témoins assez restreints avait pour but de donner à chaque participant le temps requis pour exprimer sa pensée. À partir d'un schéma d'entretien, les discussions semi-dirigées se sont déroulées dans des salles d'observation avec miroir sans tain, sous enregistrements audio et vidéo[14]. Les échanges se sont poursuivis jusqu'à saturation des opinions exprimées par les participants, afin de garantir la validité scientifique des résultats. Les discussions portaient sur quatre thèmes directement reliés à l'objectif de la cueillette de données, à savoir :

- les modalités de la communication entre l'industrie pharmaceutique, le personnel en pharmacie et le public-client fréquentant les pharmacies ;
- leurs différentes sources d'information ;
- les moyens de communication utilisés par les relationnistes de l'industrie pharmaceutique pour rejoindre ce public ;
- l'évaluation de l'efficacité des divers moyens de communication.

---

14. Après obtention de l'accord écrit des participants. Les cassettes ont été conservées sous clé, à l'usage exclusif de l'équipe de recherche.

Avant le début des discussions, chacun des participants aux groupes témoins était invité à compléter un questionnaire de cinq questions fermées, permettant de recueillir certaines données de base qui ont été compilées en complément d'information aux données qualitatives recueillies durant les groupes témoins. Il est à noter que ces groupes témoins concerneraient surtout les pharmaciens en tant que décideurs ultimes en pharmacie (principalement les pharmaciens propriétaires). Les techniciens ont été ajoutés à l'échantillon puisqu'ils jouent également un rôle d'influence auprès du public (décideurs de première ligne et influenceurs principalement pour les médicaments en vente libre). Les membres du personnel en pharmacie, pharmaciens et techniciens, représentent également des relais de l'information fournie par l'industrie pharmaceutique, information dont le public a besoin pour réduire l'incertitude accompagnant les décisions à prendre au sujet du traitement des maladies.

3e volet de la recherche : sondage auprès des décideurs canadiens

Pour compléter la cueillette de données et assurer une diversité des sources d'information, un sondage pancanadien a été effectué en 2002 auprès des clients industriels d'une entreprise spécialisée en ingénierie et qui ne s'adresse qu'à des publics institutionnels (ses produits ne sont pas destinés au grand public). L'échantillon couvrait la liste des clients d'affaires de cette entreprise, c'est-à-dire des professionnels et des cadres œuvrant dans les secteurs suivants : services publics (gaz, électricité, etc.), mines et métaux, automation des procédés (systèmes, équipement, logiciel), automobile, pâtes et papier. Le choix de ces secteurs d'activités a été effectué en vue d'apporter une plus grande diversité que le secteur de la santé, au plan de la représentativité des différents types de publics institutionnels qui ont été consultés pour la cueillette des données de cette recherche.

La base de données de ces décideurs (en entreprise et dans divers organismes à travers le Canada) provenait de la liste fournissant les coordonnées de tous les clients institutionnels de l'entreprise, soit les numéros de télécopieur, les adresses électroniques et les adresses civiques, fournie par cette entreprise ayant fait l'objet d'une étude de cas. L'échantillon couvrait 1 920 clients institutionnels. Au total, 219 personnes[15] ont répondu au questionnaire, ce qui représente 11,4 % de l'échantillon, la marge d'erreur

---

15. Le bilan des répondants au sondage s'établit comme suit : 219 personnes dont 123 anglophones et 96 francophones. Les répondants sont majoritairement des hommes (92 %) et plus de la moitié (55,4 %) avaient entre 46 et 55 ans. Le poste occupé par le plus grand nombre de répondants est celui de cadre (71,5 %).

pouvant varier (au plus) entre 1 % et 3 %, avec un niveau de confiance de 95 % (19 fois sur 20). Toutes les réponses ont été traitées de manière anonyme et confidentielle.

Formant le troisième volet de la recherche, ce sondage a été administré à travers le Canada, entre le 7 juin 2002 et le 1er juillet 2002, par envois postaux, télécopies et courriers électroniques. Le questionnaire de 51 questions intégrait des questions ouvertes et fermées pour assurer aux résultats un maximum de conformité à la réalité complexe des communications institutionnelles dans ces secteurs. Les données ont été compilées à l'aide du même logiciel et selon les mêmes procédures que pour le premier volet de la recherche (sondage dans le réseau de la santé au Québec, tel qu'expliqué au point 3.1). Les questions abordaient plusieurs aspects des communications, incluant les sources d'information de ces décideurs et clients institutionnels en vue de connaître la perception de ces publics d'affaires quant à l'impact de l'information sur leurs prises de décision.

En somme, pour les trois volets de la recherche, l'échantillonnage s'est constitué de manière systématique et les moyens pour rejoindre les participants à l'étude incluaient le télécopieur, le téléphone, les visites sur les lieux de travail, le courrier postal et le courrier électronique. On considère avoir ainsi évité les biais induits par un seul mode de recrutement (par exemple, lorsque le courrier électronique est le seul moyen utilisé, cela limite la représentativité de l'échantillon aux seules personnes qui utilisent ce moyen de communication. En ayant recours au télécopieur et au courrier postal, on diversifiait ainsi les modes de recrutement des participants au sondage).

De l'influence cognitive à l'influence conative

Résultats du sondage auprès des décideurs du réseau de la santé

Le premier volet de la recherche s'adressait aux décideurs du réseau de la santé qui forment l'un des publics institutionnels de l'industrie pharmaceutique et biomédicale. Le sondage a permis de documenter les cinq phases d'influence (Grunig et Hunt, 1984)[16], permettant ainsi de valider l'influence de la diffusion de l'information par les relationnistes par l'entremise des médias.

---

16. Rappelons que les trois premières phases du processus d'influence (soit la réception, l'acceptation et la rétention) forment l'étape de l'influence cognitive.

Phase 1 : l'influence par la réception de l'information (première étape de l'influence cognitive)

Presque la totalité des décideurs dans le réseau de la santé prennent connaissance de l'information telle que conçue par les relationnistes et diffusée dans divers médias. Plus précisément, 100 % des décideurs affirment qu'ils consultent les journaux quotidiens. La majorité (97,3 % des répondants) lisent également les journaux spécialisés ainsi que les revues et les journaux scientifiques (96 % des répondants). Seulement 10 % des décideurs lisent uniquement les grands titres alors que plus de la moitié consultent les articles touchant leur travail ou la recherche médicale. Dans la plupart des cas (85 %), c'est la version papier qui est lue alors que seulement 15 % des décideurs consultent la version en ligne des publications qui les intéressent.

La télévision est préférée à la radio comme source d'information : les nouvelles télévisées sont regardées par tous les décideurs alors que 87 % d'entre eux suivent les émissions sur la santé et la recherche médicale[17]. Quant à la radio, 84 % des décideurs écoutent les nouvelles, mais seulement 47 % écoutent les émissions sur la santé et 39 % celles qui sont consacrées à la recherche médicale.

Résultat global de la phase 1 du processus d'influence : la grande majorité des décideurs et clients institutionnels reçoivent les messages des relationnistes diffusés par les médias. Les décideurs et clients institutionnels prennent donc connaissance de l'information qui réussit à arriver jusqu'à eux par la médiatisation des nouvelles portant sur les sujets reliés à leur travail, démontrant une disponibilité-à-prendre-en-compte (Thayer, 1968). Cette première étape de notre étude nous permet d'affirmer que la condition première de l'influence cognitive des relations publiques est assurée puisque les publics sont conscients de l'information diffusée : « Cognitive means thinking : people become aware of your message » (Grunig et Hunt, 1984 : 125.

Phase 2 : l'acceptation du message (deuxième étape de l'influence cognitive)

Le degré d'influence par acceptation d'un message dépend de plusieurs variables dont l'une des plus importantes est la crédibilité (Aronson, Turner et Carlsmith, 1963). Nous avons donc mesuré cette variable « crédibilité » des médias où sont repris les messages des relationnistes. Selon les décideurs et clients institutionnels consultés, la couverture médiatique dans

---

17. En retirant les réponses « jamais » et « presque jamais », on obtient le pourcentage de ceux qui regardent ces émissions à « l'occasion », « souvent » et « très souvent ».

les médias grand public est jugée : superficielle, erronée, promotionnelle ou publicitaire (choix de réponse de 74,3 % des répondants), d'où le besoin pour les décideurs de s'en référer à d'autres sources d'information, ce que font 93,1 % d'entre eux qui valident l'information auprès de collègues, fournisseurs ou médias spécialisés.

TABLEAU 2
ÉVALUATION PAR LES DÉCIDEURS DU TRAITEMENT DE L'INFORMATION
SE RAPPORTANT À LEUR TRAVAIL DANS LES MÉDIAS GRAND PUBLIC

LE TRAITEMENT MÉDIATIQUE DE L'INFORMATION TOUCHANT LA RECHERCHE EN SANTÉ EST FAIT DE MANIÈRE :		
CHOIX DE RÉPONSE	FRÉQUENCE	POURCENTAGE
Superficielle	27	36,5 %
Correcte	19	25,7 %
Promotionnelle (en faveur des organisations réalisant ces recherches)	13	17,6 %
Publicitaire	7	9,5 %
Amateure	5	6,8 %
Erronée	3	4,1 %
Total	**74**	**100,0 %**

2 non-réponses sur un total de 76 participants

Les décideurs accordent cependant beaucoup plus de crédibilité[18] aux journaux spécialisés (93 % des répondants) et surtout aux revues scientifiques (98,6 % des répondants) où ils jugent que l'information diffusée est nécessaire aux prises de décision chez les clients institutionnels et les décideurs.

Les participants à l'étude évaluent la télévision de « crédible » à « très crédible » pour ses nouvelles (75 % des répondants) et pour ses émissions portant sur les sujets reliés à leur travail (par 90 % des répondants). Côté radio : les répondants sont moins nombreux à évaluer de « crédibles » à « très crédibles » les nouvelles (65 %), les émissions sur la recherche sur la santé (64,5 %) et sur la recherche médicale (73,5 %).

L'acceptation de l'information dépendant en partie du degré de crédibilité accordée aux sources d'information, nos résultats montrent que la

---

18. De « crédibles » à « très crédibles ».

seconde étape du processus d'influence cognitive est réalisée, à divers degrés, selon le type de médias consultés (ou utilisés par les relationnistes). Plus l'information est diffusée dans un média spécialisé, scientifique ou à accès restreint, plus elle est jugée crédible et plus elle est potentiellement influente.

Phase 3 : la rétention de l'information (troisième étape d'influence cognitive)

Tous les décideurs (100 %) déclarent qu'ils retiennent l'information médiatisée qu'ils ont acceptée portant sur la santé et la recherche médicale. Cette rétention de l'information s'effectue à divers degrés : « beaucoup » pour 13,3 % des répondants, « moyennement » pour 72 % d'entre eux et « peu » pour 14,7 %. Donc nous pouvons affirmer que la troisième étape de l'influence cognitive s'effectue réellement, par la rétention de l'information acceptée, indiquant même un degré assez élevé de mémorisation de l'information diffusée par les médias, à partir des informations transmises par les relationnistes.

Phase 4 : le changement d'attitude (étape de l'influence affective)

L'influence de l'information sur les attitudes des décideurs et des clients institutionnels dans le réseau de la santé peut être mesurée en vérifiant la rémanence de l'information, l'éveil de leur curiosité pour les répercussions de l'information sur leurs pratiques professionnelles et la recherche d'information complémentaire effectuée par les décideurs. Il faut également tenir compte de la codétermination de l'attitude des divers interlocuteurs en présence qui s'influencent les uns les autres :

> *public relations people do not change only the orientation of publics. They try to change the way the organization and its publics jointly orient to each other and the common parts or their environments. Communication scientists have coined the term « coorientation » to define that joint orientation* (Grunig et Hunt, 1984 : 127).

Si l'on analyse les changements d'attitude chez les publics institutionnels en les invitant à définir le degré de rémanence de l'information qu'ils reçoivent, c'est plus de 97 % des répondants qui affirment que cette information leur revient à l'esprit, à différents degrés (tableau 3), notamment au moment de prendre des décisions :

TABLEAU 3
PERCEPTIONS DES DÉCIDEURS QUANT À LA RÉMANENCE
DE L'INFORMATION DES MÉDIAS SELON LE SONDAGE
DANS LE RÉSEAU DE LA SANTÉ AU QUÉBEC

RÉMANENCE DE L'INFORMATION AU MOMENT DE PRENDRE DES DÉCISIONS :		
CHOIX DE RÉPONSE	FRÉQUENCE	POURCENTAGE
Pas du tout	2	2,7 %
Peu	17	22,7 %
Moyennement	46	61,3 %
Beaucoup	10	13,3 %
Total	**75**	**100,0 %**

1 non-réponse sur un total de 76 répondants

La presque totalité des répondants au sondage manifeste une attitude de curiosité en recherchant de l'information supplémentaire pour valider les renseignements obtenus dans les médias, en se tournant vers les colloques scientifiques ou leurs collègues[19]. En effet, 94,4 % des décideurs discutent avec divers interlocuteurs, principalement leurs collègues, ce qui tend à confirmer la théorie de l'*agenda setting* (McCombs, 1977) et du *two-step flow of communication* (Katz et Lazarsfeld, 1955). En discutant avec des collègues et en cherchant à documenter davantage l'information reçue, les publics institutionnels participent activement à l'élaboration du sens, comme l'a démontré Maturana (1988), puisque la communication est loin d'être le seul résultat de la transmission d'information ; elle est plutôt le résultat d'une coordination de comportements (agirs communicationnels) résultant de la participation de tous les interlocuteurs institutionnels en présence.

Cette participation amène les décideurs à rechercher et à discuter l'information nécessaire à leurs prises de décision si bien que 94,6 % d'entre eux constatent que leur attitude face à un problème est influencée, de « peu » à « beaucoup », par les nouvelles diffusées par les relationnistes par l'entremise des médias, à la suite par exemple de l'émission d'un communiqué ou de la divulgation d'une information, lors d'une interview par un relationniste. On peut donc affirmer que l'influence de l'information médiatisée

19. À peine plus de 10 % des répondants poursuivent leur recherche sur Internet.

s'exerce sur l'attitude des décideurs du réseau de la santé, selon un pourcentage suffisamment élevé pour indiquer que l'on franchit la quatrième étape du processus d'influence, soit l'influence affective.

Phase 5 : le changement de comportement (étape de l'influence conative)

Notre étude démontre l'influence de l'information médiatisée, à la suite d'une intervention de relations publiques, sur le comportement des publics institutionnels et des décideurs qui ont participé à notre recherche, c'est-à-dire sur leurs actes de prise de décisions. À la question : « Lorsque vient le temps de prendre une décision, considérez-vous que vous êtes influencé par l'information diffusée dans les médias, incluant celle publiée sur Internet ? », les réponses se répartissent comme suit (voir tableau 4) : près de la moitié des décideurs (48,6 %) se considèrent comme « moyennement » influencés par les nouvelles sur la santé et sur la recherche médicale diffusées dans les médias alors que 5,5 % des décideurs avouent être « beaucoup » influencés lors de leurs prises de décision, pour un total de 54,1 % des répondants au sondage. Environ le tiers des décideurs se considèrent comme « peu » influencés par l'information :

TABLEAU 4

PERCEPTION DE L'INFLUENCE DE L'INFORMATION
SUR LE PROCESSUS DÉCISIONNEL SELON LE SONDAGE
DANS LE RÉSEAU DE LA SANTÉ AU QUÉBEC

INFLUENCE DES DIVERS MOYENS D'INFORMATION SUR LE PROCESSUS DÉCISIONNEL :		
CHOIX DE RÉPONSE	FRÉQUENCE	POURCENTAGE
Pas du tout	8	11,1 %
Peu	25	34,7 %
Moyennement	35	48,6 %
Beaucoup	4	5,6 %
Total	**72**	**100,0 %**

4 non-réponses sur un total de 76 répondants

Au total, près de 90 % des décideurs affirment que l'information conçue par les relationnistes et reprise par divers médias les influence, de « peu » à « beaucoup », selon leur disponibilité-à-prendre-en-compte (Thayer, 1968) ou selon leur besoin de réduire l'incertitude que comporte toute prise de décision (Heath, 1994) dans le cadre de leur travail. Par conséquent, on peut affirmer que la dernière phase du processus d'influence est accomplie : le comportement de la grande majorité des décideurs est influencé par les informations médiatisées, reliées à leur travail (dans le domaine de la santé), à la suite de la transmission d'information par les relationnistes aux journalistes et chroniqueurs. Dans le processus de transmission de cette information, les relationnistes adoptent donc des modes de diffusion et une rhétorique qui mettent en valeur l'information que souhaite divulguer leur organisation, selon leurs objectifs d'affaires avec leurs publics institutionnels : « While communicating, a rhetor presents its "voice" or "personality", an image or persona (Campbell, 1982). What is said and how it is said through public relations convey an organization's persona » (Toth et Heath, 1992 : 39).

Cette voix des relationnistes dans le discours présenté aux décideurs et aux clients institutionnels exerce une influence en fonction de la personnalité que contribue à définir la rhétorique élaborée par les stratégies de relations publiques. Cette influence serait ressenti par 90 % des décideurs qui affirment que leur processus de prise de décision est alimenté à ces informations médiatisées par les relationnistes.

Résultats des groupes témoins de clients institutionnels

Pour vérifier un cas précis d'impact des relations publiques sur les prises de décision des publics institutionnels, toujours dans le domaine de la santé, nous avons étudié l'influence des communications institutionnelles établies entre l'industrie pharmaceutique et les pharmacies au sujet des médicaments génériques ou d'origine. Les résultats des six groupes témoins réalisés auprès des pharmaciens propriétaires, pharmaciens salariés et techniciens révèlent que, à la suite de l'information transmise par les relationnistes représentant l'industrie pharmaceutique, la majorité des pharmaciens propriétaires et des techniciens sont favorables aux médicaments sur lesquels ils reçoivent de l'information les éclairant sur ces produits, information qu'ils peuvent transmettre à leurs clients. À titre d'exemple, 100 % des participants aux groupes témoins considèrent qu'il existe des avantages socio-économiques à la vente de produits génériques en pharmacie, à la suite de la diffusion d'information en ce sens par l'industrie. Cependant, les pharmaciens et techniciens affirment être conscients de la dimension politique de l'appui aux entreprises installées au Québec. Environ 20 % des participants aux groupes témoins ont souligné l'importance pour la vitalité économique des activités de recherche menées par l'industrie pharmaceutique au Québec : « On veut conserver les lieux comme Montréal, un endroit pour la recherche et le développement. Les plus grosses compagnies y sont déjà installées. Le générique apporte moins de retombées économiques au Québec. Il y a donc des considérations économiques et politiques. La force de frappe est ici au Québec[20] ». Ces considérations exprimées par les participants aux groupes témoins permettent de valider le schéma de Thayer (figure 1) selon lequel l'interprétation de l'information est influencée, dans le construit du message, par le contexte sociopolitique et l'environnement global où se situe le récepteur ; cela s'applique dans une forte proportion aux publics institutionnels, comme le démontre notre recherche.

Par ailleurs, les pharmaciens propriétaires et salariés perçoivent les colloques organisés par l'industrie et les journées de formation tenues par l'Ordre des pharmaciens comme d'excellents moyens de communication, surtout dans une perspective de réduction de l'incertitude : « Any system needs to develop interpretative frameworks for making sense and using information to make decisions […] interpretation of information is subject to individual differences. One of those important differences is the need to reduce uncertainty » (Heath, 1994 : 91).

En effet, les participants aux groupes témoins réclament plus de séances de formation/information : « On souhaite que soient organisés davantage de colloques, de séminaires et de rencontres à notre intention[21] ». Ces activités sont perçues comme des moments privilégiés pour mettre à jour leurs connaissances, requises dans le cadre de leur travail, et pour établir des contacts avec les membres de l'Ordre ainsi qu'avec les leaders de la profession et de l'industrie, prouvant la justesse de l'approche de la communication en deux étapes de Katz et Lazarsfeld (1955).

Au plan des communications interpersonnelles, la plupart des pharmaciens salariés et des techniciens se sentent ignorés par les représentants de l'industrie : ils affirment qu'ils aimeraient avoir plus de relations interpersonnelles avec eux et qu'ils diffuseraient l'information portant sur les produits pharmaceutiques auprès de leurs clients avec plus de conviction si les représentants industriels s'adressaient davantage à eux, lors de leurs visites en pharmacie. En tant qu'intervenants de première ligne, ils désirent que leur rôle d'influence, sinon leur rôle décisionnel, soit davantage reconnu dans les flux de communication entre l'industrie et la pharmacie, notamment au plan des communications interpersonnelles avec les représentants des compagnies pharmaceutiques. Les techniciens soulignent que le contact initial du client en pharmacie se fait souvent auprès d'eux, ce qui fait d'eux des

20. Selon un pharmacien salarié (extrait du groupe témoin A-2).
21. Selon un pharmacien salarié (extrait du groupe témoin B-2).

multiplicateurs d'information importants dans la chaîne d'information entre l'industrie et le public : « On est le premier et le dernier auquel le client s'adresse et une relation de confiance s'établit entre nous[22] ». En ce sens, le pouvoir d'influence des techniciens est également important à cerner dans le processus décisionnel des clients.

Sondage pancanadien auprès des publics institutionnels en ingénierie

Les faits saillants du sondage réalisé à travers le Canada auprès des publics institutionnels d'une entreprise œuvrant dans divers secteurs industriels révèlent que la majorité d'entre eux prennent connaissance des informations transmises par les relationnistes dans les médias. En effet, 54,5 % des répondants lisent « très souvent » ou « souvent » des publications canadiennes touchant des sujets reliés à leur travail ; 34 % en prennent connaissance « à l'occasion », pour un total de 88,5 % de répondants au sondage qui lisent dans les publications canadiennes l'information touchant des sujets qui sont en lien avec leurs fonctions professionnelles. Seulement 11,5 % des clients institutionnels ayant répondu au sondage ont déclaré qu'ils ne consultent « jamais » ou « presque jamais » les publications canadiennes reliées à leur travail. La version imprimée des magazines d'affaires est préférée à la version en ligne par 91 % des répondants[23] alors que le format électronique des publications n'est pratiquement pas consulté (seulement 9 % des répondants)[24]. Les commentaires aux questions ouvertes du sondage ainsi que l'analyse croisée des réponses ont permis d'identifier une raison possible à ce manque d'engouement pour le Web dans les habitudes de lecture des clients institutionnels : l'abonnement à la version papier permet de recevoir plus d'articles spécialisés que la version en ligne[25]. En effet, plusieurs articles ne sont pas disponibles en version électronique, mais uniquement dans l'édition papier[26].

---

22. Selon un technicien (extrait du groupe témoin A-3).

23. À noter que s'ils consultent peu les sites Internet des publications, ils utilisent en grand nombre le courrier électronique, ce qui a permis de les rejoindre efficacement par courriel afin d'obtenir leur participation au sondage.

24. Ce qui corrobore les résultats du premier volet de notre recherche (15 % des décideurs du réseau de la santé consultent la version en ligne des publications touchant leur travail).

25. Une autre étude de la Chaire en relations publiques de l'UQAM sur l'édition électronique des publications corrobore ces résultats : en 2001, la Chaire a mené une étude sur le phénomène du *ebook,* des versions électroniques d'articles scientifiques et du livre à la carte disponible sur le Web. Les conclusions de cette étude prouvent une très grande résistance de la part des lecteurs face au livre ou autres publications présentées en version électronique (cette situation, évaluée lors de l'étude de 2001, concerne une réalité qui évolue très rapidement).

26. À noter cependant un certain paradoxe dans les réponses au sondage : lorsque les participants énumèrent les publications qu'ils consultent, certains nomment des publications

Les résultats de ce sondage révèlent les habitudes de lecture reliées aux publications d'affaires (magazines, revues, journaux spécialisés) publiées au Canada. Ainsi, nous avons pu préciser quels contenus intéressent davantage les publics institutionnels.

TABLEAU 5

HABITUDES DE LECTURE DES PUBLICATIONS D'AFFAIRES CANADIENNES DES PUBLICS INSTITUTIONNELS, SELON LE SONDAGE PANCANADIEN

HABITUDES DE LECTURE DES DÉCIDEURS		
CHOIX DE RÉPONSE	FRÉQUENCE	POURCENTAGE
Quelques articles	119	22,2 %
Articles concernant votre travail ou votre industrie	107	20,0 %
Articles concernant votre secteur d'activités en général	84	15,7 %
Reportages sur les fournisseurs d'équipements et de services	71	13,2 %
Titres seulement	59	11,0 %
Annonces publicitaires	46	8,6 %
Contenu éditorial	35	6,5 %
Tous les articles	15	2,8 %
Total	**536**	**100,0 %**

17 non-réponses sur un total de 76 répondants

Près des trois quarts des répondants accordent une crédibilité « moyenne » à l'information qui leur est rendue disponible par l'ensemble des moyens d'information utilisés par les relationnistes, alors que 17,3 % leur accordent « peu de crédibilité » ou « pas de crédibilité ». Parmi ces moyens d'information, le communiqué envoyé directement au client institutionnel est considéré comme une source d'information « crédible » par près de 70 % des répondants. Les clients se disent « satisfaits » et « très satisfaits » des colloques et des congrès (71,8 %), des salons (43,6 %) et des expositions industrielles ou spécialisées (48,1 %). La majorité des

qui sont disponibles uniquement sur le Web, alors qu'ils déclarent ne lire que la version papier. On peut expliquer cette apparente contradiction par les pratiques d'envoi de certains éditeurs qui diffusent leurs articles par courrier électronique : ainsi, le lecteur a peut-être moins l'impression de consulter la version en ligne puisqu'il reçoit les articles par courriel (directement de l'éditeur ou de la part d'un collègue).

répondants remarquent la présence des commanditaires lors de congrès-colloques (76,7 %), salons (72,9 %) et expositions industrielles ou spécialisées (70,9 %).

À la question « Retenez-vous l'information diffusée dans les publications lorsqu'elle concerne votre secteur d'activités professionnelles ? », 56,2 % des répondants répondent qu'ils la retiennent « moyennement » contre 21,2 % qui affirment la retenir « beaucoup ». Uniquement 17,2 % des répondants affirment retenir « peu » l'information médiatisée ou « même pas du tout » (5,4 %).

Quant à la rémanence de l'information, 97,5 % des personnes interrogées lors du sondage affirment que l'information contenue dans les publications (conçues par les relationnistes) leur revient à l'esprit lors de la prise de décision. Cette rémanence de l'information s'effectue à divers degrés : elle revient à l'esprit des répondants au sondage selon l'évaluation suivante : « moyennement » (52,7 %), « peu » (22,9 %) et « beaucoup » (21,9 %). Cette information ne revient « pas du tout » à l'esprit de 2,5 % des répondants lors de la prise de décision professionnelle.

L'impact de l'information diffusée par les relationnistes sur le processus décisionnel est perçu par 97 % des publics d'affaires qui affirment tenir compte de cette information au moment de leur prise de décision. Cette influence s'exerce à divers degrés (tableau 6), selon les répondants au sondage pancanadien.

TABLEAU 6
PERCEPTION DE L'INFLUENCE DE L'INFORMATION DIFFUSÉE
PAR LES RELATIONNISTES SUR LE PROCESSUS DE PRISE DE DÉCISION
DES PUBLICS INSTITUTIONNELS SELON LE SONDAGE PANCANADIEN

INFLUENCE SUR LES PRISES DE DÉCISION		
CHOIX DE RÉPONSE	FRÉQUENCE	POURCENTAGE
Moyennement	123	60,6 %
Peu	49	24,1 %
Beaucoup	25	12,3 %
Pas du tout	6	3,0 %
Total	**203**	**100,0 %**

16 non-réponses sur un total de 76 répondants

Processus d'incrémentation
sur la base des communications interpersonnelles

Un constat général se dégage de notre recherche en trois volets sur l'influence des relations publiques. L'étude des communications interorganisationnelles, réalisée auprès des publics institutionnels, indique qu'il faut tenir compte de l'influence croisée obtenue par l'effet cumulatif des divers moyens de communication mis de l'avant dans le cadre des stratégies de relations publiques. Il y a porosité entre les diverses sources d'information chez les décideurs et autres publics institutionnels. Les nombreux moyens de communication utilisés par les relationnistes cumulent leurs effets chez les publics institutionnels, selon un processus d'incrémentation progressive qui s'effectue aussi bien chez les publics visés par la diffusion de l'information que dans l'organisation elle-même. En effet, le diffuseur organisationnel reçoit lui aussi de l'information par la rétroaction que suscitent chez ses interlocuteurs toutes les activités de communication menées par ses relationnistes (communication bidirectionnelle, symétrique ou asymétrique, selon Grunig et Hunt, 1984). Les relationnistes mettent en place des structures d'information holistiques permettant, au-delà de la diffusion, de recueillir l'opinion des publics récepteurs (sondages, groupes témoins, salons industriels, colloques, rencontres, correspondance, etc.).

Quant aux sources d'information consultées par les publics d'affaires des organisations, leur principale caractéristique est leur diversité. Prenons le cas des médias : le sondage réalisé à travers le Canada auprès des publics institutionnels a permis de compiler 200 médias différents (médias grand public et spécialisés, aussi bien régionaux que nationaux) comme sources d'information auprès de 219 répondants au sondage pancanadien. La variété de ces nombreuses sources d'information que doivent alimenter les relationnistes désirant rejoindre leurs publics institutionnels rend leur travail extrêmement complexe. De fait, l'environnement médiatique des publics institutionnels comprend tellement de publications spécialisées, industrielles ou professionnelles que, pour les rejoindre, les relationnistes doivent effectuer une recherche constante pour arriver à cerner les médias correspondant à la segmentation de leurs publics institutionnels. De plus, ils doivent mettre à jour constamment leur base de données (liste de presse) pour suivre les mouvements de personnel dans ces médias.

Perceptions des supports de la communication d'affaires

Outre les médias, d'autres moyens de relations publiques influent plus directement les prises de décision des publics institutionnels des organisations, sans passer par le filtre journalistique. Les participants à notre recherche citent les commandites, les promotions (cadeaux de toutes sortes, produits dérivés), les relations interpersonnelles (notamment avec les représentants industriels), les foires commerciales, salons, colloques, etc. Lorsqu'ils communiquent au nom de leur organisation, les relationnistes ont recours à ces divers moyens pour rejoindre leurs publics institutionnels. Dans le cadre de notre étude, les publics institutionnels ont été invités à évaluer leur degré de satisfaction face à ces moyens de communication *B2B*. Les résultats de notre enquête confirment que les dépliants, les feuillets d'information et autres documents transmis par les relationnistes sont lus et consultés régulièrement dans le cadre des fonctions professionnelles et des activités de prises de décision de ces clients institutionnels. Les participants à tous les groupes témoins disent cependant qu'ils aimeraient recevoir davantage de documents (qui leur procurent l'information directement du relationniste à leur bureau, sans passer par l'entremise des médias) afin de pouvoir se documenter de manière plus approfondie sur les divers produits et services qui leur sont offerts. On réclame également une mise à jour plus fréquente des cassettes vidéo et autres moyens d'information multimédia.

Lorsque l'on considère l'opinion des participants aux groupes témoins, il semble qu'Internet soit l'objet d'une perception mitigée. Cette source d'information arrive en fin de liste parmi les sources d'information consultées par les publics institutionnels. À remarquer cependant que les différents types de sites Internet jouissent d'une crédibilité très différente, dans la panoplie des moyens de communication *B2B,* selon des modes d'accès à ces sites Web. En effet, les sites d'accès libre, traitant de sujets reliés à leur travail, sont jugés « crédibles » par 60 % des répondants. Mais lorsqu'il s'agit de sites à accès restreint, par mot de passe, le pourcentage de crédibilité est plus élevé (les sites sont jugés « crédibles » par 82 % des répondants). Et si l'on doit payer un abonnement à un site Web, l'information y est jugée encore plus « crédible », voire « très crédible », par 88 % des répondants. C'est dans ce dernier cas (accès payant au site Web) que la cote « très crédible » est attribuée par le plus grand nombre de décideurs : 28 % pour les sites à accès payant comparativement à 12 % des répondants qui jugent « très crédibles » les sites accessibles par mot de passe alors qu'aucun répondant n'accorde cette cote aux sites Web accessibles à tous, sans restriction d'accès.

Les activités de relations publiques développées en vue de rejoindre les publics institutionnels forment la triangulation des stratégies de communication interorganisationnelle regroupant promotion, information, relations interpersonnelles. C'est par le cumul de ces diverses approches de relations publiques que se réduit l'incertitude. Nous avons traité jusqu'ici des instruments de promotion et d'information déployés par les relationnistes. Mais il semble que ce soient les relations interpersonnelles qui soient les plus influentes et qui viennent maximiser l'efficacité des autres moyens d'information. En effet, les publics institutionnels ont recours à d'autres sources de renseignements que les médias : ils recueillent principalement l'information reliée à leurs activités professionnelles auprès de leurs pairs et des représentants de l'industrie, lors de colloques et de congrès ou auprès de leur association professionnelle ou de leur ordre professionnel[27].

Relations interpersonnelles et communication événementielle

Les événements de relations publiques spécialement destinés aux publics institutionnels favorisent les rencontres interpersonnelles et sont évalués favorablement par les publics institutionnels des entreprises. Prenons le cas des colloques et des congrès : près des trois quarts des clients institutionnels consultés à travers le Canada s'en disent « très satisfaits » ou « satisfaits ». Seulement 4,3 % des répondants sont « peu » ou « pas satisfaits » de ce type d'activités en tant que source d'information. Même perception de la part du personnel en pharmacie : « On aimerait qu'il y ait plus de colloques, de séminaires[28] ». Les salons industriels sont également appréciés, bien qu'à un degré moindre que les colloques et congrès. En effet, la moitié des publics institutionnels consultés affirment être « moyennement satisfaits », « peu satisfaits » ou « pas du tout satisfaits » de ces événements. Un faible pourcentage, soit 7,6 %, se déclarent « très satisfaits » des salons auxquels ils assistent. Toutefois, un nombre important de répondants (76,8 %) se disent « moyennement satisfaits », « satisfaits » ou « très satisfaits » des expositions industrielles ou spécialisées. Quant aux conférences, les participants à notre étude déclarent y assister lorsqu'elles sont données par les représentants de l'industrie lors des congrès-colloques (82,9 %), lors des salons (59,9 %) et lors des expositions industrielles ou spécialisées (64,7 %).

Les stands d'information présentés par des membres de leur secteur industriel intéressent la majorité des personnes interrogées. En effet, 83,2 % des répondants visitent ces stands lors des congrès-colloques, comparativement à 72,9 % des personnes interrogées qui les fréquentent lors des salons et 74,4 % lors des expositions industrielles ou spécialisées. Perception plus

---

27. À noter qu'il faut nuancer le pourcentage peu élevé (5,8 %) de l'importance reconnue à l'Ordre professionnel puisque plusieurs publications nommées parmi les « plus lues » sont publiées par des associations professionnelles. Sans nécessairement faire un lien avec l'Ordre professionnel qui publie ces ouvrages, les publics institutionnels avouent tout de même être influencés par leurs associations professionnelles par le biais de ces publications.

28. Selon un pharmacien salarié (extrait du groupe témoin A-2).

mitigée à l'endroit des échantillons-cadeaux promotionnels : un peu plus de la moitié des répondants seulement déclarent les apprécier lorsqu'ils sont remis lors de congrès et de colloques, de salons et d'expositions industrielles.

Comme on le constate, la communication *B2B* peut prendre plusieurs formes lorsqu'elle cible les publics d'affaires des organisations. Nous avons étudié les perceptions de deux types de publics institutionnels dont les activités sont de nature fort différente : des décideurs et les publics institutionnels appartenant au secteur de la santé et aux domaines industriels reliés à l'ingénierie. Pourtant, il s'agit dans les deux cas de relations publiques établies avec des personnes qui représentent des organisations et dont les décisions, alimentées par les flux d'information créés par les relationnistes, contribuent à modifier leur environnement socioéconomique. Par conséquent, les relationnistes qui conçoivent et réalisent les communications institutionnelles influencent directement le processus décisionnel et la réalité interorganisationnelle, surtout par la communication personnalisée. En effet, selon les participants à notre recherche, les communications interpersonnelles sont, de loin, les plus influentes : « la principale influence sur nos croyances et nos attitudes les plus importantes n'est pas celle des médias, mais notre contact direct avec les gens » (Myers et Lamrache, 1992 : 250-251). Cette affirmation rejoint les conclusions de nombreuses recherches, notamment celle de Facquhar et Maccoby (1977) ainsi que les résultats de notre recherche : la majorité des décideurs recherchent les contacts interpersonnels auprès de leurs pairs et chez les leaders de leur profession pour discuter et valider l'information reçue par divers moyens d'information (voir le tableau 7).

En fait, les publics institutionnels recherchent des compléments d'information pour valider celle obtenue des relationnistes s'exprimant au nom de leur organisation, de manière plus ou moins personnalisée :

> *Departments and organizations as such do not intercommunicate. Only people do. It will be to your advantage to conceive of inter-organizational communication as inter-organization data-transportation linkages. Certainly communication does not occur between organizations any more than it occurs between people. Communication, as contrasted with the data generation, dissemination, and acquisition processes of intercommunication, always occurs within some individual* (Thayer, 1968 : 116).

TABLEAU 7
SOURCES COMPLÉMENTAIRES D'INFORMATION DES PUBLICS
INSTITUTIONNELS DANS DIVERS DOMAINES DE L'INGÉNIERIE
SELON LE SONDAGE PANCANADIEN

SOURCES PRIVILÉGIÉES POUR OBTENIR DES COMPLÉMENTS D'INFORMATION :		
CHOIX DE RÉPONSE	FRÉQUENCE	POURCENTAGE
Dans des revues scientifiques	50	24,6 %
Lors de colloques ou congrès	38	18,7 %
Auprès de personnes au travail	34	16,7 %
Dans des journaux spécialisés	28	13,8 %
Sur Internet	25	12,3 %
Auprès d'associations professionnelles	22	10,8 %
Dans des médias grand public (journaux et magazines)	6	3,0 %
Total	**203**	**100,0 %**

5 non-réponses sur un total de 76 répondants

Cette communication entre individus est si importante que les décideurs avouent à 98 % rechercher une validation ou un complément d'information auprès de leurs pairs ou des leaders de leur profession, notamment lors d'événements organisés par les relationnistes (salons industriels, congrès, colloques, etc.) où ces contacts avec les leaders d'opinion peuvent s'établir. Ce mode de communication illustre ainsi la justesse de la théorie de Katz et Lazarsfeld (*Two-step flow communication* ou la communication en deux étapes).

On savait déjà que la communication qui passe par les pairs, les leaders d'opinion ou les autorités (scientifiques ou autres) est plus influente que l'information diffusée dans les médias grand public. L'étape intermédiaire des leaders d'opinion maximise l'influence de l'information médiatisée. D'ailleurs, cette approche en deux étapes fait partie de l'arsenal des stratégies de relations publiques auprès des publics institutionnels des organisations. Dans le cas des communications interorganisationnelles, ces relais sont identifiés comme étant les leaders des ordres professionnels, des associations professionnelles et des réseaux industriels. Prenons l'exemple du personnel en pharmacie : il joue lui-même le rôle de relais d'information entre l'industrie pharmaceutique et la clientèle qui fréquente la pharmacie. Le personnel, pharmaciens et techniciens, y est considéré comme constitué d'experts dignes de confiance : « La communication, c'est la base de notre travail. Il nous faut établir un lien de confiance avec le client[29] ». Cependant, comme intervenants de première ligne en pharmacie, les pharmaciens et les techniciens sentent une pression accrue de la part du public qui désire compenser les faiblesses du réseau de la santé par une meilleure relation avec eux :

> *Avec le virage ambulatoire, plus de gens nous appellent (infirmières, CLSC...) et le public nous demande davantage de temps pour obtenir les informations que leur médecin n'a pas eu le temps de leur donner. Plusieurs patients préfèrent venir consulter le pharmacien que de se rendre à l'urgence[30].*

D'autre part, on remarque que plus le public institutionnel est éloigné de la source d'information industrielle, plus il perçoit que la communication directe avec le représentant est importante : 28 % des pharmaciens propriétaires, 34 % des pharmaciens salariés et 44 % des techniciens affirment que ces communications interpersonnelles avec un représentant de l'industrie sont importantes pour eux. Il semble que, pour les pharmaciens salariés et les techniciens, la communication avec les fournisseurs ne les implique pas directement et qu'ils souhaitent une amélioration de ce moyen de communication interpersonnelle. Pour les techniciens surtout, les relations avec les fournisseurs sont quasi inexistantes :

> *C'est quelque chose de bien malheureux. Souvent, quand les compagnies pharmaceutiques vont venir – on est à peu près tous dans cette même situation – ils vont passer par le pharmacien sans nous expliquer les nouveaux médicaments. Par contre, quand arrive un pépin et que les pharmaciens sont occupés, c'est nous qui devons voir le client mais nous n'avons pas entendu parler de ces nouveaux médicaments[31].*

L'analyse des résultats du sondage effectué à travers le Canada auprès de publics institutionnels dans divers secteurs industriels révèle à peu près les mêmes perceptions : plus les moyens d'information sont personnalisés, plus leur appréciation est élevée. Le communiqué ou bulletin d'information, diffusé directement par les relationnistes des organisations à leurs publics institutionnels, est considéré comme le meilleur moyen d'obtenir de l'information : 67,9 % des répondants les apprécient. Les articles dans les médias spécialisés et les envois postaux personnalisés sont d'autres moyens

---

29. Selon un pharmacien salarié (extrait du groupe témoin B-2).
30. Selon un pharmacien propriétaire (extrait du groupe témoin A-1).
31. Selon un technicien (extrait du groupe témoin B-3).

appréciées par les publics institutionnels (les envois électroniques jouissent un peu moins de la faveur de ces publics). Le moyen obtenant la plus basse appréciation est la vidéo[32].

Les résultats obtenus lors des groupes témoins et des deux sondages confirment que la communication directe, face-à-face, se classe au premier rang des moyens de communication interorganisationnelle. Ce constat sort du carcan électronique la communication *B2B,* Internet arrivant au cinquième rang des moyens d'information privilégiés par les publics institutionnels pour obtenir des compléments d'information, notamment dans le secteur de l'ingénierie.

*
* *

Les communications *B2B*, formées par la triangulation promotion-information-relations interpersonnelles, sont toujours orientées vers la réduction de l'incertitude inhérente au processus de décision : « Information is sought based on its likely effect on uncertainty. Sources of the information, as well as the tactic to obtain it, are selected based on the likely outcome set against the cost » (Heath, 1994 : 115).

Que ce soit par des moyens traditionnels (sur support papier ou audio-visuel, par des communications événementielles et interpersonnelles) ou par les moyens électroniques (Internet, site Web, courrier électronique, multi-média, etc.), les communications avec les publics institutionnels, en tant qu'activités de relations publiques, exercent un impact important sur les prises de décision de ces publics d'affaires, contribuant ainsi au double processus d'intersubjectivité et de réduction de l'incertitude :

> *Ability to create opinions that influence how people live is the focal aspect of the rhetoric of public relations. In the process of establishing product, service, or organizational identity as well as improving relationships with people whose lives are affected by organizations' actions and policies, public relations practitioners help establish key terms – especially slogans, axioms, and metaphors – by which people think about their society and organizations. These terms shape the way people view themselves as consumers* (Toth et Heath, 1992 : 19).

---

32. Ce moyen d'information dégage un nombre de non-réponses assez élevé (21,5 %) tout comme le CD-ROM (18,3 %). Cela peut signifier trois choses : soit que ces moyens sont peu connus ou que les répondants se sentent peu concernés par ces moyens ou encore qu'ils ne reçoivent pas de vidéo ou de CD-ROM.

En effet, l'action des relations publiques est essentiellement un agir télélogique, à savoir une communication stratégiquement orientée vers une fin (Habermas, 1981), par les exigences que pose la pragmatique communicationnelle entre les organisations. Ce faisant, les relationnistes contribuent à l'établissement d'un processus d'influence interorganisationnelle en réalisant l'intersubjectivité entre le public d'affaires, selon le quatrième modèle de Grunig et Hunt (2002 : 59), soit la communication bidirectionnelle symétrique. Confirmant que la majorité des décideurs subissent l'influence de l'information conçue par les relationnistes, notre recherche valide également l'importance de la communication interpersonnelle qui demeure la forme d'information plus valorisée par les publics institutionnels, même lorsqu'elle est établie au nom des organisations représentées :

> *There can be, and often is, considerable difference between intercommunication which involves two people personally, and that which involves them on-behalf-of... the organization of which they are both members. [...] in contrived organizations at least, people engage in intercommunication of both types – on-behalf-of... themselves, and on-behalf-of... the organization* (Thayer, 1968 : 105).

C'est justement au nom des organisations qu'ils représentent que les relationnistes participent à l'élaboration du construit socioéconomique par leur influence sur les prises de décision, à travers les flux d'information (Castells, 2001) qu'ils créent dans l'espace transorganisationnel. La pertinence des communications y est déterminée par le degré de congruence de l'information et la compétence communicationnelle y est très souvent associée à la capacité de créer des rituels de communication permettant des échanges personnalisés, significatifs et crédibles pour les publics institutionnels, que ce soit par des colloques, des foires commerciales, des expositions industrielles ou simplement des programmes de visites et de rencontres sur les lieux de travail.

En ce sens, on peut considérer que les communications *B2B* interviennent entre les organisations en tant que pratiques de réduction de l'incertitude (Heath, 1994), facilitant la prise de décisions :

> *Many factors influence information exchange and interpretation. How information is given and sought is likely to be governed by factors of social exchange [...]. How it is exchanged reflects employees' efforts to save or challenge the face of the parties involved ; it defines relationships. Through the development and deterioration of relationships, uncertainty reduction motivates people to exchange and interpret information* (Heath, 1994 : 133).

En accordant de l'importance aux relations interpersonnelles, les relationnistes réalisent une mise en réseau interorganisationnelle avec les publics d'affaires de leur organisation et valorisent la composante relationnelle de leur fonction, le seule qui permet à la communication de réellement faire participer les interlocuteurs. Les relations publiques réussissent ainsi à interagir avec ces publics d'affaires dont les prises de décision sont influencées par l'information, diffusée par le relationniste mais surtout codéterminées (Marurala et Varela, 1980) par les publics institutionnels en tant que participants actifs à la création de sens dans le réseau des communications *B2B*. L'évolution des communications d'affaires entre publics institutionnels transforme donc l'espace transorganisationnel bien au-delà des stratégies de relations publiques, mais porte tout de même la marque d'influence de l'information conçue par les relationnistes, en autant que le processus d'incrémentation s'accomplit en tenant compte de la disponibilité-à-prendre-en-compte et de l'aptitude-à-prendre-en-compte des publics institutionnels.

Références bibliographiques

ARONSON, E.J., A. TURNER et J.M. CARLSMITH (1963), « Communicator credibility and communicator discrepancy as determinants of opinnion change », *Journal of Abnormal and Social Psychology,* n° 67, p. 31-36.

BEAUCHAMP, M. *et al.* (1991), *Communication publique et société : repères pour la réflexion et l'action,* Boucherville, Gaëtan Morin.

BOIVIN, D. (1987), *Le lobbying,* Montréal, Éditions du Méridien.

CARRAGE, K.M. (1990), « Interpretative Media Study and Interpretive Social Science », *Critical Studies in Mass Communication,* 7, p. 81-96.

CASTELLS, Manuel (2001), *The Rise of the Network Society,* seconde édition, Oxford, Blackwell Publishers.

CHENU, R. (1992), « Le sens de la communication est la réponse qu'elle déclenche », dans *Favoriser la relation,* Paris, Chotard.

CORMIER, S. (1995), *Communication et gestion,* Sainte-Foy, Presses de l'Université du Québec.

FARQUHAR, J., N. MACCOBY *et al.* (4 juin 1977), « Community Education for Cardiovascular Health », dans *Lancet : 1192-1195* (cité dans Myers, 1992 : 250, 251).

FESTINGER, L. (1957), *A Theory of Cognitive Dissonance,* Stanford, Stanford University Press.

GRUNIG, J. E., et T. HUNT (1984), *Managing Public Relations,* New York, Rinehart and Winston, p. 149 ; 156-159.

GRUNIG, J. E. *et al.* (1992), *Excellence in Public Relations and Communication Management,* Hillsdale, Lawrence Erlbaum Associates Publishers.

GRUNIG, L. A., J. E. GRUNIG and D. M. DOZIER (2002), *Excellent Public Relations and Effective Organizations : A Study of Communication Management in Three Countries,* Paperback.

HABERMAS, J. (1987), *Théorie de l'agir communicationnel,* Paris, Fayard.

HABERMAS, J. (1988), *Le discours philosophique de la modernité,* Paris, Gallimard.

HABERMAS, J. (2001), *Vérité et justification,* Paris, Gallimard.

HEATH, R. L. (1994), *Management of Corporate Communication : From Interpersonal Contacts to External Affairs,* N. J., Hillsdale, L. Erlbaum.

HERBERT, M., and E. KATZ (1955), « Social relations and innovation in the medical profession », *Public Opinion Quarterly,* 72, vol. 19, p. 337-352.

KATZ, E., et P. L. LAZARSFELD (1955), *Personnal Influence ; The Part Played by People in the Flow of Mass communications,* 586 : 15-42 : 169-186.

JENSEN, K. B., et K. D. ROSENGREN (1992), « Cinq traditions à la recherche du public », *Hermès,* 11-12, p. 281-310.

LABORDE, G. Z. (1987), *Influencing with Integrity,* Palo Alto, Syntony.

MATURANA, H. R. (1988), « Reality : The search for objectivity or the quest for a compelling argument », *The Irish Journal of Psychology,* 9(1), p. 25-82.

MATURANA, H. R., et F. VARELA (1980), *Autopoiesis and Cognition : The Realization of the Living,* Boston, Dordrecht, D. Reidel.

McCOMBS, M. E. (1977), « Agenda setting function of mass media », *Public Relations Review,* n° 3, p. 89-95.

MURDOCK, G. (1989), « Cultural studies : Missing links », *Critical Studies in Mass Communication,* 6(4), p. 436-440.

MYERS, D. G., et L. LAMARCHE (1992), *Psychologie sociale,* Montréal, Chenelière/MacGraw-Hill.

PERROW, C. (1986), *Complex Organizations : A Critical Essay* (second edition), Scott, Foresman and Company Glenview, Ill.

RAVAULT, R.-J. (1984), *Le modèle victimisant et la théorie du récepteur actif dans l'étude des communications internationales et leurs conséquences,* The graduate program in communication/McGill University, Montréal, Katka Selucky.

SCHWEBIG, P. (1988), *Les communications de l'entreprise : au-delà de l'image,* Paris, McGraw-Hill.

THAYER, L. O. (1968), *Communication and Communications. Systems In Organization, Management, and Interpersonal Relations,* Richard D. Irwin, Homewood.

THAYER, L. O. (1987), *On communication : essays in understanding,* Ablex, Norwood, N.J..

THOT, E. L., et R. L. HEATH (1992), *Rhetorical and Critical Approaches to Public Relations,* Lawrence Erlbaum Ass, Hillsdale, New Jersey.

VARELA, F. J. (1989), *Autonomie et connaissance,* Paris, Éditions du Seuil.

VARELA, F., et H. MATURANA (1973), *Autopoièsis, The organisation of the Living,* Editorial Universitarias.

VARELA, F. J. *et al.* (1993), *L'inscription corporelle de l'esprit : sciences cognitives et expérience humaine,* Paris, Éditions du Seuil.

VON BERTALANFFY, L. (1993), *Théorie générale des systèmes,* Paris, Dunod.

WATZLAWICK, *et al.* (1972), *Une logique de la communication,* Paris, Éditions du Seuil.

RÉSUMÉ

La communication entre les organisations pose la question de l'influence des relations publiques auprès des publics d'affaires – décideurs dans les organisations et clients institutionnels. L'étude de l'influence des relationnistes auprès des organisations, par la communication B2B (Business to Business Communication ou communications interorganisationnelles) *permet de cerner l'impact différencié des divers moyens d'information utilisés en relations publiques. Les travaux que nous avons effectués auprès des publics institutionnels québécois et canadiens (2000-2002) démontrent que la porosité des sources d'information crée un effet d'incrémentation par cumul de sens chez les décideurs.*

Communication between organizations poses the question of the influence of public relations on business audiences – decision-makers in organizations and institutional clients. The study of the influence of public relations people on organisations, by B2B *(Business to Business Communication) allows us to see the different impacts of varied approaches to information used in public relations. The research that we did on Québécois and Canadian institutional audiences (2000-2002) shows that porous sources of information create an effect of incremental growth by accumulation of meanings for decision-makers.*

La comunicación entre las organizaciones cuestiona la influencia de las relaciones públicas ante las personas involucradas en los negocios, es decir, los que deciden en las organizaciones y los clientes institucionales. El estudio de la influencia de los relacionistas en las organizaciones, a través de la comunciación B2B (Business to Business Communication o comunicaciones entre las organizaciones) *permite identificar el impacto diferente de diversos medios de información empleados en las relaciones públicas. Los trabajos efectuados ante el público tanto institucional quebequense como canadiense (2000-2002) demuestran que el filtro de las fuentes de información produce incremento debido a la acumulación de significados de parte de los que toman las decisiones.*

BIBLID 0382-7798(2004)23:1p. 75-92

Les relations transpubliques : le relationniste confronté à l'effet-rebond d'un message

André-A. Lafrance[1]

De vieilles batailles ont opposé ceux qui veulent accorder aux communications la qualité de « science » à ceux qui ne veulent y voir qu'un « champ disciplinaire » qu'on pourrait « cultiver » avec des instruments empruntés à des disciplines comme la sociologie, la psychologie ou même l'histoire. Pour défendre leur point de vue, les premiers ont souvent fait appel à des spécificités de pratique dont la diversité et l'accumulation semblaient justifier et même, dans certains discours, prouver l'apparition inéluctable, sur la scène académique, d'un appareillage scientifique original.

Ces débats se reflètent dans la difficulté de situer la communication dans l'ensemble des activités humaines. Doit-elle être abordée par son rôle de substrat à toutes ces activités ? Bernard Dagenais amorce l'un de ses ouvrages (1998 : 14) en rappelant à ses lecteurs que diverses activités humaines, comme la culture ou la politique, ne peuvent se réaliser que par la communication. Ou doit-elle se décliner selon ses différents objets, entraînant une multiplication de sous-disciplines ? C'est ainsi que plusieurs auteurs (par exemple, Philippe Schwebig, 1988 : 19) se sentent obligés, avant d'exposer leur thèse, de définir des termes comme sociétal, corporatif, médiatique, de marque, de produit, d'entreprise ou institutionnel.

Qu'elles considèrent la communication sous un angle holistique ou délimité, ces deux approches de la communication se retrouvent, néanmoins, autour d'une arborescence conceptuelle plus ou moins clairement reprise dans leurs discours. Dans cette arborescence qui s'étale à partir du tronc communicationnel, la branche de la communication dite « organisationnelle » donne naissance aux communications « internes » et « externes »

---

1. L'auteur est professeur au Département de communication à l'Université de Montréal. Il est également Secrétaire général du Comité scientifique de la Chaire en relations publiques à l'Université du Québec à Montréal. Courriel : proflafrance@netcourrier.com

définies par le lien de leurs différents publics avec l'organisation. Cela constitue un modèle de gestion des savoirs, des apprentissages et des pratiques convenant bien à ce qu'on veut considérer comme une « science ».

La place du relationniste dans l'arborescence des savoirs

Il reste néanmoins un problème dans l'utilisation du modèle de l'arborescence : où situer les relations publiques ? De par son nom, cette « branche » des communications se démarque par l'accent mis sur la destination de ses actions : les publics. Or si on rejette une certaine tendance à réduire les relations publiques aux relations de presse, on se retrouve avec un objet hybride touchant, à la fois, les publics internes et externes de l'organisation.

Pour sortir de cette ambiguïté, on pourrait trouver, à l'étude des relations publiques, un objet différent. Pour cela, il s'agirait de déplacer notre observation des publics vers l'acteur de ces relations publiques : le relationniste. Pour élargir notre vision de la pratique de ce relationniste, nous allons le montrer non pas à l'origine, mais au centre d'un réseau de communications, jouant un rôle non seulement de traducteur, mais aussi, comme dans le cas que nous allons exposer, de cible des communications des publics, internes et externes, de l'organisation. Cela a l'avantage de ramener les relations publiques plus près du tronc communicationnel et du terreau multidisciplinaire dans lequel il plonge ses racines.

Certes, la compréhension première du mandat du praticien des relations publiques porte sur ses activités de communication... avec les publics. C'est, à la fois, la force et la faiblesse de son intégration dans l'organisation. Il en tire la force d'un objectif dont ses clients ou employeurs ne peuvent ignorer la pertinence. Quel chef d'entreprise pourrait nier l'importance des publics que sont ses employés à l'interne et ses clients ou ses actionnaires à l'externe ? Mais cette importance, d'apparence indiscutable, recèle sa propre faiblesse. On croit connaître ces publics et on suppose qu'il sera facile de les rejoindre. Et surtout, on se plaît, pour des raisons d'efficacité comptable à court terme, à les considérer comme passifs. N'est-il pas plus simple d'évaluer la rentabilité d'une opération de relations publiques en comparant son coût de réalisation au nombre de personnes qui ont réalisé le changement d'attitude ou de comportement souhaité, selon l'extrapolation d'un sondage ou le chiffre d'affaires d'une entreprise ? Or cette rentabilité, positive ou négative, ne révèle rien de ce qui s'est passé dans la « boîte noire » entre l'émission et la réception du message. Le relationniste est-il condamné, comme un apprenti sorcier, à répéter des rituels en ignorant le jeu des puissances souterraines qu'il invoque ? Si la communication est une science, elle doit permettre au relationniste de dépasser cette efficacité comptable pour explorer les différents mécanismes qui soutiennent son activité. « Nous arrivons à un point tournant de l'histoire – ce que Karl Jaspers qualifiait de "point axial", alors qu'une nouvelle vision est recherchée, que des redéfinitions fondamentales sont exigées et que nos tables de valeurs doivent être revues » (Bennis et Nanus, 1986 : 13).

Certes, on peut toujours affirmer que le terme « relations publiques » décrit, déjà par le sens commun et l'observation quotidienne, des techniques et des stratégies de communication bien définies. On peut analyser ces dernières sous l'angle de la faisabilité, de l'acceptabilité ou de la rentabilité (Lafrance et David, 1998). Mais les chercheurs doivent pousser plus loin leurs réflexions afin d'explorer les réalités plus complexes, et plus spécifiques, d'une pratique qui y trouve, ainsi, sa raison d'aspirer au statut de profession. À cette fin, nous allons proposer d'étudier les implications d'une déclinaison du terme « relations publiques » qui porterait sur ceux de « relations multipubliques » et « relations transpubliques ».

Si la déclinaison « multipubliques » rappelle la diversité des publics touchés par un message, celle qui oriente la réflexion vers les relations « transpubliques » vise à cerner des réalités à ce jour moins bien étudiées. Ces réalités concernent non seulement les transformations d'un message dans sa diffusion dans les différents corridors qui composent, de façon fluide, la place publique, mais aussi celles des postulats de transparence, appartenance et cohérence (le triangle « vertueux » T.A.C.) qui prétendent guider les actions des relationnistes.

Nous espérons que cette déclinaison pourra inspirer d'autres chercheurs à poursuivre le développement d'une arborescence conceptuelle propre à alimenter la pratique des relationnistes.

Réalités et relations multipubliques

L'expression « relations publiques » est née d'une recherche d'acceptation de l'organisation sur la place publique et de son besoin d'échanges avec ceux qui l'habitent. La pratique professionnelle du relationniste lui impose une réflexion constante sur la nature des publics avec lesquels l'organisation lui demande d'entrer « en relations ». Il doit connaître les particularités de chacun de ces publics, comme leurs attentes ou leurs préjugés. Les modèles d'analyse et de programmation développés par les théoriciens de la communication lui viennent en aide lorsqu'il doit répondre à un mandat faisant appel à des activités dites de relations publiques. Mais il ne s'agit là que d'un premier aspect du défi que doit relever le relationniste. Son message ne circule pas dans un corridor empruntant une sorte de voie réservée qui livrerait le contenu de la communication aux seuls destinataires ciblés par l'organisation.

Une conception mécaniste de ces relations avait pu laisser croire qu'on pouvait programmer des messages en fonction de chacun des différents publics. Mais les hypothèses de l'école systémique et les constatations pragmatiques des acteurs de la scène organisationnelle ont démontré qu'on ne pouvait ignorer la porosité des espaces publics.

L'image de l'inoculation hypodermique d'un message proposée par les fondateurs de la réflexion sur la communication, transposée au domaine organisationnel, a suivi l'évolution holistique de la médecine moderne. Une intervention chirurgicale ou médicamenteuse, comme une campagne bien ciblée de communication, ne peut être évaluée qu'en fonction de l'ensemble des considérations « médicales » liées à l'ensemble de l'état de santé du patient. Quels seront, par exemple, les effets d'un anti-inflammatoire sur l'estomac ou de la codéine sur les intestins du patient ? Quels seront les effets d'un message destiné aux employés sur les clients ou les action- naires ? On ne parle donc plus d'une efficacité linéaire, mais bien d'une complexité diffuse dont l'ampleur doit être évaluée en fonction des risques encourus de malentendus ou de rejets.

Comme le chirurgien qui veut intervenir sur un organe du corps de son patient, le relationniste doit, déjà dans le volet multipublic, tenter de prévoir les effets de son intervention sur les autres composantes de la sphère publique. La pratique professionnelle a déjà assumé cette complexité en évaluant, par différentes techniques d'enquête, les effets d'un message sur les publics auxquels il n'est pas d'abord destiné. Ces risques, et parfois bénéfices, secondaires, sont escomptés dans les devis de projets. Évidem- ment, cela suppose que les patrons ou les clients accordent le temps au rela- tionniste de prendre en compte tous les publics potentiels que leurs préoccu- pations du moment les amènent parfois à vouloir ignorer.

Les relations dites publiques ne s'adressent donc plus simplement à un public déterminé et considéré comme un organe autonome de tous les autres qui habitent la place publique. On ne peut empêcher qu'un message soit vu ou entendu par d'autres publics. Pour une entreprise, le client partage le quartier, la famille ou le cercle d'amis de l'employé. Pour une administration publique, le fonctionnaire habite la maison ou l'arrondissement du citoyen. D'où la déclinaison « multipublique ».

Le relationniste peut vivre ce défi multipublic en prévoyant les diffé- rentes compréhensions d'un même message ou en conjuguant son message en différentes versions. Ces versions seront-elles différentes par le contenu ou par les nuances ? Les contenus et les nuances ne pourront pas, non plus, être réservés à chacun des publics pour lesquels ils ont été conçus. Quand va-t-on passer la frontière qui sépare la nuance du contenu ? À quel moment un public va-t-il conclure qu'on ne lui livre pas le même contenu et chercher les raisons de cette différence ?

Si on accepte, aussi, la théorie voulant que les comportements souhaités soient accordés à la cohérence interne des positions de chacun des publics, on est confronté à la difficulté d'évaluer les impacts de l'intervention amorcée auprès de ces différents publics. Car les comportements témoignent des interprétations et influencent, comme nous le verrons plus loin, la réception des autres publics.

Voilà déjà quelques-unes des interrogations découlant, pour le relationniste, du premier aspect multipublic de son activité. Les théoriciens de la communication lui ont déjà fourni des instruments pour y répondre. Mais il doit aussi se tourner vers ceux du management pour faire le portrait de l'organisation et identifier tous les publics auxquels son message doit s'adresser, puisque le « multipublic » nous rappelle qu'ils vont l'entendre, même s'il ne leur est pas volontairement destiné.

Le cas d'une municipalité

> La conduite des crises imposait autre chose qu'une dotation en porte-parole entraînés en media-training, autre chose qu'un affichage d'onctuosité vis-à-vis des journalistes. On découvrit qu'il y avait encore bien d'autres publics à qui s'adresser : les victimes, les proches, les impliqués ; les professionnels spécialisés, les clients, les fournisseurs, les associations et autres groupements sociaux en attente d'information ; etc. (Lagadec, 2000 : 32).

Pour illustrer cette première déclinaison, prenons le cas, agrégé à partir d'une observation de trois cas différents ne touchant pas les mêmes employés dans chacun d'entre eux, du responsable des communications dans une municipalité. Il est aux prises avec une crise dans les négociations d'un nouveau contrat de travail entre les gestionnaires de cette municipalité et ses employés. Notons déjà que son titre de responsable témoigne de la fragilité d'un mandat dont le titulaire ne mérite pas, aux yeux des administrateurs élus, d'être placé au niveau des autres directeurs de services. Cela illustre bien la faiblesse stratégique d'une profession victime de la puissance névralgique de son activité que les administrateurs élus ne veulent pas abandonner à un tiers. Fort heureusement, ils comprennent, de plus en plus, qu'ils ne peuvent maîtriser cette puissance sans le soutien de personnes dont la formation et/ou l'expérience garantissent la prise en charge de la déclinaison des relations publiques, telle que nous sommes en train de la décrire.

Les représentants de la municipalité viennent d'entrer dans une période de négociations intensives avec le syndicat de ses policiers. Le comité exécutif a confié à son responsable des communications le mandat d'informer les différents publics sur l'évolution des négociations : les policiers syndiqués, les cadres du service de police, les autres groupes de fonctionnaires, les membres du conseil municipal et les citoyens. Ce dernier doit aussi tenir compte de l'image de la municipalité auprès des publics qu'elle cherche à convaincre de venir installer ses industries et ses habitations sur son territoire. Or la sécurité, garantie par un service de police exempt de turbulence contractuelle, est considérée, par la direction de la municipalité, comme un argument important dans la séduction de ses futurs « payeurs de taxes ».

L'administration municipale vient de déposer, à la table de négociations, ce qu'elle qualifie « d'offres finales », marquées par une augmentation de X % sur trois ans. Dans un premier temps, le responsable des communications a résumé les points importants de son message :

1- l'administration doit tenir compte de la capacité de payer de la municipalité,

2- l'administration fait une offre intéressante à ses policiers,

3- l'administration suit de près le dossier pour s'assurer que les citoyens seront toujours bien protégés.

Pour rejoindre ses publics, ce responsable peut compter sur un bulletin interne hebdomadaire destiné à tous les employés de la municipalité. On y trouve habituellement des informations de nature opérationnelle (règlements, procédures), administrative (horaires, structures) et sociale (naissances, décès). Par ailleurs, la municipalité distribue aux citoyens, quatre fois par année, un cahier décrivant les activités saisonnières et les « succès de rayonnement » de l'administration et de ses différents services – appelé par la suite « le cahier saisonnier ». Et, de façon plus générale, le territoire est couvert par deux hebdos régionaux se livrant à une certaine concurrence pour garder l'attention de leurs lecteurs auxquels ils sont livrés gratuitement. L'Hebdo A est plutôt favorable aux agissements de l'administration. L'Hebdo B cherche plutôt, quant à lui, à exploiter les faiblesses administratives ou politiques dont il fait des manchettes propres à provoquer l'intérêt des lecteurs.

Un mandat multipublic

Ce mandat n'est pas aussi simple qu'il apparaît aux administrateurs. Certes les théories de la réception sélective peuvent déjà laisser supposer que les différents publics n'accorderont pas la même attention aux trois parties du message. Même si les administrateurs souhaitent qu'on reconnaisse leur volonté de maintenir un certain cadre budgétaire, il y a fort à parier que les citoyens voudront surtout savoir qu'ils continueront à être protégés. Quant aux policiers syndiqués, diverses interprétations du code du travail limitent la marge de manœuvre des administrations qui voudraient communiquer avec les syndiqués en période de négociations collectives.

Le message aux employés doit porter sur la nécessité de contrôler les dépenses de la municipalité. Cela devrait aussi plaire aux citoyens qui financent, par leurs taxes, ces dépenses. Mais ce message pourrait-il aussi amener ces derniers à craindre qu'une telle insistance ne soit justifiée que par la volonté des policiers syndiqués de recourir à des moyens draconiens pour obtenir la satisfaction de leurs demandes ? Comment rassurer les citoyens à la fois sur la gestion économe des administrateurs et sur la poursuite de services policiers sans aucune turbulence syndicale ? Comment calmer le jeu des négociations sans perturber la tranquillité des citoyens ?

La première action du responsable est de rédiger un communiqué résumant les deux points d'information qui ne portaient pas sur le quantum de l'offre salariale. La publication du Cahier saisonnier a été légèrement retardée afin d'inclure le texte de ce communiqué. En ne mentionnant pas le quantum, le responsable espère ainsi éviter d'alerter les citoyens sur l'écart qui sépare offre et demande, susceptible d'entraîner les turbulences appréhendées.

Il organise une conférence de presse avec des représentants des hebdos afin de les mettre en contact avec les administrateurs et d'expliciter les informations contenues dans le Cahier. Le maire étant absent, le porte-parole est l'un des conseillers qui finit par laisser le responsable répondre à la plupart des questions. L'Hebdo A rapporte fidèlement le contenu ; l'Hebdo B fait sa manchette avec les commentaires du président du syndicat des policiers. L'Hebdo B arrive chez les citoyens en même temps que le Cahier saisonnier. Ces derniers peuvent y lire que le quantum proposé ne tient pas compte de ce que le syndicat des policiers considère comme des éléments historiques et comparatifs jouant en faveur de ses demandes.

Par ailleurs, le responsable a cru bon de donner les trois points d'information dans le Bulletin interne. Les employés ne tiennent pas compte de l'information qui leur a été distribuée. Ils interprètent plutôt le message envoyé aux citoyens comme une tentative de détourner la sympathie de leurs concitoyens envers ceux « qui les servent si bien ».

Les relations transpubliques

Au delà de la réception, certes sélective, de chacun des publics, le relationniste doit tenir compte du fait que ces publics ne fonctionnent pas en vase clos. Ils participent aux échanges qui se développent entre tous ceux qui vivent dans la sphère à laquelle l'organisation est associée.

Une intervention de communication ne modifie pas seulement les relations entre l'organisation et un public. Car si ce public réagit, de façon attendue ou non, sa réaction le transforme. Et cette transformation influence à son tour les relations qu'il maintient avec les autres publics, lesquels doivent attribuer une interprétation à cette redistribution des connaissances, attitudes et comportements faisant l'objet, de façon classique, de toute action de communication.

L'information qui circule entre l'organisation et chacun de ses publics, en pleine mutation de connaissances, attitudes et comportements, est soumise à des effets de rebonds qui en multiplient et en modulent les trajets. L'image de la machine à boules (« pin-ball machine ») illustre bien cette communication-rebond alors que chacune des bornes peut être activée, une première fois, par le passage de la bille, mais aussi, plusieurs autres fois, par le rebond de cette bille relancée par le choc avec une autre des bornes composant l'espace de jeu.

Les messages de l'organisation ne sauraient être conçus et leur efficacité évaluée sans tenir compte de cette osmose entre les publics internes et externes, entre les employés et les clients, entre les fournisseurs et les actionnaires. Ces différents publics occupent des espaces professionnels, récréatifs et sociaux qui se recoupent et sont donc perméables à la transmission non seulement des informations, mais aussi des interprétations qui leur sont données.

Nous nous trouvons ici dans un exemple de la communication à deux étages (« two-step flow ») par laquelle des leaders d'opinion influencent la perception d'un groupe de récepteurs d'une information. On parle maintenant non pas d'un phénomène se déroulant à l'intérieur d'un public influencé par ses leaders d'opinion, mais d'une interaction entre les groupes. L'un n'est pas le leader de l'autre, mais plutôt comme une sorte de vigie annonçant l'apparition et la disponibilité d'une interprétation à laquelle le premier n'avait pas pensé.

L'information-rebond est différente aussi de la rétroaction bi-directionnelle, maintenant acceptée comme élément itératif d'ajustement du message par l'émetteur à l'écoute du récepteur. Avant même de tenir compte de cette rétroaction, l'émetteur doit prévoir les mutations que subira son message en passant d'un public à un autre. Si on accepte que chacun des publics procède à une écoute sélective, l'information qu'il va transmettre sera donc différente de celle qui avait été mise en amont du programme de relations publiques. Une déperdition, probable, d'informations remet en question l'ordre des priorités voulu par l'émetteur initial. D'autant plus que cet ordre sera peut-être dénaturé par l'addition d'informations provenant de sources qu'il ne contrôle pas.

Ce qui est plus difficile à prévoir, c'est donc cette information-rebond. Revenons à notre analogie avec le travail du chirurgien. Celui-ci ne doit pas seulement se préoccuper des effets potentiels de son intervention sur les autres organes du corps de son patient. Il doit aussi prévoir la pression que ces autres organes, réagissant au choc de l'intervention, exerceront sur la convalescence de l'organe visé.

Dans le cas de la municipalité, le responsable des communications doit tenir compte non seulement de l'effet de son message sur les différents publics, mais aussi de l'interprétation que ces différents publics feront de cette information et de l'impact de cette interprétation sur les autres publics.

Les administrateurs et les citoyens pourraient décoder son message de façon différente. Mais le décodage réalisé par les administrateurs ne pourra être exempt de l'influence qu'exercera sur eux celui des citoyens. S'ils pouvaient, au départ, être satisfaits du message distribué par le responsable, leur évaluation changera au fur et à mesure qu'ils seront soumis à l'interprétation des citoyens-électeurs.

Nous assistons à l'évolution, non pas parallèle, mais intégrée, des différentes interprétations. Le responsable des communications est amené à tenir compte des différentes interprétations possibles, mais aussi de l'influence de ces interprétations les unes sur les autres. D'où la déclinaison transpublique.

Autre volet de complexité : les qualités attendues du professionnel des RP

L'activité professionnelle du relationniste doit, donc, tenir compte des attentes de chacun de ses publics et de l'influence qu'exerce l'interprétation de chacun de ces publics sur celle des autres. Cette influence est parfois ignorée pour des raisons d'économie de moyens et de symbiose proclamée, ou du moins espérée, entre les différents publics. Mais il s'agit là d'éléments que le relationniste a l'habitude de prendre en compte dans un programme de relations publiques. C'est pourtant à partir de l'acceptation des deux phénomènes que nous venons de décrire qu'il faudrait aborder un troisième volet de la complexité des relations publiques. Au delà du message, il y a la perception du triangle transparence-appartenance-cohérence (T.A.C.) qui module celle de ce message. C'est là que l'expression transpublique prend sa portée la plus délicate. Car ces vertus de la communication, quoique maintes fois invoquées (Maisonneuve *et al.*, 1999 : 110), ne sont pas toujours consciemment inscrites dans le message du relationniste. Pourtant, elles confirment la nécessité et la pertinence de développer des modèles théoriques qui répondent à la complexité des relations publiques.

Le discours homologué sur la communication des organisations fait appel à un certain nombre de postulats exprimés en termes de vertus, à la fois souhaitables et négociables. Souhaitables, elles assureraient la crédibilité du message. Négociables, elles dépendraient de l'état des relations entre l'organisation et ses différents publics. Même si les publics ne sauraient verbaliser ces postulats, ils en tiennent compte dans leur acceptation des messages. On en retrouve d'ailleurs, sous différentes formes, l'expression dans les jugements portés sur la valeur des messages.

Nous allons retenir trois des vertus proposées et proclamées par les avis des spécialistes-conseils, les diktats des gourous et les modèles des théoriciens. La transparence, l'appartenance et la cohérence pourraient ainsi former la triangulation « vertueuse » d'une stratégie communicationnelle, sous le sigle T.A.C. retenu pour les fins de notre démonstration. Nous allons voir que pour chacune de ces vertus, le relationniste est confronté, comme pour l'information contenue dans son message, à des perceptions différentes multipubliques et soumises aux influences transpubliques. Ceci l'amène dans la conception, puis dans la réalisation de son programme de relations publiques à passer, pourrions-nous dire, « du T.A.C. au T.A.C. ».

La transparence

La transparence est peut-être, des trois vertus que nous allons évoquer, celle qui est la plus sollicitée dans le discours professionnel. Elle est à la fois une condition et un objectif à atteindre. Dans une action de communication, elle appelle à la transmission de toutes les informations pertinentes à la situation faisant l'objet de l'intérêt des destinataires. Dans un plan ou une stratégie de communication, elle suppose une volonté de tenir les destinataires informés de tout changement apporté ou arrivé à l'état des choses organisationnelles.

On peut partager l'interrogation de Christensen (2002), reprenant celle de Weick (1979) et de van Riel (2000) : cette transparence est-elle imposée par l'environnement ou choisie comme stratégie par l'organisation ? Il y a probablement un peu des deux démarches dans la proclamation de cette vertu dont on se réclame sans vraiment trouver facile de l'appliquer.

> *Bien que les impératifs de l'action expliquent en bonne part la discrétion de l'administration, la transparence y est perçue comme de la naïveté et porteuse de risques... Un récent rapport gouvernemental sur cette question ne s'intitule-t-il pas justement : « L'efficacité dans la transparence ? »* (Deschênes, 1995 : 8).

La transparence a donc ses limites qui ne sont probablement pas les mêmes pour tous les membres de l'organisation, et certainement pas les mêmes pour tous les publics. Au sein de l'organisation, la stratégie ou la prudence peuvent entraîner des visions différentes.

> *Des conflits de devoirs entre les parties prenantes (l'entreprise, les institutions, les travailleurs, la population) peuvent provoquer de violentes détresses et déboucher sur des conduites moralement contestables... Les spécialistes de l'environnement et de la santé publique se sont heurtés à des problèmes analogues (comment répandre l'information sans semer la panique ?) et ont découvert les antinomies inhérentes à leurs devoirs de savants, de salariés, de fonctionnaires ou d'employés* (Ashford, 1998 : 17).

Du côté des publics, cette transparence est fonction des connaissances que ces publics ont de l'organisation ou des ramifications d'un événement. Ils ne peuvent déplorer l'absence d'information à propos d'un aspect de l'organisation ou de l'événement dont ils ignorent l'existence. Les relations transpubliques interviennent alors comme information sous-jacente qui passe d'un public initié (comme les employés) à un public qui ne l'est pas (comme les clients). Ce transfert de connaissance peut se faire directement ou par les soins des médias servant de pont entre les publics. Ce qui semblait transparent au départ perd cette qualité lorsqu'on découvre que cette vertu n'a été que partiellement respectée.

S'il veut qu'on reconnaisse cette transparence à son message, le relationniste doit envisager les attentes que son message pourrait rencontrer en passant d'un public à un autre. La transparence ne peut être morcelée. Toute accusation de faiblesse en ce domaine portée par un public ne peut que remettre en question le jugement positif des autres publics, même si cette faiblesse porte sur des éléments qui ne concernent pas immédiatement ces publics.

Il y a plus de trois siècles, Madame Necker affirmait déjà : « La probité reconnue est le plus sûr de tous les serments » (citée par Chrétien-Audruger, 1934 : 193).

L'appartenance

L'appartenance, quant à elle, est une vertu plus ambivalente. L'école des relations humaines en a fait l'un des objets des communications organisationnelles. On voudrait ainsi convaincre les destinataires que leur sort individuel, d'employé, de consommateur ou même de citoyen, est lié à celui de l'organisation. En filigrane, on défend l'illusion que l'organisation leur appartient sans donner toute sa portée sulfureuse au corollaire voulant... qu'ils appartiennent à l'organisation. Car le comportement organisationnel actuel, qui licencie à la moindre turbulence boursière, ne saurait accréditer une interprétation optimiste d'une telle appartenance.

Mais on peut aussi faire de cette appartenance une condition de la réception d'une communication. Il y a d'abord l'appartenance du porte-parole de l'organisation : appartient-il vraiment au groupe de personnes qui possèdent l'information ? À l'autre bout du continuum communicationnel, les destinataires se considèrent-ils comme appartenant au groupe de ceux qui peuvent être concernés par cette information ? L'appartenance devient donc une qualité propre à valoriser l'offre et l'accueil de l'information.

Comme le signale Barnlund (1966), la relation hiérarchique entre émetteur et récepteur peut provoquer, chez ce dernier, une attitude défensive. Le relationniste est donc confronté au double objectif d'appartenir au groupe de ceux qui possèdent l'information dans l'organisation et de ne pas être associé à ceux qui possèdent le pouvoir dans cette organisation. En vertu des relations multipubliques, sa connaissance du dossier irait à l'encontre de son impartialité. Pour les publics externes, son appartenance à la haute direction est une garantie de la qualité de son information alors que pour les publics internes, ce serait le contraire. Dans ses relations transpubliques, il lui faudrait une appartenance croisée qu'il ne pourra satisfaire qu'en déléguant, à divers partenaires, ses fonctions de porte-parole de l'organisation.

La cohérence

La cohérence se situe dans l'espace et dans le temps de l'organisation. Dans l'espace, elle suppose une certaine harmonisation des messages émis par les différentes composantes de l'organisation. Dans le temps, elle espère que les justifications ou les fondements de la valeur des informations d'hier répondront à celles et ceux d'aujourd'hui ou de demain.

Dans le temps organisationnel, la cohérence veut conserver un dénominateur commun entre les messages dont les contenus suivent l'évolution des stratégies et des événements qui en découlent ou les provoquent. Dans l'espace organisationnel, la cohérence s'exprime à la verticale par l'absence de contradiction entre les messages provenant des différents niveaux hiérarchiques, et à l'horizontale par la même absence entre les messages adressés aux différents publics. « La cohérence d'ensemble qu'apporte la communication globale réduit les dichotomies contradictoires entre les différentes communications et entre l'information émise et les faits, toujours néfastes ; l'entreprise renforce ainsi sa légitimité et augmente l'implication de son personnel » (Boistel, 2001 : 6).

Ces trois vertus sont, à la fois, recherchées et observées. Le relationniste croit y souscrire ; les publics les recherchent pour évaluer l'intérêt et la validité d'un message. Voyons comment les échanges *transpublics* peuvent les rendre encore plus susceptibles d'influencer l'efficacité du relationniste.

Le cas municipal revisité

Nous allons étudier l'impact de ce triangle transparence-appartenance-cohérence (T.A.C.) dans la perception des messages fournis aux destinataires, élus, citoyens et employés syndiqués. Nous pourrons, ainsi, constater que la communication transpublique impose aux acteurs une prise en compte de ce T.A.C. s'ils souhaitent remplir le mandat, certes ambivalent, qui leur est confié. Nous pourrons aussi comprendre que la condamnation à mort du messager de la défaite des Thermopyles a, hélas, aussi cours de nos jours, non pas à cause du contenu irrecevable du message, mais des vertus dont ils n'arrivent pas à habiller l'organisation dont il est le messager.

Si les contenus peuvent être distribués en fonction des intérêts des différents publics, le responsable des communications de l'administration municipale demeure, dans sa conscience professionnelle, confronté aux ambivalences de ce triangle vertueux. D'ailleurs, il informe, dans une note de service adressée aux administrateurs, qu'il va devoir compter sur leur « compréhension des limites auxquelles il va être soumis pour conserver sa crédibilité » auprès de ses différents publics.

En effet, la crédibilité demeure la pierre angulaire de la profession de relationniste. S'il perd cette qualité de ses interventions, il devient un publicitaire chargé de vendre un produit. Or ce n'est pas la profession que ce responsable a choisie, ni le mandat qu'on lui a confié. À chacun de ses gestes, il doit donc évaluer la perception de ses publics quant au respect de ses obligations de transparence, d'appartenance et de cohérence. Et il sait, par expérience ou par intuition, que la portée transpublique de ses communications fera rejaillir la perception de chacun de ses publics sur les autres.

Une transparence mitigée

Le responsable a l'impression d'avoir été transparent sur les points exposés. Il découvre que la transparence ne peut être ni mitigée ni paramétrée par les aléas d'une négociation en évolution. Or il s'agit « d'offres finales ». Les administrateurs voudraient qu'il convainque les citoyens de la transparence de leurs intentions. Ayant été témoin de la fragilité tactique de ce qu'on appelle « offres finales » dans d'autres situations similaires, le responsable croit que la proclamation de ces offres irait contre la transparence des négociations, telles qu'elles allaient probablement finir par se dérouler.

En oubliant la mention du quantum des offres finales dans le Cahier saisonnier, le responsable respecte une transparence personnelle, étant donné sa conviction qu'il ne s'agissait, malgré l'annonce officielle de la municipalité, que d'une étape dans les négociations. Ce qu'il lui apparaît nécessaire de faire transparaître devant les citoyens, c'est la volonté de saine gestion et de protection des administrateurs.

L'annonce, dans l'Hebdo B, du quantum permet au syndicat des policiers d'affirmer que l'information donnée aux citoyens n'est pas complète et, de ce fait, qu'elle pèche contre la vertu de transparence. En fait, les citoyens ne tiennent pas à suivre les différentes étapes des négociations avec les policiers. Ils ne s'intéressent qu'à la transparence de la municipalité quant à l'information qu'ils attendent : saine gestion et protection. Mais le manque de transparence dénoncé par le syndicat amène les citoyens à douter de celle qu'ils croient trouver dans l'information qui leur est destinée.

Une appartenance disloquée

Signataire du bulletin interne et éditeur du Cahier saisonnier, le responsable se voit comme appartenant au groupe des employés de la municipalité. Il espère être perçu comme un partenaire des différents acteurs de la négociation. Une sorte d'Hermès « [...] à qui l'on doit de savoir faire jaillir le feu du frottement de deux bois, répand le même esprit lorsqu'il provoque cette autre étincelle que l'on appelle *communication,* par le frottement de deux paroles » (Paris, 1981 : 167).

Il s'efforce d'ignorer que les employés le croient soumis aux volontés de l'administration. Il est, devant le manque d'habileté du conseiller chargé du dossier, présenté par les Hebdos comme le responsable non seulement des informations, mais des décisions rapportées. Ces décisions impliquent probablement celle de ne pas révéler la question du quantum soulevée par le chef syndical. Le responsable devrait pouvoir, au moins, compter sur cette appartenance pour obtenir l'appui des administrateurs. Or ces derniers sont confrontés à leurs concitoyens qui, après la lecture de l'Hebdo B, se sentent « trompés » par l'information officielle. La perception des électeurs amène les élus à penser que le responsable est… responsable de cette absence d'information sur le quantum des offres finales. Réagissant à cette perception d'un autre public, celui des élus en vient à accuser le responsable d'avoir volontairement ouvert cette faille dans laquelle le chef syndical avait pu introduire son discours. On entend alors, à l'Assemblée du Conseil, des accusations dénonçant le responsable comme un employé, « sans aucun doute » complice de l'arnaque salariale des syndiqués.

Une cohérence ambivalente

Le responsable peut se défendre contre toute accusation d'incohérence. Il n'a jamais affirmé dans le Cahier saisonnier le contraire de ce qui a été écrit dans le Bulletin interne. En fait, présumant que les offres dites « finales » ne sont qu'une étape des négociations, il n'a pas voulu offrir, dans le Cahier saisonnier, une information qui pourrait être, elle-même, contredite au cours des semaines suivantes.

Pour les policiers, et les autres employés touchés par le Bulletin interne, l'absence du quantum dans l'information fournie aux citoyens semble un manque de cohérence entre ce qu'on dit aux uns et annonce aux autres. S'il est important d'annoncer aux employés le quantum comme partie insécable de la politique budgétaire de la municipalité – tenant compte des prochaines négociations avec les autres syndicats d'employés –, il ne leur paraît pas cohérent de la cacher aux citoyens dont les administrateurs cherchent le soutien en cette période de turbulence appréhendée.

Dans l'entrevue accordée à l'Hebdo B, le président du syndicat des policiers s'est empressé de dénoncer ce manque de cohérence. Le responsable des communications de la municipalité sera donc confronté à cette accusation lors de ses prochaines opérations d'information auprès des employés qui le soupçonneront de retenir des informations comme il l'a fait envers les citoyens qui, sans la dénonciation du syndicat des policiers, n'auraient jamais eu l'idée de lui reprocher un manque par rapport à la vertu de cohérence des communications.

Évaluation complexe d'une démarche transpublique

Visiblement, le triangle transparence-appartenance-cohérence (T.A.C.) des uns n'est pas celui des autres ! Le problème, pour le relationniste, c'est que le T.A.C. des uns influence le T.A.C. des autres, sans que ces autres ne considèrent cette influence comme déterminant leur jugement sur la crédibilité et la pertinence de l'information fournie par le relationniste. Faudra-t-il, à la fin d'un programme de relations publiques, évaluer non seulement l'intégration de l'information par les destinataires, mais leur perception de ces vertus telles qu'ils les croient véhiculées par cette information et ceux qui la lui livrent ?

Cette évaluation, autant de l'intégration que de la perception, ne saurait rendre justice à la complexité de la tâche du relationniste si elle n'essaie pas d'induire le trajet que l'une et l'autre ont suivi en « rebondissant » d'un public à un autre. Les prochaines recherches en ce sens devraient pouvoir révéler si l'influence en rebonds attaque d'abord l'information générant des métastases de cette influence dans les trois vertus ou si elle suit le chemin inverse. Il sera alors possible de démontrer que l'ignorance, volontaire ou non, de l'aspect transpublic des relations dites publiques provoque, pour revenir à notre analogie chirurgicale, des maladies « iatrogéniques », c'est-à-dire causées par le milieu hospitalier comme effets secondaires d'une intervention médicale. De façon similaire, le relationniste qui ne tiendrait pas compte des effets secondaires de son message sur ses différents publics risque de provoquer pour l'organisation qu'il veut servir des problèmes iatrogéniques de communication. En termes plus concrets, des problèmes de communication découlant d'actions de communication. Mais c'est le « beau risque » de toute activité professionnelle qui doit compter non seulement sur l'habileté technique, mais aussi sur le génie stratégique de celui qui la pratique.

Références bibliographiques

ASHFORD, Nicholas A. (1998), « Secret. Transparence et partage des décisions », *Le Courrier de l'UNESCO*, mai, p. 14-17.

BENNIS, Warren, et Burt NANUS (1986), *Leaders : The Strategies for Taking Charge*, New York, Harper & Row.

BOISTEL, Philippe (2001), « Approche systémique de la communication d'entreprise », Actes du colloque de Nice sur la communication d'entreprise, 6-7 décembre.

CHRÉTIEN-AUDRUGER, Paul (1934), *Le musée de la pensée*, Paris, Albin Michel.

CRISTENSEN, Lars T. (2002), « Corporate communication : The challenge of transparaître », *Corporate Communications : An International Journal,* 7(3), p. 162-168.

DAGENAIS, Bernard (1997), *Le plan de communication,* Sainte-Foy, Les Presses de l'Université Laval.

DESCHÊNES, Jean-Claude (1995), « Une question trouble : la transparence », *Gestion,* juin, p. 8-9.

DUPUY, Emmanuel *et al.* (1988), *La communication interne : vers l'entreprise transparente,* Paris, Les Éditions d'organisation.

LAFRANCE, André A., et Marc D. DAVID (1998), « Les signes d'une appartenance multidimensionnelle », *Communication et organisation,* n° 13, p. 125-135.

LAGADEC, Patrick (2000), *Ruptures créatrices,* Paris, Éditions d'Organisation/Les Échos.

MAISONNEUVE, Danielle, Jean-François LAMARCHE et Yves ST-ARNAUD (1999), *Les relations publiques dans une société en mouvance,* Québec, Presses de l'Université du Québec.

PARIS, Ginette (1981), *Le réveil des dieux,* Boucherville, De Mortagne.

SCHWEBIG, Philippe (1988), *Les communications de l'entreprise,* Paris, McGraw Hill.

VAN RIEL, C.B.M. (2000), « Corporate communication orchestrated by a sustainable corporate story », dans M. SCHULTZ *et al.* (dir.), *The Expressive Organization,* New York, Oxford University Press, p. 157-181.

WEICK, Karl E. (1979), *The Social Psychology of Organizing,* 2nd ed., Mass, Addison-Wesley, Reading.

RÉSUMÉ

Il est difficile de situer les relations publiques dans l'arborescence conceptuelle des savoirs véhiculés par ce qu'on voudrait considérer comme la « science » des communications. L'une des solutions à cette ambiguïté serait de déplacer l'observation de la spécificité apparente des relations publiques, des publics visés vers le rôle des praticiens soumis à l'effet-rebond des messages adressés à chacun de ces publics, dans le cadre d'une approche transpublique. Le cas d'un responsable des communications d'une municipalité confronté aux demandes des gestionnaires élus et aux attentes opposées de ses différents publics internes et externes, illustre la difficulté de respecter les vertus proclamées de transparence, d'appartenance et de cohérence.

It is difficult to situate public relations in the conceptual arborescence of knowledge mobilized in what we would like to consider as communication « science ». One of the solutions to this ambiguity would be to displace the observation from the apparent specificity of public relations to the role played by practitioners subjected to the rebound effect of messages directed to each of their audiences, within the framework of a trans-public approach. The case of a communications officer in a municipality confronted with the demands of elected managers and with the opposing expectations of the different internal and external groups illustrates the difficulty of respecting the proclaimed virtues of transparency, belonging, and coherence.

Es difícil situar las relaciones públicas en la arborescencia conceptual del saber vehiculado por lo que quisiéramos considerar como la « ciencia » de la comunicación. Una de las soluciones a esta ambigüedad sería desplazar la observación de la especificidad aparente de las relaciones públicas, del público identificado hacia la función de los practicantes sometidos al efecto rebote de los mensajes dirigidos a cada público, en el marco del enfoque transpúblico. El caso de un responsable de las comunicaciones de una municipalidad confrontada a las solicitudes de los directivos elegidos y a las expectativas opuestas a sus difetrentes públicos internos y externos, refleja la dificultad de respetar las virtudes proclamadas de la transparencia, pertenencia y coherencia.

Politique gouvernementale d'immigration au Québec : vers la mise en place de relations publiques citoyennes ?

Mustapha Belabdi[1]

La politique d'immigration au Québec est, à bien des égards, différente de celles pratiquées ailleurs dans les pays industrialisés, y compris le Canada dont il fait partie. Dans un contexte international marqué par des flux migratoires intenses, les pays d'accueil se dotent de programmes d'intégration des populations en fonction de leurs besoins : politique d'assimilation aux États-Unis, multiculturelle au Canada, modèle républicain en France. Plus encore, beaucoup de ces pays sont reconnus pour leur ouverture sur l'immigration, mais invitent cependant les populations à se plier à leurs normes internes :

> Les grandes puissances que sont les États-Unis, la France, la Grande-Bretagne, sont des terres d'accueil où l'on débat beaucoup des niveaux d'immigration, de la sélection, des droits des citoyens et des nouveaux arrivants. Mais on va rarement jusqu'à tenter de définir dans les politiques publiques ce que pourraient être les modèles d'accueil et les actions d'intégration. C'est que les grandes puissances sont naturellement assimilatrices et peuvent dicter leurs conditions aux nouveaux venus (Mègre, 1998 : 29).

La particularité du Québec, connu pour son modèle interculturel, vient sans doute de ses préoccupations identitaires, de son histoire conflictuelle avec le gouvernement fédéral et de sa volonté d'intégration de ses immigrants. Au cours des années 1970, le gouvernement fédéral, qui a géré pendant longtemps la question de l'immigration, a adopté la politique officielle du multiculturalisme qui considère le pluralisme comme l'essence de la société canadienne. Cette ouverture a permis au Québec de cogérer les flux

---

1. L'auteur est chargé de cours à l'UQAM. Courriel : belabdi.mustapha@uqam.ca

migratoires destinés à sa province qui a établi progressivement ses normes d'accueil et d'intégration des populations concernées.

Le nombre d'immigrants reçus par la province est depuis lors considérable :

> *Si le Québec était un pays, il se situerait au dixième rang des nations du monde, pour ce qui est du nombre de réfugiés et d'immigrants accueillis chaque année ; il serait donc parmi les rares pays industrialisés encore largement ouverts à l'immigration. Sauf incidents isolés, les tensions raciales et les débats sur la fermeture des frontières y sont minimaux et marginaux eu égard à ce qu'on peut observer dans certaines régions des États-Unis ou en Europe* (Bissonnette, 2000 : 29).

Le fait migratoire suscite, en effet, plusieurs questionnements au Québec. En reconnaissant le droit d'immigration aux personnes, la société québécoise intervient dans leur cheminement en vue de leur intégration fonctionnelle. Le multiculturalisme prôné par le Canada qui invite au pluralisme semble réducteur pour cette province. C'est pour cela que le Québec propose le modèle de « convergence » basé sur un contrat moral avec ses immigrants. Ces derniers, en effet, sont appelés à adhérer à des valeurs communes de la société qui reconnaît en échange leur identité, leur différence et les intègre au tronc de ses valeurs communes. Les grilles de sélection ciblent les candidats potentiels qui ont le plus de chances de s'adapter aux normes de la société sans se soucier de leurs traditions, de leurs croyances culturelles et des lieux d'où ils viennent[2].

Il faut souligner aussi que l'immigration québécoise intéresse toutes les composantes de la société, qu'elles soient du secteur public, parapublic ou privé, y compris les services municipaux, les universités, le secteur de la santé, les ONG, le secteur culturel, l'éducation… En effet, cette population fréquente les services publics au même titre que les autres citoyens, mais apporte ses particularités d'usage, de comportement et d'attitudes sociales. La gestion de la diversité culturelle s'avère incontournable et requiert l'engagement des parties concernées à différents niveaux.

---

2. Comme le souligne Bruno Mègre (1998 : 29) : « Les différences entre le multiculturalisme et l'interculturalisme sont très profondes. Le premier privilégie les droits individuels alors que le deuxième met de l'avant la nécessité de défendre les droits collectifs. Au Québec, tous les groupes culturels doivent former une seule communauté caractérisée par l'interdépendance des groupes et la cohérence des objectifs poursuivis par la société dans son ensemble. »

À cet égard, des programmes de formation sont organisés dans les établissements publics, les organismes communautaires et les entreprises privées ou en coordination entre ces instances pour rendre compte des modalités de gestion de la diversité en milieu professionnel et dans la vie sociale active. Des études et des réflexions sont également menées pour identifier les situations conflictuelles et tenter d'y remédier.

Mais l'État, en tant que promoteur principal de l'immigration au Québec, établit, de concert avec ses partenaires, la politique générale d'admission de ses immigrants et est présent à tous les niveaux, depuis la recherche des candidats potentiels à leur accueil, leur établissement et leur intégration et dans toutes les activités sociales, économiques, culturelles, éducatives auxquelles cette population est associée. Il accompagne aussi les autres instances privées et parapubliques dans leurs efforts à l'égard de leur clientèle immigrante et mène plusieurs activités de sensibilisation de la population au rôle de l'immigration dans le développement.

Compte tenu donc de ce rôle décisif des pouvoirs publics et des particularités de la province mentionnées plus haut, peut-on considérer que l'action gouvernementale se dirige vers la mise en place de relations publiques citoyennes ?

Cette question se pose quand on connaît le modèle actuel de gestion des flux migratoires au Québec, dans un contexte doublement problématique : au niveau national où la relation conflictuelle avec le fédéral pousse jusqu'à la volonté de souveraineté et au niveau international où la conjoncture économique fluctuante dicte les règles à suivre aux pays d'accueil en donnant la priorité à leurs concitoyens. Notre hypothèse est justifiée aussi par :

• le saut qualitatif considérable dans l'accueil des nouveaux venus et les mesures qui l'accompagnent ;

• la démarcation par rapport à plusieurs contrées qui ressemblent au Québec, notamment les pays nordiques réputés pour l'ouverture limitée et contraignante de leurs frontières. La province privilégie son modèle de « convergence » ;

• les mutations sociales de la société québécoise qui est passée, depuis quelques décennies, du statut de société traditionnelle et patriarcale à une société moderne dotée des valeurs de liberté et de démocratie ;

• l'ouverte sur le monde, accompagnée d'une volonté d'accroissement des populations immigrantes et de leur participation au développement.

Le projet québécois est donc passé d'une ère de subordination à une prise en charge importante de sa politique en la matière en fixant rapidement des normes d'admission qui tiennent compte du processus d'adaptation aux normes locales. Pour accueillir toute cette population, des campagnes de communication sont aujourd'hui organisées, en amont et en aval de l'accueil et un réseau organisationnel est mobilisé à différents niveaux.

Cet article ne peut prétendre cerner toute la problématique de l'immigration selon la perspective évoquée. Nous nous contenterons de focaliser l'attention sur l'accueil réservé aux immigrants par le ministère de l'Immigration, dans toutes ses configurations, et sur le rôle des acteurs concernés, en commençant par un bref aperçu historique de l'immigration au Québec, avant de préciser jusqu'à quel point la politique préconisée peut s'inscrire dans le cadre de relations publiques citoyennes. Le volet historique servira à montrer le passage d'une politique fédéraliste puissante à une autonomie de gestion des affaires internes des provinces en matière d'immigration.

Mais d'abord, pourquoi l'accueil ? Et, à quoi réfère le concept de relations publiques citoyennes dans ce contexte précis ?

Deux concepts : accueil et relations publiques citoyennes

Dans le contexte de l'immigration québécoise, l'accueil est un aspect déterminant dans le processus d'admission et d'installation. Il peut favoriser l'adaptation et l'intégration des nouveaux arrivants à la société d'accueil. Mais s'il n'est pas suffisamment encadré, il pourra l'empêcher ou céder ce rôle à des canaux d'information et d'influence informels (groupes ethniques, communautaires, voisinage, famille, connaissances, etc.). Dans ce cas, le risque de voir se former des populations isolées et autarciques augmente et peut entraîner des conséquences néfastes, dans une contrée qui accueille quotidiennement un nombre important de personnes appelées à contribuer au développement du tissu économique et social et à relever le défi de l'intégration.

Quant au concept de relations publiques citoyennes, il concerne, dans ce contexte, les initiatives du ministère en charge de l'immigration auprès des composantes de la société en vue d'intégrer socialement les nouveaux venus pour réaliser les objectifs gouvernementaux. Il est évident que la contribution citoyenne à la vie collective est un construit qui repose sur divers enjeux de relations entre individus et groupes dans un contexte donné. Les pratiques citoyennes se caractérisent par le souci de montrer comment vivre ensemble et de contribuer au développement de toute la communauté. Le terme de citoyenneté revêt d'ailleurs deux sens différents. Le premier relève du cadre juridique et formel[3] et le second – privilégié dans cette étude – est d'ordre empirique, il renvoie à la « citoyenneté sociologique », liée aux droits d'une communauté au sein d'un territoire.

De plus, les nombreuses approches des relations publiques élaborées depuis le début du vingtième siècle, notamment aux États-Unis, ont contribué à l'enrichissement et à l'évolution de cette discipline. Malgré les réserves[4] émises, à juste titre, par les chercheurs et les praticiens sur la définition du concept et son extension, le terme demeure celui que choisissent la plupart des études qui investissent dans ce champ du savoir. Les divergences d'opinion touchent également la pratique et les limites de la discipline. Les avis à ce sujet sont partagés. D'un côté, l'on adopte une position de méfiance, marquée par des stéréotypes évoquant les faiseurs d'images d'affaires (*the image making business*), qui vont jusqu'à détourner les vérités. De l'autre côté, on considère les relations publiques comme une nécessité pour la démocratie qui les décrit comme des méthodes par lesquelles la société s'ajuste aux circonstances de changement et résout les conflits entre les attitudes opposées, les idées, les institutions et les personnes.

Les secteurs couverts par les relations publiques sont variés et touchent les institutions, les départements gouvernementaux, les milieux d'affaires, les syndicats, les ONG, les hôpitaux, les institutions éducatives et religieuses. Pour atteindre leurs objectifs, ces institutions doivent développer des relations avec leur environnement, constitué la plupart du temps de plusieurs publics, dont les employés, les membres, les clients, les communautés locales et le public en général.

Pour mieux approcher leurs publics et atteindre leurs objectifs, les institutions ont besoin de comprendre les attentes et de décoder les attitudes des récepteurs. Les objectifs sont alors façonnés par l'environnement externe, ce qui place les relations publiques devant des défis importants dont l'acquisition et le développement de plusieurs savoirs.

Compte tenu de leur champ d'intervention, les relations publiques touchent plusieurs domaines et se situent au centre des relations d'intérêt commun entre les organisations, les institutions, les groupes... et leurs

---

3. À souligner ici que le pourcentage des immigrants qui obtiennent la citoyenneté au Québec atteint 87 %. Dans le reste du Canada, la proportion est de 83 % (selon le recensement de 1996).

4. Voir par exemple le commentaire de Danielle Maisonneuve (1999) qui considère que l'appellation « relations publiques » est source de confusion, compte tenu de sa traduction littérale de l'anglais et de sa signification.

publics cibles. Dans sa définition des relations publiques, Cutlip (1985) parle de fonction de management qui identifie, établit et maintient des relations de bénéfice mutuel entre une organisation et ses divers publics desquels dépend le succès ou l'échec d'une telle organisation. Grunig (1984) insiste sur le management de communication entre une organisation et ses publics. Les deux définitions intègrent des éléments de la définition de Rex F. Harlow qui a réuni et analysé 472 définitions des relations publiques en les divisant selon plusieurs éléments de classification avant de proposer une définition à la fois conceptuelle et opérationnelle, qui met l'accent sur l'établissement et le maintien de lignes de communication mutuelle, la compréhension, l'acceptation et la coopération entre un organisme et ses publics (Cutlip, 1985 : 4).

Aborder l'accueil dans une perspective de relations publiques gouvernementales peut paraître superflu si l'on s'en tient à l'hypothèse que les relations publiques contribuent à accroître la notoriété et les bénéfices des entreprises privées. La question serait alors, comme le soulignent Dion et Lamarre (1986 : 26) : quels seraient les objectifs des institutions publiques « où rien n'est à vendre et tout est à prendre (… selon les règles !) ? ».

Évidemment, il y a un souci d'information, de sensibilisation, d'identification des besoins et de concertation avec un public qui assume les coûts des prestations. Il est reconnu dans ce sens que la pratique des relations publiques par le gouvernement dans une société démocratique se base sur trois critères (Baker, 1997) :

- la communication bidirectionnelle doit aider le mieux le gouvernement et les citoyens à faire des choix informés ;
- un gouvernement démocratique doit rendre compte aux citoyens qu'il sert ;
- les citoyens, payeurs d'impôts, ont le droit de comprendre et d'être informés.

À ces critères, on peut aussi ajouter le souci de susciter une prise de conscience des besoins de la société en vue de mieux y répondre selon les canaux appropriés. Dans le cas de l'immigration, la question revient à étudier en quoi l'action gouvernementale incite à promouvoir les valeurs de l'interculturalisme, considérées comme des facteurs importants du développement socioéconomique du Québec. C'est un travail entre deux entités distinctes et hétérogènes mais partageant des intérêts communs permanents. Les approches préconisées valorisent les concepts de connaissance mutuelle, d'adaptation, d'intégration et de reconnaissance de la diversité constitutive de la société et sont accompagnées de supports écrits, électroniques et discursifs, de surcroît rédigés en plusieurs langues. Compte tenu de l'évolution importante de cet aspect de l'immigration et des grands virages réalisés dans sa gestion au Québec, les relations publiques se sont adaptées aux impératifs contextuels. L'interactivité avec le public cible est devenue une constante et l'on parle désormais davantage d'une logique d'intégration avec comme instrument l'usage du français, l'insertion socio-professionnelle et la reconnaissance de l'interculturalité. Les indicateurs quantitatifs de la complexité de cette gestion apparaissent à travers le nombre de nouveaux arrivants admis chaque année au pays et provenant de divers pays. Selon le conseil des relations interculturelles,

> relativement à sa population totale, le Canada est l'un des pays qui reçoit le plus d'immigrants à travers le monde. En effet, de 1995 à 1999, il a accueilli 1 018 361 immigrants ; soit une moyenne annuelle de 203 672 personnes. Pour sa part, le Québec a reçu 140 361 immigrants, pendant la même période, pour une moyenne de 28 073 individus représentant ainsi 13,8 % de l'immigration canadienne. Ceci est relativement faible compte tenu de l'objectif de 25 % ou plus fixé lors de l'accord Canada–Québec de 1990 en matière d'immigration, ce qui représentait alors la part de la population québécoise dans la population canadienne (Canada, 2000 : 8).

Dans l'accueil des immigrants par cette population, une relation triadique paraît dominante : d'abord entre les accueilleurs et les accueillis[5]. Elle se caractérise cependant par une ambivalence discursive fréquente, l'opposition entre le construit d'une politique régulatrice inspirée d'une épistémè empirique et la résurgence continue de nouvelles formes d'incompréhension. Ensuite, la relation entre le gouvernement et la population en général, fondée sur le souci de faire accepter, sans heurt, ce flux migratoire marqué du sceau de la différence au sein de la communauté globale et de le faire admettre comme composante constitutive de la mosaïque sociale en général.

Force est de constater dès lors que l'intitulé du ministère actuel en charge de l'immigration – ministère des Relations avec les citoyens et de l'immigration (MRCI) – met avec raison l'accent sur la dualité de ses objectifs envers les deux entités concernées. On ne peut donc penser l'accueil dans une logique réductrice, qui le limiterait à une action éphémère dans un espace-temps, car c'est désormais un processus d'encadrement et

---

5. Nous nous sommes inspirés de l'adaptation des concepts d'intégrateur et intégré utilisés par G. Stoiciu, qui reprend les termes du colonisateur et colonisé d'A. Memmi dans son *Portrait du colonisé.*

d'accompagnement étalé dans le temps. En interrogeant son évolution, on pourra situer les virages réalisés et les motivations qui les ont créés.

Aperçu historique de l'immigration au Québec

Dans un contexte historique marqué de brouille depuis l'Acte de l'Amérique du Nord britannique de 1867, les autorités du Québec ont négocié avec le gouvernement fédéral les modalités d'organisation, de placement et d'intégration des candidats à l'immigration. Ces tentatives se sont soldées par des échecs successifs et il a fallu attendre jusqu'en 1966 pour voir s'installer au Québec une structure administrative chargée de l'accueil de cette population.

Le Québec a voulu déterminer les normes d'accueil des populations venant d'ailleurs dès le dix-neuvième siècle, depuis les premières vagues d'immigration au Canada[6]. Les peuples dits fondateurs ont exercé après la conquête une grande influence sur l'accueil des nouveaux arrivants. À cette époque, l'État fédéral, composé à majorité de Canadiens anglais, s'occupait de l'immigration et définissait la politique d'accueil des populations immigrantes. Plusieurs ministères fédéraux ont pris en charge successivement la gestion de l'immigration. Ainsi, celui de l'agriculture, dont l'objectif était de favoriser le peuplement, s'est occupé de cette activité de 1867 à 1891 et après lui, le ministère de l'Intérieur de 1891 à 1917, avant de le céder au ministère de l'Immigration et de la Colonisation jusqu'en 1936 (Fontaine, 1993 : 29).

L'intitulé des ministères et la politique préconisée rendent compte de la perception des vagues migratoires et de la nature de l'accueil réservé à cette population. D'autre part, l'article 95 de l'Acte de l'Amérique du Nord britannique a donné aux provinces canadiennes une compétence conjointe d'organiser l'accueil d'immigrants sur leurs territoires respectifs. Le Québec a participé aux cinq conférences fédérales-provinciales sur l'immigration entre 1868 et 1874 et a mis en place des structures administratives chargées de l'accueil et du placement des nouveaux arrivants. Cette démarche n'a pas duré longtemps, puisqu'en 1875 « les provinces reconnaissent au pouvoir central l'entière responsabilité de la prospection de l'immigration et s'engagent à abolir leurs agences » (Juteau, 1999 : 66), ce qui ramène de nouveau

---

6. Danielle Juteau (1999 : 61-62) distingue quatre étapes de peuplement du Canada : 1) l'établissement des Amérindiens dont le nombre est estimé à 200 000 à l'arrivée des Européens ; 2) la colonisation française qui se termine lors de la conquête de la Nouvelle-France par l'Angleterre ; 3) l'essor initial du peuplement britannique ; 4) l'après-Confédération et les premières vagues d'immigration.

la gestion de l'accueil entre les mains du gouvernement fédéral et ne manque pas d'inquiéter les Canadiens français conscients que la gestion centralisée ne sert pas les intérêts du Québec : « jusqu'à quel point – se demande-t-on alors –, l'agent général pourra-t-il donner satisfaction aux besoins spéciaux des provinces, en dirigeant vers chacune d'entre elles la classe d'immigrants les plus susceptibles de se plier à son mode d'existence et à ses institutions particulières ? » (*ibid.*)[7]

La politique d'immigration s'est alors poursuivie selon la stratégie du gouvernement fédéral, dans une perspective centrée sur l'accueil sélectif d'une force de travail et selon des critères spécifiques, mettant en avant le prototype des personnes recherchées :

> *quand je pense à la qualité, disait Sifton ministre de l'Intérieur (1896-1905), je pense à un paysan robuste, vêtu de peau de mouton, né sur la terre, qui possède des ancêtres agriculteurs depuis des générations, une épouse vaillante et une demi-douzaine d'enfants (ibid).*

Les critères ne s'arrêtent pas là, car ce paysan doit être blanc, de préférence britannique et à la limite européen, facilement assimilable. Et sont exclues, entre autres, les personnes ayant des opinions « subversives », les femmes, les personnes appartenant à des ethnies qui s'assimilent difficilement.

Cette politique s'appuie sur une vision verticale basée sur la hiérarchie entre les catégories sociales constitutives de la société. Le système communicationnel est unidirectionnel et les résultats de cette politique ne se sont pas fait attendre :

> *L'émergence de communautés ethniques distinctes, possédant souvent leurs écoles, leurs églises, leurs journaux, leurs associations, ne fut pas le fruit d'une volonté politique explicite, bien au contraire. Elle résulte plutôt de l'inaction des gouvernements fédéral et provinciaux, de l'absence de structures favorisant l'intégration des immigrants. Ce sont les immigrants eux-mêmes qui, avec l'appui d'organismes privés, ont assumé la responsabilité de l'accueil des nouveaux arrivants et de la résolution des problèmes vécus. La non-intervention de l'État a donc favorisé, d'une certaine manière, la formation et la consolidation d'espaces institutionnels ethniques autonomes (ibid : 69).*

---

7. Danielle Juteau cite ici la Commission d'enquête sur la situation de la langue française et sur les droits linguistiques au Québec, 1972.

De leur côté, les Canadiens français ont adopté des politiques de peuplement visant à contrecarrer la politique fédérale. D'abord en privilégiant la surfécondité de la population, plus connue sous le nom de la « revanche des berceaux », afin de préserver l'équilibre démolinguistique du pays. Cette situation a duré jusqu'aux années 1960. À partir de là, les changements survenus ont permis de modifier la perception de l'immigration. Le gouvernement fédéral a introduit progressivement des critères d'ordre économique dans l'admission des candidats à l'immigration, avant d'établir des critères de sélection basés sur l'instruction, la qualification professionnelle, les compétences linguistiques, le degré d'adaptation.

Parmi les changements qui marquent cette décennie, on peut citer la création d'une structure d'accueil des immigrants au Québec pour les personnes voulant s'établir dans cette province et l'abandon de la politique de distinction raciale au profit de critères de sélection d'ordre socio-économique. En 1965, le Québec a créé un service d'immigration rattaché au ministère des Affaires culturelles. Ce dernier devient en 1968 le ministère de l'Immigration du Québec, comprenant un service de planification et de recherche et un service d'accueil et d'orientation.

L'effort consenti au cours des premières années pour la promotion de l'accueil s'est soldé par l'entente Cloutier/Lang en 1971, qui accorde un rôle d'information aux agents québécois à l'étranger, puis de l'entente Bienvenue/Andras de 1975, qui permet aux agents d'immigration provinciaux d'évaluer et de décider des demandes d'admission des candidats à l'immigration dans cette province :

> *Depuis sa création, le ministère de l'immigration du Québec a multiplié ses activités d'adaptation (économiques, linguistiques, sociales et culturelles), activités de communication, activités de concertation, sans parler des autres services, notamment le service d'accueil et d'assistance sociale au Québec, le service de l'emploi, les centres d'orientation et de formation des immigrants (COFI), les classes d'accueil, les écoles du samedi... (ibid : 71).*

Ces activités ont été renforcées par l'adoption d'une réglementation québécoise de l'immigration et une autonomie dans la sélection des immigrants indépendants. Quelques années plus tard, une autre avancée a été réalisée par l'adoption unanime, à l'Assemblée nationale, de la déclaration sur les relations interethniques et interraciales qui fait du Québec une société égalitaire. Par cette déclaration, le gouvernement condamne le racisme et la discrimination sous toutes leurs formes.

Au cours de la décennie 1990, l'intégration est devenue une composante importante de la gestion de l'immigration et de l'action du ministère. Québec a pu reprendre au gouvernement fédéral la définition et la gestion de tous les programmes d'intégration économique et linguistique des immigrants ainsi que l'appui financier pour la mise en place de ce programme. Le partage des attributions est rendu officiel dans l'accord Canada/Québec, qui stipule dans la rubrique « accueil et intégration » que le Canada se retire des services d'accueil, d'intégration linguistique et culturelle et des services spécialisés d'intégration économique qui seront offerts par le Québec à ses résidents permanents (Canada, 1991). Dans l'optique québécoise nouvelle, l'intégration est conçue comme un contrat moral que le ministère définit selon trois principes :

- le partage du français comme langue commune de la vie publique ;
- le respect des principes fondamentaux de la société démocratique et égalitaire reconnus dans les lois ;
- le droit et le devoir pour tous de participer et de contribuer pleinement à la vie économique, sociale, culturelle et politique du Québec.

Ces mesures annoncent des transformations importantes dans les orientations politiques à l'égard des immigrants et se traduisent par des mesures d'appui à l'intégration socioéconomique des personnes concernées.

En récupérant le droit de s'occuper de son immigration, le Québec a mis en relief ses spécificités linguistiques et culturelles et a instauré de nouvelles règles de pratique face aux nouveaux défis économiques, démographiques et industriels. Sa politique de convergence en matière d'immigration s'est illustrée par des mesures d'accompagnement dont l'accueil et ses multiples facettes constituent l'une des manifestations privilégiées.

Un accueil aux multiples facettes

L'accueil est fondé, on l'a déjà dit, sur la relation entre l'État et les immigrants. Il s'inscrit dans un contexte régi par des mesures législatives et réglementaires définissant les procédures à suivre et les moyens d'accompagnement. La sélection des candidats à l'immigration repose sur une grille de critères socioéconomiques, fondés sur la capacité de cette population à s'adapter aux normes culturelles de la société d'accueil. Quoique discutables à bien des égards, ces critères demeurent une plate-forme de base à l'admission des candidats susceptibles de mieux s'adapter aux normes de la société.

L'accueil se caractérise aussi par la multiplicité de ces facettes et se rapporte chronologiquement à des phases distinctes, visant à soutenir l'insertion socioéconomique de la population concernée. En matière d'accueil, il importe de considérer la dimension symbolique du contact avec autrui compte tenu du contexte, du nombre de personnes (individus et groupes) et de l'hétérogénéité des interlocuteurs mais aussi de la volonté de rapprochement à travers cette prise de contact. Évidemment, il s'agit d'un accueil d'ordre formel, établi par les structures du service public. Il véhicule des messages, un contenu et fait appel à une réception et à une implication des deux parties concernées. À chacune des quatre étapes de cet accueil correspondent une forme, un contenu spécifique, des ressources matérielles et humaines, une dynamique particulière qui assure le lien avec les autres étapes, étant donné leur interdépendance. Ces actions sont des formes de prise en charge des immigrants et leur réussite a, bien sûr, un impact positif sur toute la société. Mais, jusqu'à quel point cette politique permet-elle de stimuler l'intégration des immigrants à la société d'accueil ? Et, en quoi la multiplication des formes d'accueil promeut-elle les relations publiques citoyennes ?

L'accueil avant l'accueil

Dans son site Internet, le ministère des Relations avec les citoyens et de l'Immigration (MRCI) consacre plusieurs pages à l'accueil et à l'admission des candidats à l'immigration et offre une multitude d'informations pratiques sur l'installation au Québec et les préparatifs nécessaires à cette installation. Sans analyser le contenu de ce site et des thèmes qu'il développe, il y a lieu de constater que cette initiative introduit à une sociabilité virtuelle médiatisée avec le pays d'accueil. Ce site diffuse des messages importants à plusieurs points de vue.

D'abord, l'existence même de ces messages et leur contenu informationnel font connaître la version officielle de l'accueil. Quoique objet de plusieurs questionnements sur l'usage, l'accessibilité, la compréhension et les interrelations publiques, il demeure un support important, capable d'établir un lieu communicationnel ouvert à la fois à la population cible et au grand public. On peut évoquer ici « le modèle d'information » proposé par James Grunig (1984), qui désigne les relations publiques gouvernementales basées sur la présentation et la diffusion de messages conformes à ses visées. Il est aussi sous-entendu que la production des messages émane d'une politique officielle concertée. L'Internet sert ici d'outil communicationnel stimulant l'intérêt de candidats potentiels pour une destination géographique, mais sert aussi d'appui à des prises de décision informées.

Le site est important aussi par la permanence des traces écrites qui y sont stockées et qui constituent une source d'information à laquelle peut accéder sans restriction le public cible. C'est une mémoire vive capable de fournir des informations sans contraintes spatio-temporelles et dans une dynamique d'actualisation continue des données.

L'Internet, par sa facilité d'accès, ritualise l'usage et peut créer des complicités, notamment quand il y a un intérêt manifeste de s'informer. Un coup d'œil sur le menu principal du site du MRCI nous renseigne amplement sur le contenu destiné, de manière prioritaire, aux candidats potentiels à l'immigration.

Outre donc sa fonction informative, ce site est un outil de communication par lequel un échange peut aussi s'établir avec les personnes souhaitant s'installer au Québec. Il peut donc les préparer aux phases ultérieures.

Accueil et droit de résidence

Ce deuxième volet de l'accueil est le passage d'un espace de rencontre virtuel à un espace réel. La dynamique relationnelle n'est plus de l'ordre de la consultation volontaire de l'information, comme c'est le cas pour Internet, mais relève d'une procédure administrative déterminante pour l'octroi du droit d'accès et de résidence au pays. Elle concerne la première admission sur le territoire canadien et la reconnaissance effective du statut d'immigrant après l'accomplissement des formalités administratives. Cela concrétise l'acte d'immigration et valide l'entrée des personnes au pays. L'aspect le plus important à noter ici est le début d'une relation humaine entre les acteurs concernés.

Quoique encore à un stade préliminaire, la question de décryptage des significations, de l'interrelation et de l'interprétation des comportements et attitudes est désormais à l'ordre du jour. Comme le montre Carole Simard (1998 : 15),

> *l'étude des opinions des fonctionnaires accueillant les clientèles immigrées et leur dispensant des services peut nous apprendre beaucoup sur la politique d'immigration. En effet, il ne s'agit pas d'une clientèle traditionnelle habituée à transiger avec les administrations publiques. Quant aux fonctionnaires, ils doivent souvent répondre à des personnes peu au fait des services existants, présentant un profil culturel particulier et ayant, au moins au cours des premières années de leur installation au Québec, des besoins spécifiques en matière de services publics[8].*

8. Cet ouvrage est fondamental pour la compréhension de l'application de la politique gouvernementale en matière d'accueil et de service public, en général, et qui est destinée à la

Parmi les moyens d'appui à la compréhension mutuelle, des sessions d'information et de sensibilisation sont organisées au profit des fonctionnaires et des organismes communautaires, axées sur les notions de différence et de respect des spécificités culturelles des immigrants. On quitte alors la dimension verticale du relationnel pour renforcer la logique déjà amorcée dans l'accueil virtuel de l'Internet, ce qui va dans le sens du « système bidirectionnel symétrique » développé par James Grunig (1984).

De plus, les accueillis commencent à se forger une nouvelle perception de la société d'accueil qu'ils confronteront avec celle déjà en gestation au moment où ils ont décidé de leur immigration. Les attitudes varient à ce niveau, eu égard au nombre de personnes concernées, à leurs motivations, à leurs cultures et leurs lieux de provenance.

Accueil-établissement

En vue de faciliter leur établissement, les nouveaux arrivants sont invités à participer à des séances d'encadrement pratique et d'information sur la société d'accueil, animées par des intervenants du MRCI. Le contenu de ces séances porte sur la vie quotidienne au Québec et les modalités d'installation, notamment la recherche d'un logement, l'inscription des enfants à l'école, l'acquisition des cartes d'assurance-maladie, d'assurance sociale, le déplacement, etc.

C'est une phase d'accommodement avec l'espace local et de mise en contact avec la société. Les séances se déroulent généralement dans les locaux du ministère chargé de l'immigration qui fournit à sa clientèle des pochettes d'information et des liens pour favoriser leur établissement.

L'importance de cette phase réside dans le mode de communication choisi, qui définit les paramètres d'un lien social nouveau, régi par des canaux d'échange formels. Cette méthode de transmission des messages ne peut agir de la même manière sur l'ensemble des personnes concernées. La réception demeure tributaire d'une série de facteurs de compétence linguistique et d'habileté d'expression. Elle a cependant l'avantage d'introduire :

- sur le plan relationnel, la prise de conscience que cette population dispose d'un interlocuteur susceptible de répondre à leurs questionnements préliminaires ;

---

population immigrante. Il s'appuie sur les résultats d'une enquête effectuée auprès de 51 fonctionnaires relevant de 12 services ministériels, d'organismes parapublics, qui œuvrent dans des programmes de services aux nouveaux immigrants.

- sur le plan référentiel, la présence d'une institution capable de fournir l'ouverture sur d'autres points d'attache ;
- sur le plan cognitif, compte tenu que l'instrument de communication est le français, un effort soutenu pour faciliter l'échange. Des documents traduits en plusieurs langues servent à initier les immigrants, dans leur propre langue, avant d'entamer les cours de francisation et de socialisation considérés comme un passage important dans le processus d'immersion.

Accueil-adaptation

Nous avons choisi à dessein le terme « adaptation », car cette étape est chronologiquement la dernière dans la scénographie de l'accueil dont bénéficient les nouveaux arrivants. Elle est aussi la plus longue et la plus consistante en termes d'appui, car c'est une phase importante dans le processus d'aide à l'intégration. Au cours de cette étape, l'immigrant se voit intégré graduellement dans la vie active, en effectuant un apprentissage ciblé relatif aux techniques de recherche d'emploi, de formation, de cours de francisation, d'apprentissage ou de perfectionnement. Les organismes d'assistance relèvent des secteurs public, parapublic et privé et disposent d'intervenants qui assument la responsabilité de l'accueil des immigrants en agissant comme une vitrine de la société d'accueil.

L'accueil revêt alors une dimension d'encadrement de proximité plus consistant et tient compte des besoins de la population concernée à la recherche de services spécifiques d'aide à l'intégration. Il concerne notamment des personnes arrivées depuis moins de cinq ans au Québec, car on propose, selon les besoins, des modules généraux d'assistance et un suivi individuel des candidats. Mais c'est d'abord l'immigrant qui fait les démarches et demande le service auprès des organismes d'aide. Il bénéficie d'une ou de plusieurs rencontres individuelles avec un intervenant pour faire évaluer ses besoins et définir son profil professionnel, ses compétences linguistiques, sa formation et son expérience. Ce parcours vise l'accompagnement de l'immigrant dans sa véritable entrée en société, car c'est là que son contact avec le monde extérieur s'impose et s'inscrit dans la durée.

La réussite de ce cheminement enclenche le processus d'adaptation aux normes de la société. Même si plusieurs actions sont engagées auprès des populations pour favoriser l'intégration des immigrants dans le tissu social et économique, ce processus demeure tributaire des contextes et des parties concernées. L'accueil s'avère un passage au cours duquel les questions interculturelles prennent plus d'ampleur. Parmi les écarts qui apparaissent dans ce contexte, il y a :

- la perception que se font les immigrants de leurs interlocuteurs ; les façons dont ils sont perçus sont divergentes même si elles ne sont pas nécessairement négatives ;
- les attentes aux niveaux social et économique marquées par la quête de valorisation sociale, les impératifs de survie et la précarité fragilisante qui ne cadrent pas toujours avec le mode de fonctionnement de la société ;
- les réactions concernant l'adéquation entre l'encadrement reçu et les exigences sur le terrain.

D'une manière générale et au terme des trois étapes présentées plus haut, les immigrants se dotent d'une vision plus élaborée de leur relation avec la société et sont plus familiers avec ses mécanismes de fonctionnement. Ils ont avancé, consciemment ou non, dans le processus de « transculturation » qui est l'acquisition progressive d'un nouveau code culturel, sans abandonner nécessairement leur code initial qui agirait d'une manière encore asymétrique avec la culture nouvellement acquise (Todorov, 1996 : 22)[9]. Certes, l'échange avec la société d'accueil favorise la réception des messages, mais cette réception demeure partielle et se vit différemment selon les catégories d'immigrants. Quelles sont donc les difficultés de l'échange interculturel ?

Communication interculturelle et réception

Dans une certaine mesure, l'accueil oppose d'un côté les accueillis et de l'autre toute la société. Celle-ci est cependant plurielle et hétérogène. Outre l'instance gouvernementale, elle est composée d'organisations et d'individus. Les accueillis appartiennent aussi à des communautés ethniques et culturelles différentes. Mais c'est le MRCI qui joue un rôle déterminant dans l'encadrement de ce volet de l'immigration. Il tient compte des besoins des entreprises et du marché de l'emploi en techniciens, cadres et spécialistes, ce qui donne une configuration spécifique aux vagues d'immigrants qui arrivent chaque année.

Les intervenants engagés dans l'assistance aux immigrants s'occupent de l'orientation, de la formation et de l'aide à l'emploi. Dans les trois cas

9. Le concept de transculturation s'oppose à la déculturation qui concerne la dégradation de la culture d'origine, opposée à l'acculturation qui est l'acquisition progressive d'une nouvelle culture qui ne peut être active à l'état pur.

peuvent émerger des divergences entre les parties, nécessitant un effort de gestion communicationnelle parfois complexe notamment lors de l'accueil-adaptation, compte tenu de la consistance des messages véhiculés, des attitudes et des comportements qui les accompagnent.

La typologie des relations à autrui, développée par Tzvetan Todorov (1991), peut illustrer la nature de cette complexité. Dans une situation interculturelle, l'auteur distingue trois niveaux relationnels différents :

- axiologique, fondé sur un jugement de valeur porté sur autrui ;
- praxéologique, qui concerne des attitudes à l'égard de l'autre, allant de l'identification à l'indifférence ou à la neutralité ;
- épistémologique, qui se rapporte à la connaissance de l'autre ou à l'ignorance de son identité.

La perception change selon qu'on se situe du point de vue de l'accueilleur ou de l'accueilli : les intentions n'étant pas identiques de la part des uns et des autres, les finalités sont aussi différentes.

Mais, il importe de souligner qu'au-delà des considérations subjectives, l'accueilleur tente de s'identifier généralement à la position préconisée par la doxa qui l'a pourvue de cette légitimité :

> la diffusion des croyances s'opère également grâce à des institutions [...] qui sont des instances de pouvoir dont le rôle est d'instituer la réalité, de faire exister officiellement des rapports sociaux et de les consolider [...]. L'efficacité de leur action tient à leur pouvoir de nomination. Ils décernent (ou non) des titres, des labels officiels [...]. Ce faisant, ils imposent un devoir-être aux agents consacrés en agissant sur la représentation que les récepteurs du discours institutionnel ont de la réalité (Bonnewitz, 2002 : 82).

Du côté des accueillis, la perception est doublement constituée par l'expérience psychologique du déplacement d'un pays vers un autre, y compris les motivations et les dispositions, et par l'expérience empirique d'un contact avec une nouvelle réalité qui s'annonce d'emblée inconnue ou conçue selon des paramètres subjectifs motivés dans la plupart des cas par les objectifs d'immigration et la situation vécue (Lê, 1989)[10].

---

10. Lê parle de « l'échec de transposition des modèles de l'Ouest et de l'Est et du développement de la tendance culturaliste qui consiste à faire des valeurs culturelles la "clé" du développement », dans les pays sous-développés, ce qui diminue l'impact de l'interculturel à grande échelle.

La décision de quitter un pays pour s'installer dans un autre et les raisons qui motivent cette mobilité ne sont pas suffisantes pour assurer une bonne intégration des immigrants. L'écart entre les perceptions que ces acteurs se font du pays et la réalité socioéconomique est énorme. Cependant, malgré leur différence de culture, de langue et d'identité, les besoins immédiats de cette population sont similaires et sont axés en général sur l'intégration fonctionnelle, basée sur l'insertion sociale, la francisation et la recherche d'emploi en vue d'une intégration plus avancée.

Il convient de souligner ici que la question de la différence se pose avec acuité et que la question d'habitus émerge de façon plus imposante dans les attitudes et comportements et selon les deux composantes identifiées par Bonnewitz, *ethos* et *hexis* (2002 : 63) :

> *On peut distinguer deux composantes de l'habitus. On parlera de l'ethos pour désigner les principes ou les valeurs à l'état pratique, la forme intériorisée et non consciente de la morale qui règle la conduite quotidienne : ce sont les schèmes en action mais de manière inconsciente [...]. L'hexis corporelle correspond aux postures, disposition du corps, rapport au corps, intériorisés inconsciemment par l'individu au cours de son histoire.*

Les accueillis s'identifient, de manière semblable, sur trois plans complémentaires :

- en tant que membres d'un groupe partageant les mêmes préoccupations d'installation, d'établissement et d'adaptation avec les normes socioculturelles de la société d'accueil ;
- en tant que membres d'un groupement qui se mobilise face à une même altérité du « Nous/Eux » (Poutignat et Streiff-Fenart, 1995) qui se définit à la frontière du « nous », en contact ou en confrontation avec des « eux ». Les frontières de la différence au sein du « nous » sont provisoirement abolies par un consentement tacite, compte tenu de la distance qui sépare le « nous » construit du « eux » établi ;
- en tant qu'entités différentes selon leurs lieux de provenance, leurs langues d'origine, leurs cultures, leurs races, leurs couleurs mais qui transcendent occasionnellement ces différences et conservent des propriétés distinctives sous-jacentes, qui interviennent en dehors de la relation triadique qui oppose le soi aux autres immigrants et aux nationaux.

Le brassage entre les différences s'effectue à travers un jeu de rôles, de connivences et de création d'échanges. C'est une dynamique qui peut se développer et créer davantage de synergie car, comme le montrent Poutignat et Streiff-Fenart (1995 : 168), citant Horowitz dans sa typologie du changement des limites dans un groupe, le groupe

> *peut prendre la forme d'une érosion des limites par amalgamation (au cours de laquelle un groupe ou plusieurs groupes s'unissent pour former un groupe plus grand, différent de chacune de ses composantes) ou par incorporation (au cours de laquelle un groupe se fond dans un autre groupe qui garde son identité). Il peut par ailleurs prendre la forme d'une différentiation aboutissant à la création de nouvelles limites par division ou par prolifération.*

Les arrangements tiennent compte des convergences et des volontés de rapprochement entre les groupes réunis et prennent forme dans le cadre d'organisations communautaires, culturelles, ethniques et selon le contexte.

Mais, quand les ressources d'intégration viennent à manquer, des distances peuvent se créer et un écart identitaire peut s'installer laissant la voie au développement de microcosmes insolites chez des branches communautaires, se voyant incapables de se ressourcer à leur ancrage d'origine du fait de l'éloignement puis du fait de l'incapacité d'assimilation des codes d'accueil souvent différents. Les exemples d'immigration dans d'autres pays en témoignent largement. C'est le cas, par exemple, des Africains et Maghrébins en Europe où une partie de ces communautés vivent, en grand nombre, le tiraillement du partage avec l'autre et le climat de la non-connaissance mutuelle, ce qui incite à la méfiance et parfois à la constitution de vases non communicants incitant à des formes de rejets mutuels.

En somme, l'adaptation de ce flux humain et son immersion dans le tissu social sont un long processus lié aux aléas de la vie et aux circonstances et constituent une priorité pour les pouvoirs publics au Québec. Afin d'éviter que cette population soit mal informée de la réalité de la province, le gouvernement instaure des structures d'accueil capables de transmettre les outils d'information fonctionnels et incite fortement à l'apprentissage du français dont la portée excède l'échange communicationnel. Les carrefours d'intégration, les centres d'aide à l'intégration des immigrants et d'autres organismes sans but lucratif sont les principales instances qui prennent en charge à différents niveaux cette mission.

Une étude sur la réception de l'information gouvernementale, réalisée au cours des années 1990 auprès d'un échantillon de 120 immigrants de différents statuts, révèle que 70 des personnes interrogées ont obtenu de l'information, lors de leur première année de séjour au Québec, auprès des filières publiques alors que les 50 autres ont suivi la filière privée, notamment les réseaux personnels et la famille (Helly, 1994 : 31). Concernant la réception et la compréhension des informations, l'enquête montre que

> *plus de la moitié des répondants immigrés (66/120) a des difficultés à obtenir et à comprendre les informations qui lui sont nécessaires lors de sa première année de séjour. Les difficultés mentionnées sont l'impossibilité de comprendre le fonctionnement des services publics (34/66), l'absence de maîtrise de la langue française ou anglaise (37/66), l'incompréhension du vocabulaire utilisé par les employés (16/66), l'ignorance des valeurs culturelles véhiculées par ces derniers (4/66) ou encore les attitudes (15/66). Dans la plupart des cas, ces difficultés se cumulent* (Helly, 1994 : 40).

Pour pallier ces lacunes, beaucoup d'actions ont été menées depuis lors, comme, au niveau relationnel, l'organisation des cérémonies de bienvenue dans les villes de la province et la promotion des ressources électroniques et télécommunicationnelles visant à faciliter l'accès à l'information. Ces actions sont consolidées par d'autres interventions agissant à des niveaux structurels, ce qui contribue à bien des égards à améliorer l'action gouvernementale. Comment ces interventions favorisent-elles la mise en place de relations publiques citoyennes ?

Vers la mise en place de relations publiques citoyennes

Il appert donc que l'immigration est une question de société qui façonne le paysage démographique mais aussi économique et culturel. Toute la population est concernée par les transformations. La participation des citoyens à cet effort est progressive. Interpeller cette population se fait dans le cadre de relations publiques intenses et se traduit aussi par des activités et des événements symboliques relevant de plusieurs niveaux d'intervention, car les pouvoirs publics agissent au niveau des autres composantes de la société et à divers niveaux :

- médiatique : par la mise en place de campagnes successives de communication de masse, véhiculant des messages de rapprochement entre les communautés et la promotion de la reconnaissance mutuelle et par l'incitation des médias à favoriser la circulation de l'information. Conscient de l'importance de la communication, le MRCI a conçu divers slogans chargés de signification et destinés à l'ensemble de la population : « Autant de façons d'être Québécois », « Au Québec pour bâtir ensemble », « L'immigration au Québec un choix de développement », etc. ;

- institutionnel : par la mise en place d'un cadre législatif qui garantit les droits de tous dans le respect des valeurs démocratiques. La création d'un organe de concertation, le Conseil des relations interculturelles, et le développement des consultations publiques sur les questions de l'immigration (en 1996, une consultation auprès de 9 personnes et de 39 organismes a porté sur le thème « Bâtir ensemble notre devenir ») cherchent à établir des normes consensuelles d'admission et de prise en charge des populations immigrantes ;

- événementiel : par l'organisation de manifestations spéciales comme :

  – la semaine de la citoyenneté, qui depuis cinq ans invite la population, toutes origines confondues, à participer à des activités visant à maintenir des relations harmonieuses et à promouvoir la participation commune au développement de la société composée désormais de quatre-vingts communautés ethnoculturelles. Parmi les activités promues lors de cette manifestation, les prix québécois de la citoyenneté constituent, sur le plan symbolique, une participation importante de la population dans l'intégration des nouveaux arrivants : « les prix visent à récompenser des personnes, des entreprises publiques ou privées ainsi que des organismes pour leur contribution exceptionnelle au renforcement de la vie démocratique et à l'exercice de la citoyenneté au Québec » (Québec, 2003 : 3)

  – la cérémonie nationale de bienvenue et les cérémonies locales de bienvenue, organisées tout au long de l'année pour accueillir les nouveaux arrivants et leur remettre un certificat de bienvenue. Ces manifestations ont pour but de favoriser l'intégration des immigrants et d'insister sur l'apport de l'immigration au développement de la société d'accueil ;

- consultatif : pour mesurer l'impact de ces démarches, le MRCI procède à l'organisation de sondages d'opinion auprès de la population pour connaître les attitudes et les comportements de la population vis-à-vis de l'immigration et des relations interculturelles. Une classification réalisée à cet égard a permis de

  segmenter la population en cinq catégories, la plus favorable regroupant 63 % de la population. Qualifiés de positifs et dynamiques, ces individus […] considèrent que le soutien à l'intégration est à la fois nécessaire et insuffisant. Les autres catégories rassemblent assez peu de personnes (entre 6 et 13 %), qui sont ambivalents (« positifs passifs »), (« négatifs ambivalents »), *réfractaires ou indécis quant à l'immigration* (Québec, 2000 : 29).

Ces initiatives sont encadrées par plusieurs actions ponctuelles comme l'élaboration de programmes de formation à la gestion de la diversité culturelle et plus récemment un programme sur l'éducation à la citoyenneté.

En outre, et pour développer la communication interculturelle, une loi de l'Assemblée nationale a créé le Conseil des relations interculturelles – autrefois le conseil des communautés culturelles et de l'immigration. Cet organisme autonome et permanent de consultation et de recherche a pour mission de conseiller le ministre des Relations avec les citoyens dans la planification, la coordination ainsi que la mise en œuvre des politiques gouvernementales qui concernent les relations interculturelles, y compris l'accueil et l'intégration des immigrants, le développement de l'ouverture à la diversité. Parmi les volets importants sur lesquels travaille le conseil, on trouve des questions relatives à la citoyenneté et à la diversité, dans la perspective d'établir les éléments de base de la citoyenneté. Le conseil considère que la citoyenneté est le statut par lequel les citoyens adhèrent à la même communauté politique et acceptent de participer à un devenir commun, au-delà des distinctions sociales, ethniques et religieuses.

Par ailleurs, et dans la même perspective, le changement successif de l'intitulé du ministère en charge de l'immigration est chargé de signification. Ainsi, au début (1968 à 1981), il s'intitulait ministère de l'Immigration du Québec. Il a œuvré pendant cette période à mettre en place des structures de gestion et d'administration séparées de celles du fédéral, à négocier l'élargissement de ses responsabilités et à se doter d'une réglementation en matière d'immigration.

À la deuxième phase (1981 à 1993), il devient ministère des Communautés culturelles et de l'immigration. L'accent est alors mis sur la population immigrante et le rôle du ministère est désormais de planifier, de coordonner et de mettre en œuvre des politiques gouvernementales visant l'épanouissement des communautés culturelles et leur participation à la vie nationale.

Actuellement, il porte le nom de ministère des Relations avec les citoyens et de l'Immigration. Il met en relief la dimension relationnelle qui est fort symbolique qui est à la base de la communication avec les composantes de la société et identifie les citoyens et les immigrants comme interlocuteurs privilégiés, dans une perspective bidirectionnelle.

Appuyée par un discours prônant l'harmonisation de la société, cette démarche traduit la volonté de mise en place de relations publiques citoyennes plurielles, basées sur la recherche de convergence et de consensus.

* * *

L'étude de l'accueil des immigrants au Québec a permis de voir le passage d'une situation « passive » et conflictuelle à une prise en charge de la politique de gestion et de planification des flux migratoires. Bien que l'admission en sol québécois pour les immigrants demeure encore tributaire de la décision du gouvernement fédéral, plusieurs avancées ont été réalisées. Eu égard aux pratiques actuelles d'accueil qui démarquent la province par rapport au reste du Canada mais aussi à l'échelle internationale, on remarque qu'il y a une accélération du processus d'autonomie en matière de choix des candidats et de type d'encadrement offert. Le passage, en quelques années, d'une politique sélective basée sur des critères de distinction contestée à une politique de plus en plus souple et flexible témoigne d'un projet interculturel avant-gardiste. Plus encore, le fait de considérer l'immigration comme un facteur de développement humain au Québec dans la politique gouvernementale et de mettre en place des activités d'accompagnement corrobore cette position. À l'ère des réticences grandissantes en matière d'immigration, le Québec, tout comme le Canada, reste une destination prisée.

Or, en dépit de ces considérations, le modèle préconisé présente encore des limites à bien des égards. D'abord, au niveau de la réception, aussi bien à l'égard des immigrants qu'au niveau des composantes de la société d'accueil, l'effort d'arrimage demeure partiel entre la diversité des communautés, les stéréotypes entourant leur image et la volonté individuelle et collective de développer l'échange avec autrui.

Ensuite, considérant les écueils administratifs à la reconnaissance des qualifications, le délai d'octroi des avis d'équivalence, les réticences du marché du travail à reconnaître les qualifications professionnelles venues d'ailleurs, le nombre peu représentatif des minorités visibles au sein des organisations publiques et privées, le projet de relations publiques citoyennes reste à consolider. Le fait français considéré comme le passage obligé à l'intégration pour une population immigrante à majorité allophone et tout ce que cela suppose sur le plan de l'apprentissage posent problème. L'intégration est traduite alors par des compétences de communication là où il serait intéressant qu'elle soit envisagée comme vecteur d'unification. Cet obstacle donne lieu à l'émergence de citoyens au « statut hybride » (Mègre,

1998), car le regard porté sur eux passe par le filtre de la langue associée aussi à des critères culturels.

Enfin, il est à souligner que ce projet d'intégration citoyenne peut subir des influences externes parfois à cause de l'image véhiculée sur telle ou telle communauté, dans un contexte international en effervescence, ce qui peut retarder les initiatives de synergie sociétale.

Références bibliographiques

BAGOLA, Béatrice (dir.) (2000), *Le Québec et ses minorités,* Actes du colloque de Trèves du 16 au 21 juin 1997 en l'honneur de Hans-Josef Niedereh, Tubingen, Édition Max Niemeyer Verlag.

BAKER, Brant (1997), « Public relations in government », dans Clarke L. CAYWOOD (ed.), *The Handbook of Strategic Public Relations and Integrated Communications,* Montréal, Mc Graw-Hill.

BISSONNETTE, Lise (2000), « Politique d'immigration et traitement de la diversité au Québec », dans Béatrice BAGOLA *et al., Le Québec et ses minorités,* Actes du colloque de Trèves du 16 au 21 juin 1997 en l'honneur de Hans-Josef Niedereh, Tubingen, Édition Max Niemeyer Verlag.

BONNEWITZ, Patrice (2002), *Premières leçons sur la sociologie de P. Bourdieu,* Paris, Presses universitaires de France, 2ᵉ édition.

CANADA (1991), *Accord Canada-Québec relatif à l'immigration et à l'admission temporaire des aubains,* Ottawa, Direction générale des affaires publiques, Emploi et Immigration.

CAYWOOD, Clarke L. (ed.) (1997), *The Handbook of Strategic Public Relations and Integrated Communications,* Montréal, Mc Graw-Hill.

CHOMSKY, Noam (2000), *Propagande, médias et démocratie,* Paris, Seuil.

CUTLIP, Scott M. *et al.* (1995), *Effective Public Relations,* New Jersey, Prentice-Hall Inc., Englewood Cliffs.

DION, Richard, et Daniel LAMARRE (1986), *Les relations publiques, une nouvelle force de l'entreprise moderne,* Montréal, Les éditions de l'Homme.

FONTAINE, Louise (1993), *Un labyrinthe carré comme un cercle : enquête sur le ministère des communautés culturelles et de l'immigration et sur ses acteurs réels et imaginés,* Montréal, L'étincelle éditeur.

GRUNIG, James (1984), *Managing Public Relations,* New York, Holt Rinehart and Winston.

HELLY, Denise *et al.* (1994), *Communication et communautés culturelles : enquête sur la réception de l'information gouvernementale,* Québec, gouvernement du Québec, ministères des Communications.

JUTEAU, Danielle (1999), *L'ethnicité et ses frontières,* Montréal, Les Presses de l'Université de Montréal.

Lê, Thành Khôi (1992), *Culture, créativité et développement,* Paris, l'Harmattan.

Maisonneuve, Danielle *et al.* (1999), *Les relations publiques dans une société en mouvance,* 2ᵉ édition, Sainte-Foy (Québec), Presses universitaires du Québec.

Mègre, Bruno (1998), *Les enjeux de l'immigration au Québec : histoire d'un kidnapping culturel,* Montréal, Balzac-Le Griot éditeur.

Poutignat, Philippe, et Jocelyne Streiff-Fenart (1995), *Théorie de l'ethnicité,* Paris, Presses universitaires de France.

Québec (2000), *Accueil de nouveaux immigrants en 2001, 2002 et 2003 un choix humanitaire autant que nécessaire,* gouvernement du Québec, Conseil des relations interculturelles, MRI.

Québec (2003), *Le bulletin du MRCI,* (janvier), 1(3).

Ravault, René-Jean (1992), « Le paradoxe de l'identité culturelle francophone dans les médias nord-américains », dans Fernand Harvey (dir.), *Médias francophones hors Québec : analyse, essais et témoignages,* Québec, Institut québécois de recherche sur la culture.

Simard, Carole (1998), *La place de l'autre,* Montréal, Éditions Fides.

Todorov, Tzvetan (1991), *La conquête de l'Amérique,* Paris, Éditions du Seuil.

Todorov, Tzvetan (1996), *L'homme dépaysé,* Paris, Éditions du Seuil.

RÉSUMÉ

Compte tenu de la politique d'immigration adoptée depuis quelques années au Québec et des particularités de cette province, peut-on considérer que l'action gouvernementale se dirige vers la mise en place de relations publiques citoyennes ? C'est à cette question que l'article veut répondre en dressant un aperçu historique de la question et en examinant les diverses facettes de l'accueil des nouveaux arrivants ainsi que les actions destinées à une mobilisation des diverses composantes de la société d'accueil. Quoique avant-gardiste, ce projet, relativement jeune, est encore à consolider, car il concerne divers acteurs dans un contexte complexe de communication interculturelle, marqué par la différence des situations et la nécessité d'agir de façon continuelle.

Given the immigration policy adopted a few years ago in Québec and the particularities of this province, can we consider that governmental action is moving towards the implementation of citizen public relations ? This article seeks to answer that question by painting a brief historical picture of the question and by examining the diverse facets of immigrant reception as well as actions destined to mobilize diverse parties of the host society. While it is an avant-garde policy, this relatively young project is still to be consolidated as it concerns diverse actors in a complex context of intercultural communication marked by different situations and the necessity for continuous action.

Teniendo en cuenta la política de inmigración adoptada desde hace algunos años en Quebec, así como las particularidades de esta provincia, ¿se puede considerar que la acción gubernamental se orienta hacia la puesta en marcha de las relaciones públicas de los ciudadanos ? Este artículo aspira responder a esta pregunta, presentando un breve resumen histórico del tema y analizando las diversas facetas de la acogida a los nuevos inmigrantes lo mismo que las acciones destinadas a la movilización de los diferentes componentes de la sociedad de acogida. Aun si este nuevo proyecto es vanguardista todavía debe consolidarse puesto que implica a varias personas en un contexto complejo de comunicación intercultural, marcado por la diferencia de las situaciones y la necesidad de actuar de manera continua.

Recherche

Les notes de recherche ont pour but d'informer le
lecteur de l'état des recherches sur la communication
et l'information, au Québec surtout, et d'établir un
lien entre les chercheurs. On pourra également, dans
le cadre de cette rubrique, rendre compte des
multiples travaux – thèses, rapports de recherche –
qui ne font pas l'objet d'une publication mais dont
maints communicateurs ou communicologues
aimeraient connaître l'existence et les modalités
d'accès.

BIBLID 0382-7798(2004)23:1p. 121-132

Groupes de discussion sur l'opéra et l'Internet : constitution d'une communauté en ligne autour des pratiques d'amateur

Katia Roquais-Bielak[1]

Il existe sur l'Internet différentes formes de manifestation de l'univers lyrique. Elles peuvent être liées à la promotion d'un lieu et/ou d'un spectacle dans le cas des pages Web d'un théâtre ou d'un festival[2], se traduire par l'apparition de sites thématiques à visée générale quand elles offrent un ensemble d'informations sur l'opéra (l'accès aux programmes, aux biographies et discographies des artistes, aux critiques publiées dans la presse, aux livrets et aux partitions) ou venir remplacer les traditionnels curriculum vitæ dans la communication entre un artiste particulier et ses partenaires, amateurs comme professionnels[3]. Une rapide recherche par mot clé donne un aperçu de la diversité des destinataires et des destinateurs sans oublier, évidemment, la composante commerciale parmi les sites référencés, les plus nombreux sont ceux qui proposent l'achat d'enregistrements. À première vue donc, rien de véritablement étranger aux pratiques que l'on peut constater en dehors du réseau numérique et, surtout, en dehors d'un discours officiel sur l'opéra et ses représentations habituelles : n'utilise-t-on pas quasi systématiquement la photographie de la salle et du lustre pour « habiller »

---

1. L'auteure est enseignante-chercheure à l'Université de Dijon au Département Services et Réseaux de Communication (IUT). Courriel : Katia.Roquais@u-bourgogne.fr
2. On peut consulter, à titre d'exemple, le site de l'Opéra de Paris qui était en 1998-1999 une copie conforme du programme papier, mais qui a évolué vers les fonctions interactives et des scénarios de navigation plus complets (http://www.opera-de-paris.fr).
3. Un article sur l'auteur du site http://www.operabase.com est paru dans *Le Point* le 22/03/2001, « Mike Gibb, le maître de l'opéra en ligne ».

les pages des sites consacrés à l'opéra ? Ne retrouve-t-on pas sur l'écran les critiques déjà parues en version papier ?

Or, à passer en revue la liste de liens hypertextes, on se rend compte de l'existence des sites ouverts à la discussion entre amateurs qui permettent à ces derniers de trouver leurs *alter ego via* l'Internet et de sortir, le temps d'un échange de messages, de la discrétion qu'on suppose être leur seconde nature. Plusieurs possibilités sont proposées à l'internaute-mélomane : soit s'inscrire sur une liste de diffusion gérée par un fondateur/modérateur qui assure la diffusion des messages, soit trouver un groupe sur un moteur de recherche comme Yahoo, ou encore utiliser la fonction « nous écrire » d'un site et en consulter les archives.

En quoi l'étude d'un regroupement d'amateurs d'opéra à travers l'Internet peut-elle apporter de nouveaux renseignements sur leurs pratiques et en quoi montre-t-elle différents aspects du rapport à l'objet lui-même ? Il est possible de trouver quelques éléments de réponse en se penchant sur un cas précis observé et analysé d'un point de vue qui se voudrait pluridisciplinaire. En effet, il semble important d'aborder la présence des amateurs sur le réseau comme une situation, et un lieu, où convergent différentes approches qui relèvent tant des sciences de l'information et de la communication que de la sociologie de la qualité artistique ou de l'anthropologie culturelle[4]. Je souhaiterais, dans un premier temps, aborder les conditions et les formes propres à une communauté en ligne et l'usage que peut en faire un amateur d'opéra qui choisit ce mode d'échange, notamment dans l'activité qui consiste à faire circuler l'information sur l'objet de sa passion et sur ses pratiques. Cette information est relative au type de participation que manifeste l'internaute et aux aspects de sa relation à l'opéra dont il rend compte à l'intérieur du groupe. Ce dernier, grâce à la confrontation de différentes attitudes, révèle toute sa complexité et un renversement de rôles où l'objet des débats devient le reflet de la communauté et de son organisation. L'intervention de l'amateur dans la construction de l'univers lyrique, présente et revendiquée dans les discussions, nous amène finalement à réfléchir sur la façon dont l'utilisation de l'Internet peut mettre à mal le cliché de l'amateur réduit à la fonction d'un récepteur passif.

---

4. Les approches sociologiques récentes mettent l'accent davantage sur l'activité que sur le seul objet (Hennion, 2000 : 41 ; Leveratto, 2000 : 313)

Communauté et identité d'amateur d'opéra

Première hypothèse : les groupes de discussion sur l'Internet donnent aux amateurs de l'opéra l'occasion de communiquer leurs pratiques et leur vécu/présent de mélomane à travers un échange de messages entre les membres d'une liste de diffusion, par exemple, regroupés en fonction de leur intérêt pour le lyrique et de leur envie de manifester une appartenance en même temps qu'un parcours individuel. Il se crée ainsi une communauté où l'activité de l'amateur domine les considérations sur l'objet-opéra qui devient, lui-même, « discutable ».

Au cours des travaux d'observation et d'analyse de groupes de discussion sur l'Internet – il s'agit plus précisément d'un groupe, sélectionné en raison d'une forte activité sur une période de deux ans et de l'investissement de ses participants, constitué d'amateurs du lyrique réunis autour d'un centre d'intérêt et d'un objet à propos duquel ils souhaitent échanger leurs avis et leurs expériences –, j'ai été amenée à constater plusieurs phénomènes de communication propres au fonctionnement d'une communauté pour laquelle l'utilisation du réseau devient une alternative et une activité complémentaire par rapport aux pratiques culturelles déjà inscrites dans les habitudes. On pourrait l'appeler « numérique », car l'adjectif « virtuelle » me paraît moins adapté : il suggère une possibilité et non pas un fait réel et observable.

Ainsi, l'analyse de quelque 5200 messages émis par les membres du groupe permet-elle, notamment, de mettre au jour des questions de l'articulation entre les différentes possibilités offertes par l'Internet dans la pratique des loisirs et la place que ces mêmes loisirs prennent dans la vie quotidienne de leurs amateurs, du rôle que le réseau numérique peut jouer dans la construction de l'identité et de l'expérience d'un amateur de musique classique, de diverses relations entre le collectif et l'individuel telles qu'elles peuvent se créer dans la construction d'une pratique musicale et qui s'expriment à travers un média comme l'Internet.

Pour mieux comprendre les enjeux qui transparaissent dans une situation où les amateurs se saisissent de la parole pour faire exister des réactions et des expériences autres que celles qui sont admises par les normes d'une salle de spectacle ou d'un discours critique qui se veut professionnel et « objectif », je suis partie des cas provenant d'un groupe en particulier, appelé « operadiscussion » et qui était accessible à partir d'un lien hypertexte présent dans des sites Web thématiques comme http://www.operabase.com. Précisons que ce groupe, au bout de deux ans d'existence et au cours de l'année 2001, a changé de formule et d'hébergeur, mais qu'il reste actif sur

123

http://www.yahoogroups.com où l'on retrouve certains participants d'origine même si le contenu des débats s'est fortement réduit.

« operadiscussion » a été fondé par un individu (auteur/modérateur du groupe) et son accès était ouvert à toute personne ayant rempli le formulaire permettant la diffusion des messages. La discussion elle-même ne se faisait pas en « temps réel » mais par une *mailing list* dont les textes prenaient un aspect tantôt rédigé et formel, tantôt proche de l'oralité. La formule/fonction « archive » a été initialement écartée par le modérateur en raison de la forte activité et du nombre de messages. Très rapidement, il a été possible, et indispensable, de mettre en ligne des fichiers image et son, les participants souhaitant compléter leurs courriers par des photos et des enregistrements (par exemple, les personnes pratiquant le chant ont voulu se faire entendre par leurs correspondants).

Les principes du fonctionnement, rappelés régulièrement par le modérateur (elle signait ses interventions du nom de « Flori » en hommage à Floria Tosca, le personnage de l'opéra de Puccini d'après la pièce de Victorien Sardou), supposent l'adhésion au savoir-vivre du groupe. Ce dernier est le fait d'un accord sous-entendu, déduit du comportement des participants ou clairement énoncé dans les messages du modérateur qui reste discret sur sa vie d'amateur d'opéra pour commenter les opinions exprimées et rappeler les bases « éthiques » de la discussion. Il s'agit, entre autres caractéristiques, du respect de l'anonymat : on peut rejoindre une discussion sans avoir décliné son identité, les seules questions « personnelles » posées concernant les préférences dans le domaine de l'opéra, du ton qui doit rester celui d'un échange « poli » ou « policé » quand on est amené à exprimer son désaccord, d'un partage gratuit, non commercial des informations. À ce propos, le fait de faire de la publicité pour ses concerts, son livre ou des activités « payantes » a été sévèrement critiqué et les contrevenants invités à quitter le groupe. Ce fut le cas d'une participante « professionnelle », apparemment appréciée pour ses connaissances de la technique du chant mais dont la démarche d'autopromotion a été jugée trop insistante et contraire à l'esprit du groupe. Cet épisode n'est d'ailleurs pas sans rappeler l'idéalisation de l'Internet et des outils techniques sur lesquels est fondé son fonctionnement à la manière des auteurs de Linux ou de ces « bons » hackers qui se réclament des philosophes grecs dans leur vision des communautés en réseau. C'est peut-être aussi une des modifications possibles que pourrait apporter l'Internet à l'objet-opéra dans la vie de l'amateur car, s'il intègre un « club » créé dans et par ce média, il ne retrouve pas seulement ceux qui aiment parler de leurs goûts dans le lyrique mais aussi ceux qui le font à travers un outil qui impose un type d'échange (Himanen, 2001).

Information itinérante

Un autre constat peut être formulé dès les premières étapes de l'observation : le choix d'une communication *via* l'Internet révèle une attitude à l'égard de l'information dont la valeur augmente à mesure qu'elle est partagée, mise en circulation. Elle est aussi la matière première à partir de laquelle les discussions s'engagent et qui permet d'exprimer des points de vue et des pratiques variés.

Les activités du groupe sélectionné s'organisent autour de la transmission/circulation d'informations en rapport avec l'opéra (du souvenir de jeunesse aux gadgets disponibles sur l'Internet...) en tant que pratique culturelle tout d'abord individuelle : les participants témoignent de leur passé et de leur présent d'amateur, expliquent leurs goûts et préférences artistiques, décrivent les dispositifs techniques qui sont les leurs dans la construction du lien à la musique. L'Internet lui-même, et de façon métalinguistique, tient une place importante dans les échanges, car il est devenu le moyen de recherche de renseignements, de livres, d'articles de presse, d'achat d'enregistrements et de collection thématique à part entière. Parmi les formes que l'on donne à l'information, le contenu est assez fragile et a besoin d'un emballage adapté avant d'être expédié, on trouve le témoignage direct assorti d'un récit circonstancié qui prend valeur d'argument (« j'ai été là, je l'ai entendu »), citations de sources précises (une référence complète à un livre ou article) ou plus floues mais qui permettent de se réfugier derrière un fait communément admis, commentaire sur les enregistrements vus/entendus, des listes de préférences sans commentaire et selon un ordre variable («voici mes basses préférées » ou « les œuvres que j'écoute le plus souvent ») ou, plus proche de l'outil numérique – les adresses des sites Web intéressants pour un amateur d'opéra, des conseils pour télécharger un fichier son et, en règle générale, tout ce qui permet d'optimiser les recherches sur l'Internet.

Quoi qu'on dise sur la dématérialisation des échanges sur le réseau numérique, l'expression de ses goûts et la mise en circulation des informations ne se font pas sans un minimum d'attentes quant aux réactions des interlocuteurs et quant à l'image que l'on donne de soi (Breton, 2002). Affirmer ses compétences et ses connaissances dans le domaine de l'opéra entraîne une valorisation par d'autres membres du groupe, attire des sympathies ou plus simplement l'attention, surtout quand elle fait défaut dans l'entourage proche, car celle-ci est, très souvent, évoquée dans les messages de présentation et pour donner les raisons de sa venue au groupe.

Types de participation

Les informations elles-mêmes ne sont pas désincarnées, mais s'orientent en fonction du type de participation dominant chez un individu. L'analyse des messages permet d'établir une typologie en fonction des facteurs dominants dans le comportement des participants. Le rapport à l'opéra, l'organisation de sa vie d'amateur, se construit selon les dispositifs techniques et les supports qu'on utilise, selon ses expériences passées et présentes et, plus particulièrement, selon le rôle que l'on joue à l'intérieur du groupe. Le type de participation est inhérent à l'identité que l'on affiche dans la communauté et aux relations que l'on noue avec ses interlocuteurs. Pour en donner quelques exemples, j'ai choisi quatre attitudes caractéristiques : savant, collectionneur, néophyte, professionnel.

Parmi les membres du groupe, il y a ceux qui se posent comme des savants ou des érudits de l'opéra et apportent des précisions, des rectifications, complètent des avis de ceux qui sont moins initiés. Toby, une Américaine de souche allemande et dont le mari fréquente le Metropolitan de New York depuis la fin des années quarante, est une consultante ès opéras dans la mesure où elle a non seulement eu l'occasion d'assister à des événements lyriques majeurs de la côte est des États-Unis comme le festival de Tanglewood mais qui, en raison de ses origines et de sa passion pour Jussi Björling[5], a effectué de nombreux voyages en Europe – toujours avec l'opéra pour fil conducteur – et qui utilise tous les moyens d'accès à l'information, d'un obscur dictionnaire allemand au site amazon.com dont elle cite scrupuleusement les références.

Un autre type de mélomane érudit, mais à dominante collectionneur cette fois, est illustré par un Australien, Michael Davis, webmestre d'un site dédié au ténor Mario Lanza et wagnérien convaincu. Il dit collectionner les enregistrements réalisés depuis 1900 de façon sélective – les chanteurs qu'il préfère, mais assez ouverte pour acquérir ce qu'il considère comme « bonnes versions » de différentes œuvres appartenant à la musique classique en général et pour suivre l'actualité du lyrique –, il parle souvent de Renée Flemming et de Thomas Quasthoff comme ses interprètes favoris d'aujourd'hui. Il est vrai également qu'à toute demande de renseignement

---

5. Jussi Björling (1911-1960), ténor lyrique d'origine suédoise, la vedette du festival de Salzbourg, des opéras de Vienne, de Chicago et à La Scala de Milan. Il a été engagé au Metropolitan de New York en 1938 et est resté fidèle à cette scène pendant plus de vingt ans. Enregistrements d'opéra en versions intégrales (*Le Trouvère, Aida, Pagliacci, Cavaleria Rusticana, La Bohême, Madame Butterfly*) et une longue série de récitals (*Faust, Eugène Onéguine, l'Africaine, Manon Lescaut, Turandot*).

sur un enregistrement, un extrait à trouver, Michael Davis répond avec une précision et une promptitude de la personne qui dispose de tous les catalogues de maisons de disques, le commentaire en plus. Dans la catégorie collectionneur, on peut, évidemment, distinguer des sous-catégories : ceux qui collectionnent toutes les versions du *Ring* de Wagner, ceux qui sont amateurs des diffusions télévisuelles des spectacles du Metropolitan, rappelons qu'elles ont commencé dans les années quarante, ou qui disent consommer l'opéra surtout à travers les cassettes vidéo et, plus spécifique encore, ceux qui sont passionnés par un documentaire, *The Art of Singing,* diffusé dans plusieurs pays, dont la France, mais dans les versions modifiées selon la demande de telle ou telle chaîne de télévision.

Les informations sur la technique vocale proviennent des chanteurs professionnels ou amateurs qui représentent un cinquième des participants. Leur centre d'intérêt est plutôt lié aux parcours des artistes, à la vie du monde professionnel d'opéra avec d'inévitables reproches à l'égard des directeurs de théâtre et autres agents artistiques qui « vampirisent et détruisent les chanteurs en écourtant leurs carrières par des emplois inadaptés ». Sarah, une jeune soprano, raconte ses déboires à l'opéra de Knoxville où elle a commencé par chanter dans les chœurs et où les rôles de soliste qu'on lui proposait ne correspondaient pas à sa voix. Elle donne surtout à lire les récits de ses expériences en tant que chanteuse (les coulisses des théâtres, les auditions, les profs de chant) et se prononce moins souvent sur l'histoire d'opéra ou sur les qualités respectives des enregistrements. Par la même occasion, elle est de ceux qui font souvent appel aux connaissances des autres participants (amateurs éclairés), voire aux encouragements quand elle doit passer des auditions.

Vient enfin une pléiade de néophytes, à différents stades de leur initiation. Là aussi, difficile de tracer des lignes de séparation nettes à cause de la diversité des moments déclencheurs d'intérêt et de la motivation annoncée. Un cas, pourtant, attire particulièrement l'attention, car il s'agit d'une personne très active au sein du groupe (plus de 1 600 messages en deux ans) et dont l'enthousiasme englobe plusieurs composantes de l'univers lyrique. Margy, habitante de Seattle, dit avoir découvert sa passion pour l'opéra en entendant la voix d'Andrea Bocelli lors de l'émission des *Grammy Rewards* en 1999 où il a été invité à chanter en compagnie de Céline Dion. À partir de cet instant, Margy dévore tout ce qui est en rapport avec l'opéra : les biographies des compositeurs, les enregistrements conseillés par les membres du groupe, les diffusions à la télévision et à la radio, les livrets d'opéra et les produits dérivés – la découverte, par Sarah, d'un site qui vend des gadgets du genre « rideau de douche avec les têtes de Mozart » lui inspire l'idée de tatouer le nom du compositeur sur le corps et ce n'est qu'à cause de l'intervention du modérateur qu'elle abandonne ce sujet comme « indigne des discussions du groupe ». Au bout d'un an d'exploration tous azimuts, elle fait une « vraie » sortie à l'opéra (*Le Barbier de Séville* à Seattle), peut-être influencée par de très nombreux messages qui valorisent un spectacle *live* par rapport à tout enregistrement, aussi réussi soit-il. Attitude assez typique également – après une phase d'apprentissage et d'allégeance aux autorités reconnues par les participants de la liste, elle devient à son tour guide et conseillère pour les nouveaux arrivants. Tel est le sens de ses messages recueillis en 2002, soit un peu plus de deux ans après son message de présentation comme « *newcomer to the opera* ».

Ces quatre types n'épuisent pas la variété des participations et d'attitudes, ils permettent tout au plus de suggérer les relations qui peuvent naître à l'intérieur de cette communauté numérique et les interactions, voire des tensions, engendrées par la confrontation des différents individus et de leurs pratiques.

Opéra comme métaphore de la communauté de mélomanes

Un des membres de la liste lance l'idée, largement reprise par la suite, que le groupe fonctionne comme un opéra : il y a des entrées et des sorties, des rythmes et des enchaînements, voire des conflits et des tensions qui ne sont pas sans rappeler l'intrigue d'un livret. On se distribue les rôles principaux et secondaires, on cherche à être la basse qui incarne l'autorité. Nous assistons ainsi, et cela malgré des apparences ludiques, à un mouvement complexe, dirions-nous interactif, d'aller et de retour entre l'objet de la discussion, l'opéra, et son « consommateur ». Les participants s'identifient à des personnages d'opéra, se projettent dans leur histoire jusqu'à adopter des noms du répertoire lyrique, mais, à leur tour, façonnent l'objet en lui imposant leurs caractéristiques individuelles. Plus, le statut et les propriétés de l'opéra sont constamment redéfinis par la pratique de l'amateur.

À la lecture des messages, on peut se rendre compte que les personnes investies dans les débats – par exemple, ayant émis plus de 20 messages en un an, et il y en a qui atteignent plusieurs centaines – constituent un noyau d'intérêt commun qui crée son propre « fonds » de références, de jugements et de pratiques par rapport auxquels se placent des intervenants « ponctuels » ou des nouveaux arrivés (en tout 120 personnes) avec, parfois, un effet d'exclusion non intentionnelle avec plusieurs cas d'internautes qui lisent la liste sans oser intervenir ou donner leur avis aux gens qui savent « tellement de choses ».

Par ailleurs, le fonctionnement de cette communauté intègre l'Internet non seulement comme un moyen d'exploration de la passion pour le lyrique (échanges d'adresses pour les sites intéressants, création de sites Web pour les artistes et pour les œuvres préférées) mais aussi comme un facteur de cohésion du groupe dont les membres, après avoir rejoint un « club » de mélomanes en ligne (disant n'avoir dans leur entourage proche personne avec qui parler l'opéra), tentent de fermer la boucle en donnant le plus de corps possible aux individus rencontrés sur l'Internet – d'où, sans doute, l'intérêt pour la mise en ligne des fichiers sonores et d'images qui permettent, entre autres moyens, de voir et d'entendre les participants eux-mêmes.

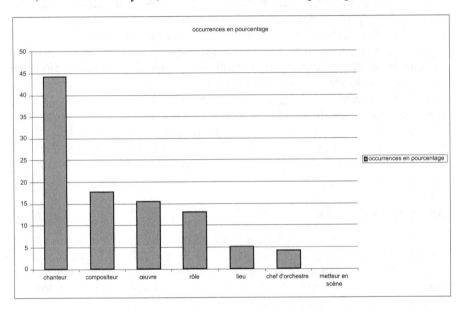

FIGURE 1 :
RELEVÉ D'OCCURRENCES SUR 1 000 MESSAGES

Il se crée également, au fil des échanges, une forme de mythologie fondatrice de l'univers de l'amateur d'opéra et caractéristique du lien qui l'unit à sa musique préférée. Ceci n'a rien de définitivement figé – les goûts sont éphémères, les dispositifs et les supports changent au gré des évolutions techniques –, mais donne quelques points de repère, peut-être même de modèle, pour comprendre la manière dont se construit l'expérience esthétique en opéra. Au-delà des anecdotes/légendes qui transmettent l'épopée de l'opéra avec ses héros et ses démons, une simple analyse linguistique du vocabulaire utilisé par les participants permet de mettre l'accent sur leur « échelle de valeurs » et préoccupations. Ainsi, dans un relevé des occurrences de noms propres selon sept catégories (chanteur, rôle, œuvre, compositeur, chef d'orchestre, metteur en scène, lieu), elles-mêmes choisies après la lecture de plus de 5 000 messages, s'avère-t-il que le sujet d'échange le plus courant et la manifestation d'ancrage de la passion pour l'opéra se reflètent dans l'attachement à la personne de l'interprète avec une nette prédilection pour les chanteurs du passé, même si on ne peut les connaître que par des enregistrements de qualité très moyenne.

Un constat, tout de même, qui a de quoi surprendre au moment où l'on parle de la « tyrannie des metteurs en scène » dans les spectacles d'opéra, après celle des chefs d'orchestre dont la figure emblématique reste Herbert von Karajan et son manque de considération pour les besoins spécifiques des chanteurs. Rares sont les participants du groupe qui citent un nom – les seuls évoqués sont Zeffirelli et Chéreau et même dans leur cas le pourcentage est négligeable. Une des rares discussions qui aient abordé le sujet de mise en scène s'inscrit dans le cadre des considérations sur le physique des chanteurs et sur la « fâcheuse » habitude de prendre au sens littéral et non pas figuré le fait que *Salomé* de Richard Strauss fait tomber ses voiles, ce qui n'implique pas un metteur en scène en particulier mais plutôt les conventions du théâtre classique.

Un amateur « actif »

Le contenu des échanges fait état d'une activité quasi fébrile d'un passionné d'opéra : la recherche d'enregistrements, de livres et d'articles de presse, la préparation des séances d'écoute et des sorties. Le réseau numérique s'insère dans cet ensemble de démarches comme moyen d'investigation, de découverte et de contact. Le parcours du mélomane devient « visible » grâce à la multiplication des sites Web consacrés à la question et des lieux qui recueillent l'expression de ses goûts.

Si l'Internet peut donner une image de l'amateur qui sort de son rôle d'une présence d'autant souhaitable qu'elle est discrète, car il s'empare de la parole pour revendiquer son droit de juger de la qualité artistique et de faire valoir la légitimité d'une expérience individuelle, il affecte également les activités collectives dans leur rapport à l'opéra.

En effet, au-delà du caractère réflexif, composante du processus de construction de son identité d'amateur, c'est l'aspiration au rôle actif, tant individuel que collectif, qui transparaît à travers les échanges. Cela peut se manifester par la mise en place (en paroles ?) d'un projet commun d'écrire un opéra ensemble (choisir le livret, trouver le *casting* idéal) où l'amateur met en jeu ses compétences variées, ses expériences et ses émotions pour faire naître une œuvre dont il n'est pas seulement un spectateur passif. Admettons qu'un tel projet avait toutes les chances de rester à l'état virtuel et, mise à part une tentative de composition d'un opéra à partir du roman de Cervantès où l'internaute en question a invité le groupe à participer et à se prononcer, la démarche avait tout d'un jeu qui consistait à trouver un livret adapté et à définir les registres de voix des personnages. Les réactions étaient nombreuses et l'adhésion d'autant plus énergique qu'il s'agissait d'inscrire et de réaliser ses choix personnels à travers une organisation collective et malgré d'inévitables compromis à trouver.

C'est aussi dans ce contexte que s'est opérée une distribution des rôles et des fonctions qui pouvaient contribuer à la création de l'identité que chaque participant affiche/crée/laisse apparaître face au groupe, ou que le groupe peut chercher à lui assigner comme conséquence des échanges. Il est évident que la question d'identité est particulièrement problématique dans le cas de l'Internet tant il est difficile de considérer et de vérifier les déterminismes antérieurs à la connexion. Ce qui semble plus important ici est le fait que l'identité décelable à travers les échanges de messages se construit et s'exprime par rapport à une activité précise, dans la relation à la musique et, pour certains, dans les liens passionnels entretenus avec l'univers lyrique – des participants eux-mêmes utilisent le terme de « pathologique » pour se décrire en train de vivre leurs pratiques d'opéra.

Peut-on en conclure que le recours à l'Internet et aux groupes de discussion aura une influence sur l'objet lui-même ? Il faudrait pour cela sortir, au moins partiellement, du rôle de l'amateur pour voir dans quelle mesure les « instances » créatrices et productrices du genre lyrique considèrent cet outil. Or elles clament aujourd'hui, comme le fait le compositeur Pascal Dusapin, que la scène d'opéra est un des rares lieux qui échappent au formatage des médias[6].

Les essais pour laisser les manettes de commande aux spectateurs ont été proposés au théâtre comme à la Filature de Mulhouse (novembre 2001) où un spectacle se jouait sur scène, mais était organisé et visible selon les choix des internautes communiquant/recevant l'œuvre à distance. Cela reste assez complexe à mettre en place techniquement et limité sur le plan artistique. Dans un premier temps, nous nous contentons de constater la place et le rôle de l'Internet dans la vie de l'amateur pour lequel il constitue non

6. *Le Nouvel Observateur*, 20/02/2003 : 104.

131

seulement un outil technique supplémentaire de diffusion mais aussi un moyen de mettre en perspective la diversité des expériences et des pratiques, une occasion de produire du sens et des appréciations en dehors des circuits officiels même si la notion de norme et de convention n'est pas totalement évacuée des préoccupations d'une communauté d'amateurs. Sur un plan plus général, l'approche et l'analyse des communautés « numériques » constituées autour des pratiques culturelles pourraient s'avérer riches en renseignements sur les mécanismes de communication au sein d'un groupe à priori éclaté géographiquement et dont les liens seraient, toujours à priori, très faibles car quasi désincarnés et anonymes.

Références bibliographiques

BRETON, Philippe (2002), *Le culte de l'Internet, menace pour le lien social ?*, Paris, Éditions La Découverte.

HENNION, Antoine (2000), *Figures de l'amateur*, Paris, La Documentation française.

HIMANEN, P. (2001), *L'éthique hackers et l'esprit de l'ère de l'information*, Paris, Exils Éditeur.

LEVERATTO, J.-M. (2000), *La mesure de l'art. Sociologie de la qualité artistique*, Paris, Éditions La Dispute.

L'audit de la communication *corporate* sur Internet.

Les dimensions informationnelle et ergonomique sont-elles dissociables sur un site Web d'entreprise ?

Amor ben Amor[1]

La présente note est une sorte de résumé synthèse de notre mémoire de maîtrise[2] présenté à la Faculté des études supérieures de l'Université Laval en novembre 2002. Notre première hypothèse de recherche est : « les sites Web d'Air Canada et de Tunisair se conforment aux trois types d'information appartenant à la dimension informationnelle d'un site Web à savoir l'information institutionnelle, financière et de recrutement ». La deuxième hypothèse : « les sites Web d'Air Canada et de Tunisair se conforment aux fondements intrinsèques de l'aspect ergonomique en l'occurrence le référencement, le design et les critères techniques d'un site Web d'entreprise ». Dans les pages qui suivent, nous allons essayer de présenter brièvement notre méthodologie ainsi que les principaux résultats auxquels nous sommes parvenus.

Le site Web d'entreprise, un nouveau support de communication

La communication *corporate* ne se limite plus, de nos jours, à ses moyens classiques comme, par exemple, le journal d'entreprise, les dépliants, les dossiers de presse, la publicité institutionnelle, la communication événementielle et les relations de presse. Le site Web constitue, désormais, un

---

1. L'auteur est inscrit au programme de doctorat sur mesure en communication publique, Département d'information et de communication à l'Université Laval. Courriel : benamor2002@yahoo.fr
2. Pour plus d'information, consulter notre mémoire : *L'audit de la communication corporate sur Internet, le cas des sites Web d'Air Canada et de Tunisair,* (P 90.5 UL 2002 B456), à la Bibliothèque des sciences humaines et sociales de l'Université Laval.

support communicationnel d'une importance prépondérante pour toute entreprise voulant mieux faire connaître sa vocation et ses activités sur Internet. Cependant, le site Web peut dans certains cas se limiter à montrer que l'entreprise est technologiquement branchée plutôt que d'assurer une fonction communicationnelle proprement dite. Dans ce cas, l'atteinte des objectifs tracés par l'entreprise peut être compromise parce que l'utilisation du site Web ne s'inscrit pas dans sa stratégie communicationnelle globale. De ce fait, l'attention accordée au site Web de l'entreprise doit être aussi importante que celle attribuée à ses moyens classiques de communication. Un intérêt particulier doit être apporté au contenu informationnel du site Web ainsi qu'à son aspect ergonomique.

En naviguant sur Internet, on peut trouver des sites Web qui mettent davantage l'accent sur l'un des aspects au détriment de l'autre. L'on peut, en effet, trouver des sites où la dimension ergonomique prime sur le contenu informatif. Cela se manifeste par le recours exagéré aux possibilités qu'offrent les divers programmes informatiques (l'utilisation excessive des programmes tels que Flash et Java par exemple). Il est en outre possible de trouver sur ces sites des animations injustifiées parce que souvent non signi-ficatives, ainsi que beaucoup d'images et d'effets sonores parfois inutiles par rapport à l'importance du contenu informationnel. L'inverse est égale-ment possible. Certains sites se contentent de présenter un contenu infor-mationnel sans pour autant respecter les critères techniques d'un site Web. Cela se manifeste généralement par la difficulté à télécharger des pages Web, un temps de réponse relativement long, un choix arbitraire des couleurs ou encore une incapacité de lire aisément le contenu informatif du site à cause de la petitesse des caractères utilisés, etc. Il convient donc de souligner l'importance d'accorder la même attention aux deux dimensions informationnelle et ergonomique pour faire du site Web un bon support de communication *corporate*.

Qu'est-ce qu'un audit ?

La méthodologie suivie pour vérifier les hypothèses de notre recherche se base essentiellement, comme cela a été précité, sur l'audit de site Web. Pour donner un bref aperçu historique de la pratique de l'audit, l'on peut men-tionner que c'est une pratique dont l'origine remonte à plusieurs siècles. Il portait, jadis, essentiellement sur la gestion financière. Mais de nos jours les audits sont devenus plus diversifiés et plus spécifiques. Cependant, bien que les types d'audit continuent à se diversifier, il y a consensus à l'effet qu'un audit constitue une enquête qui sert à mesurer des écarts par rapport à une norme, par rapport à un référent ou encore par rapport à un idéal. Cette enquête débouche généralement sur un certain nombre de recommandations qui aident l'entreprise à surmonter les problèmes qui entravent son fonctionnement et sa croissance. L'objectif premier de l'audit consiste habituellement à mieux gérer, à mieux contrôler et à mieux maîtriser une situation problématique. Néanmoins, il convient de recourir à la pratique d'audit même en l'absence d'une situation problématique. Un audit peut être de ce fait un moyen servant justement à anticiper les problèmes et à préparer les solutions appropriées. Il peut donc devenir un outil stratégique permettant à l'entreprise de prévenir et d'éviter les problèmes qui peuvent advenir et menacer, par le fait même, sa survie.

La notion du référentiel est impérative pour la réalisation d'un audit. Il n'y a pas en effet un audit sans référentiel aux dispositions préétablies qui sont généralement les procédures, les règles et les instructions en fonction desquelles l'on peut mesurer les écarts. C'est la raison pour laquelle nous avons opté dès le départ pour l'élaboration d'une grille d'analyse (qui est une sorte de grille référentielle) regroupant les éléments qui doivent être respectés tant pour l'aspect informationnel que pour l'aspect ergonomique, pour que le site soit considéré comme un bon support de communication *corporate*. Après cette définition, certes un peu sommaire, de l'audit, il convient de préciser que, tout comme pour les autres types d'audit, l'audit de communication est une procédure de contrôle, d'évaluation et de diagnostic de l'état de communication d'une entreprise. Il peut être réalisé par une personne interne ou externe à l'organisation. L'audit de la communication est interne lorsqu'il recense toutes les actions entreprises et tous les moyens de communication utilisés par la firme. Il permet de faire le bilan après une enquête auprès des salariés pour évaluer les outils et les actions de communication menées. Il peut donc être une sorte de baromètre de climat interne pour l'entreprise. L'audit de communication est externe lorsqu'il opère selon les mêmes règles, mais en tenant compte de la concurrence, ce qui suppose une approche plutôt comparative. Il s'agit par exemple de comparer la notoriété d'une marque par rapport à la concurrence.

Dans le cadre de notre mémoire, l'audit de communication porte plutôt sur le site Web, particulièrement sur ceux d'Air Canada et de Tunisair. Il constitue une sorte de diagnostic et une évaluation des deux dimensions fondamentales qui doivent être présentes sur un site Web, à savoir le contenu informationnel et l'aspect ergonomique. Le contenu informationnel, rappelons-le, se manifeste par les trois types d'information qui doivent être pris en compte sur un site Web, en l'occurrence l'information institutionnelle, l'information financière et l'information de recrutement. L'audit de l'aspect ergonomique porte, quant à lui, sur les aspects plutôt techniques comme le référencement[3], le design, la vitesse de téléchargement des pages Web, la possibilité de recherche, la possibilité d'impression, l'utilisation des écrans d'introduction, l'aménagement de la page d'accueil, etc. L'audit de cet aspect ergonomique permet de dégager les lacunes et les avantages qui caractérisent l'aspect technique des sites Web d'Air Canada et de Tunisair. Il convient d'autre part de préciser que nous avons essayé de faire un rapprochement entre l'audit et la technique d'analyse de contenu. Cette analyse de contenu est plutôt qualitative et porte en premier lieu sur le contenu manifeste. Elle est qualitative parce qu'il ne s'agit pas de quantifier ce qui apparaît souvent ou ce qui est mentionné le plus. Il s'agit plutôt de s'intéresser à un thème général ainsi qu'aux sous-thèmes qui lui sont rattachés. Cette analyse de contenu porte essentiellement sur ce qui est écrit dans les pages Web consultées. Il ne s'agit pas de lire entre les lignes ou de s'intéresser aux idées latentes. Ce qui importe, c'est l'analyse de ce contenu manifeste en fonction d'une grille portant sur les critères d'évaluation d'un site Web. L'analyse de contenu permet, de ce fait, de faire l'audit de contenu des sites Web, et ce, en déterminant l'écart de ce même contenu par rapport aux critères et aux variables retenus dans la grille d'analyse.

Une approche comparative est par ailleurs adoptée pour faire l'audit des sites d'Air Canada et de Tunisair. Il s'agit en fait d'une double comparaison. Un premier niveau de comparaison entre le contenu des sites Web en question et les critères de la grille d'analyse et un deuxième niveau de comparaison qui est une sorte de « Benchmarking[4] » entre des sites appartenant au même secteur d'activité, celui du transport aérien. Cela permet de dégager les similitudes et les différences qui caractérisent ces sites et cela rend possible, entre autres, l'évaluation des sites d'Air Canada et de Tunisair en faisant une comparaison avec les informations présentes sur les sites de compagnies aériennes comme Air France, Alitalia, Lufthansa et British Airways.

Principaux résultats de la recherche

Faute de pouvoir présenter la grille complète renfermant tous les critères d'analyse, nous nous limiterons, dans ce qui suit, à présenter succinctement les principaux résultats de recherche sans nous attarder sur les ramifications et détails. Au terme de cette recherche, l'audit du contenu informationnel du site Web d'Air Canada montre qu'en matière de communication institution-

---

3. L'action consistant à indexer le site Web dans les moteurs et annuaires de recherche pour optimiser son classement sur les listes de réponse après la requête de l'internaute.

4. Cette expression est empruntée à Jean-Jacques Rechenmann (2001). Le *benchmarking* est une méthode qui consiste simplement à observer ce que font les concurrents.

nelle, l'entreprise tient à informer les internautes sur son profil, ses partenaires, ses commandites, ses engagements en matière d'environnement et ses services. Les communiqués de presse disponibles sur le site Web en question informent les visiteurs sur les activités et les nouveautés de l'entreprise. Le site d'Air Canada se distingue, non seulement par rapport à Tunisair mais également par rapport aux autres compagnies aériennes, par une sorte de baromètre de satisfaction qui permet aux internautes de donner leurs avis sur les réponses à leurs questions. Cela peut d'ailleurs projeter l'image de l'entreprise qui se veut à l'écoute de son public.

Pour ce qui est de la communication financière, le site Web d'Air Canada contient des informations sur toutes les activités financières de la compagnie. Des rapports, bulletins, notes, communiqués et circulaires financiers sont disponibles sur le site Web de l'entreprise. Ces documents sont téléchargeables en format « PDF[5] » et « PPT[6] », ce qui facilite la tâche de l'internaute voulant en obtenir des versions imprimées. Toutefois, le site d'Air Canada, contrairement à celui d'Air France par exemple, est dépourvu d'information expliquant à l'internaute comment devenir actionnaire ou investisseur dans l'entreprise bien que cela puisse parfois encourager les internautes à se porter acquéreurs de quelques actions ou à investir dans l'entreprise. Il convient d'autre part de regrouper toute l'information financière d'Air Canada dans un sous-site accessible dès la page d'accueil, et ce, en vue de faciliter la tâche de l'internaute s'intéressant particulièrement à l'activité financière de l'entreprise et de lui épargner, de ce fait, la recherche de ce type d'information dans des sous-rubriques du site Web.

En ce qui concerne la communication de recrutement, le site d'Air Canada contient des informations sur toutes les offres d'emploi disponibles. En outre, les métiers de l'entreprise y sont présentés et l'internaute peut, par conséquent, avoir une idée préalable du poste convoité. Le profil et la formation requise du demandeur d'emploi sont précisés pour chaque offre d'emploi, ce qui rend moins abstraits les emplois que la compagnie propose. Par ailleurs, l'entreprise donne aux internautes la possibilité de répondre en ligne à ses offres d'emploi. Cependant, l'internaute peut se trouver devant l'obligation de chercher les informations inhérentes aux offres d'emploi dans des sous-rubriques du site en question. Regrouper toutes les informations dans un sous-site accessible dès la page d'accueil peut optimiser la

---

5. Portable Document Format (PDF) est un fichier qui peut être ouvert grâce au logiciel *Adobe Acrobate Reader*. Le fichier PDF permet de préserver l'apparence graphique d'un texte en ligne et facilite, de ce fait, son impression.

6. Microsoft PowerPoint est un logiciel permettant de présenter un contenu informationnel sous forme de diapositives.

recherche de l'internaute s'intéressant en particulier à ce genre d'information. Il est par ailleurs à noter que la compagnie Air Canada aurait pu utiliser cette rubrique pour justifier et expliquer les causes de licenciements auxquels elle a procédé. Rappelons que ce support de communication peut constituer un outil de gestion de crise. Globalement, le site Web d'Air Canada se conforme aux trois types d'information appartenant à la dimension informationnelle d'un site Web, à savoir l'information institutionnelle, financière et de recrutement.

Pour le site Web de Tunisair, l'audit du contenu informatif montre qu'en matière de communication institutionnelle, contrairement à Air Canada et à la plupart des autres compagnies aériennes, l'entreprise ne donne pas des informations sur son profil et ses partenaires. Elle se contente de rappeler quelques événements qui ont marqué son histoire. Cela n'aide pas les internautes à mieux connaître l'entreprise. Le site ne contient pas, par ailleurs, des informations sur les activités de la compagnie en matière de commandite et d'environnement. En plus, les communiqués de presse qui sont présentés sur le site ne sont pas actualisés. L'internaute peut en effet visiter à maintes reprises le site Web de la compagnie et remarquer qu'il n'y a pas de nouveaux communiqués mis à sa disposition. Cela peut donner l'impression que le site est vraiment statique. Pour ce qui est de la communication financière et de la communication de recrutement, il n'y avait aucune information relative à l'un ou l'autre de ces aspects. Ce genre d'information est complètement inexistant sur le site. Le site Web de Tunisair ne se conforme donc pas aux trois types d'information appartenant à la dimension informationnelle d'un site Web d'entreprise.

La deuxième hypothèse de cette recherche stipule que « les sites Web d'Air Canada et de Tunisair se conforment aux fondements intrinsèques à l'aspect ergonomique, en l'occurrence le référencement, le design et les critères techniques d'un site Web d'entreprise ». En vue de vérifier cette hypothèse, l'audit a porté sur plusieurs critères inhérents aux trois dimensions précitées. En ce qui concerne le référencement, l'audit montre que les sites Web d'Air Canada et de Tunisair sont présents dans les principaux outils de recherche sur Internet. Ils ne sont, cependant, pas classés dans les 20 premiers résultats de recherche par mots clés. Ils ne sont donc pas optimisés à la recherche par mots clés.

Par ailleurs, les deux compagnies n'optent pas pour la stratégie des liens réciproques avec des sites partenaires pour optimiser leur référencement. Pour le design, les identités visuelles des deux entreprises sont reprises sur leurs sites Web. Les couleurs utilisées dans les pages Web des sites sont appropriées puisqu'elles favorisent une lecture aisée du contenu informationnel. Les couleurs d'arrière plan et des textes produisent un contraste permettant une lisibilité optimale. Les feuilles de style utilisées sur le site d'Air Canada augmentent la cohérence de l'ensemble des pages Web et leur confèrent une présentation standard. Pareille remarque pour les polices et caractères qui sont assez grands pour permettre une lecture aisée des textes dans les pages Web. Les pages Web des sites sont, entre autres, aérées et renferment des espaces vierges susceptibles de guider l'œil et d'aider à structurer les différents éléments présentés à l'écran.

Finalement, pour les critères techniques, notamment, nous avons remarqué qu'il y a plusieurs points qui séparent et distinguent les sites des deux entreprises. Comme c'est le cas pour le référencement et le design, nous allons nous limiter aux plus substantiels. Par exemple, le téléchargement de la page d'accueil d'Air Canada ne dépasse pas les 10 secondes avec des connexions à haute ou à moyenne vitesse. Alors que pour le site de Tunisair, le téléchargement de la page d'accueil prend parfois 32 secondes. Rappelons pour ce point que la plupart des spécialistes du Web recommandent que le téléchargement de la page Web ne dépasse pas les 10 secondes parce qu'au-delà de 10 secondes, l'internaute risque de changer d'avis et d'opter pour un autre site.

Une deuxième différence, et non des moindres, se traduit par le manque d'assistance sur le site Web de Tunisair. Sur le site d'Air Canada, l'on peut trouver dans presque toutes les pages du site un moteur de recherche placé dans une partie de la page très visible et facilement accessible. L'on peut également trouver un plan du site, ce qui est susceptible de rendre la navigation plus rapide et plus facile. La possibilité d'impression a également été prévue sur le site d'Air Canada notamment en format PDF et PPT, ce qui n'est pas le cas sur le site de Tunisair. Le site d'Air Canada se conforme donc davantage que celui de Tunisair aux critères inhérents à l'aspect ergonomique.

Après avoir présenté, très sommairement, les principaux résultats de l'audit, il appert que la différence entre le site d'Air Canada et celui de Tunisair est ostensible tant pour le contenu informationnel que pour l'aspect ergonomique. Il convient, toutefois, de préciser que notre mémoire a bien entendu des limites qu'il faut prendre en considération. En effet, l'audit porte sur les sites Web des entreprises Air Canada et Tunisair et non sur leurs moyens classiques de communication. De ce fait, les remarques avancées ne concernent que la communication par l'intermédiaire du site Web et ne peuvent en aucun cas être généralisées à la communication globale de ces entreprises. De surcroît, il convient de tenir en compte que les sociétés Air Canada et Tunisair n'ont pas les mêmes moyens matériels. Il est donc possible que cela se reflète sur le site Web. Une entreprise ayant des moyens importants est en mesure de consacrer un budget important pour l'optimisation du rendement de ce nouveau support de communication. Ce qui risque de ne pas être le cas d'une entreprise ayant d'autres priorités et dont les moyens sont moins importants.

Références bibliographiques

ARGENTI, Paul (1998), *Corporate Communication,* Boston, Irwin/Mc Graw-Hill.

CORBEL, Bernard, et Bernard MURRY (1996), *L'audit qualité interne : démarche et techniques de communication,* Paris, Afnor.

DÉPELTEAU, François (1998), *La démarche d'une recherche en sciences humaines : de la question de départ à la communication des résultats,* Sainte-Foy, Les Presses de l'Université Laval.

D'HUMIÉRÈS, Patrick (1993), *Management de la communication d'entreprise,* Paris, Eyrolles.

FRELAUX, Pierre-Yves (1999), *Trouvez un job sur Internet,* Paris, Les Presses du Management.

GAILLEY, Bernard (1996), *Politique sociale de l'entreprise et performance économique,* Paris, Les Éditions d'Organisation.

GIROUX, Sylvain (1998), *Méthodologie des sciences humaines, la recherche en action,* Saint-Laurent, Éditions de Renouveau Pédagogique Inc.

HENRIET, Bruno, et François BONEU (1990), *Audit de la communication interne,* Paris, Les Éditions d'Organisation.

HEUDE, Rémi-Pierre (2000), *Guide de la communication pour l'entreprise,* Paris, Maxima.

JEAMIN, Philippe, et Luc MARCO (1991), *Entreprise : Les concepts à la mode,* Paris, Édition Lerras.

LAMOUREUX, Andrée (1998), *Recherche et méthodologie en sciences humaines,* Laval (Québec), Éditions Études Vivantes.

L'ÉCUYER, René (1988), *L'analyse de contenu : notion et étapes,* Sillery, Presses de l'Université du Québec.

MARCENAC, Luc, Alain MILON et Serge-Henri SAINT-MICHEL (1996), *Communication des entreprises,* Paris, Hachette.

MOREL, Philippe (2000), *La communication d'entreprise,* Paris, Librairie Vuibert.

NERTHOLIE, Aldosa, Monique LE BITIAN et Martinem MONIN (1998), *Informations, communication et organisation,* Paris, Édition Breal.

NIELSEN, Jakob (2001), *Conception des sites web : l'art de la simplicité,* Paris, Campuspress.

RECHENMANN, Jean-Jacques (2001), *L'audit du site web : mode d'emploi,* Paris, Éditions d'Organisation.

SÉRIEYX, Hervé (2000), *L'entreprise du troisième type,* Paris, Éditions du Seuil.

SHNEIDERMAN, Ben (1998), *Designing The User Interface : Strategies For Effective Human-Computer Interaction,* Maryland, Addison Wesley Longman.

TERNOIS, Martin (1995), *La communication d'entreprise,* Paris, Les Éditions d'Organisation.

WESTPHALEN, Marie-Hélène (1997), *La communication externe de l'entreprise,* Paris, Dunod.

WESTPHALEN, Marie-Hélène (1998), *Communicator, le guide de la communication d'entreprise,* Paris, Dunod.

WOLTON, Dominique (1997), *Penser la communication,* Paris, Flammarion.

WOLTON, Dominique (2000), *Internet et après : une théorie critique des nouveaux médias,* Paris, Flammarion.

ZACCARIE, Paul-Laurent (1993), *Audit de la communication globale,* Paris, Les Éditions d'Organisation.

BIBLID 0382-7798(2004)23:1p. 142-153

Crime organisé et réalité : perception policière vs couverture médiatique

Judith Dubois[1]

Le public canadien est exposé à une très large couverture médiatique du crime organisé. Chaque jour, les médias diffusent un nombre impressionnant de nouvelles télévisées, radiophoniques et écrites portant sur des procès, saisies, règlements de comptes et autres événements liés au monde criminel organisé. Une étude réalisée en 2001 évaluait, par exemple, à plus de 27 000 le nombre d'articles à ce sujet publiés dans quinze quotidiens et magazines canadiens au cours d'une période de six ans (Beare et Ronderos, 2001). Or, malgré l'importance de cette couverture médiatique, il n'est pas certain que la population ait une perception juste de la réalité à ce chapitre. De nombreuses études portant sur la couverture médiatique de la criminalité en général ont démontré que les médias d'information avaient tendance à rapporter surtout les crimes impliquant de la violence et à s'intéresser beaucoup moins aux crimes sans violence, même si ces derniers sont beaucoup plus fréquents (Chermak, 1994 ; Gabor et Weimann, 1987 ; Graber, 1980 ; Sheley et Ashkins, 1981).

L'étude de Sheley et Ashkins, par exemple, indique que les meurtres représentaient 48 pour cent des crimes présentés à la télévision et 12 pour cent des crimes rapportés dans les journaux, alors que d'après les statistiques policières, ce type de crime ne comptait que pour 0,4 pour cent de tous les crimes commis sur le territoire étudié.

---

1. L'auteure est professeure au Département des communications, Université du Québec à Montréal. Courriel : Dubois.Judith@uqam.ca. Ce projet a bénéficié d'une subvention de la Sous-direction de la recherche et de l'évaluation de la Direction des services de police communautaires, contractuels et autochtones de la Gendarmerie royale du Canada. Le rapport de recherche intitulé *La couverture médiatique du crime organisé : Enquête auprès des dirigeants policiers* est accessible par Internet à l'adresse : www.rcmp-grc.gc.ca

D'après Surette (1997), cette sélection médiatique entraîne une situation paradoxale. « The paradox is that violent crime's relative infrequency in the real world heightens its newsworthiness and leads to its frequent appearance in crime news. Crime news thus takes the rare crime event and turns it into the common crime image » (1997 : 68). L'image de la réalité ainsi rapportée par les médias ferait en sorte que la population a l'impression de vivre dans un monde beaucoup plus violent qu'il ne l'est en réalité (Gerbner, 1976 ; Kemshall, 1997 ; O'Connell, 1999 ; Signorielli, 1990).

Certains auteurs estiment par ailleurs que le fait de négliger certains types de crimes n'est pas sans conséquence puisqu'il prive le public d'information sur des activités criminelles pouvant avoir un impact sur l'ensemble de la société (Molotch et Lester, 1981).

Cette « distorsion » de la réalité est-elle la même en ce qui concerne la couverture médiatique du crime organisé ? Si les médias canadiens privilégient certains types d'événements liés au crime organisé, le font-ils au détriment d'autres sujets importants ? Dans la mesure où on peut s'attendre à ce que les nouvelles diffusées par les médias portent sur des événements inhabituels ou ayant un impact important sur la société, comment évaluer si la couverture médiatique d'un événement lié au crime organisé est trop ou pas assez importante ?

Démarche de recherche

Dans le cadre de notre projet de recherche, nous avons décidé d'interroger des dirigeants policiers pour connaître leur perception de la couverture médiatique du crime organisé. Les policiers ne sont pas des observateurs neutres de la couverture journalistique du crime étant eux-mêmes les sources les plus fréquemment citées dans les reportages portant sur le crime (Ericson, Baranek et Chan, 1991). D'ailleurs, d'après Chermak (1995), la plupart des études portant sur la relation entre les nouvelles et la police concluent que ces derniers jouent un rôle déterminant dans ce qui est présenté aux nouvelles. Nous croyons néanmoins que les policiers ont un point de vue privilégié sur le crime organisé parce qu'ils disposent d'informations de première main à ce sujet. Nous avons donc voulu comparer leur perception de la réalité avec le portrait du crime organisé qu'ils sont en mesure d'observer dans les médias. Nous n'avons pas cherché à vérifier si la place du crime organisé (en nombre et en espace) est fidèle à la réalité statistique, mais si l'importance de la couverture médiatique de certains sujets liés au crime organisé est raisonnable, du point de vue des policiers, par rapport à d'autres événements liés au crime organisé.

Nous avons donc rejoint 20 des plus importants dirigeants policiers au pays[2]. Il s'agit de commissaires adjoints et de sous-commissaires de la GRC de cinq provinces canadiennes, de deux directeurs de services de police provinciaux, de chefs de police municipaux[3] provenant de 10 des 16 plus importantes villes au pays et de trois chefs de police de municipalités choisies en raison de leur situation géographique[4]. Au total, ces dirigeants couvrent des territoires correspondant à 27 166 000 habitants, soit 86,47 pour cent de la population canadienne (Statistique Canada). Les répondants ont complété un questionnaire écrit et ont aussi répondu à nos questions dans le cadre d'entrevues effectuées par téléphone en février et mars 2003.

Perception de la couverture médiatique par type d'événement

Dans un premier temps, nous avons vérifié la perception des dirigeants policiers concernant la couverture médiatique du crime organisé produite dans six différents contextes : perpétration de crimes (avec ou sans violence), événements positifs ou socialement acceptables relatifs à des groupes criminels organisés, événements centrés sur des opérations policières, événements découlant de l'administration de la justice (procès), événements créés par des interventions politiques et, finalement, la couverture médiatique initiée par les journalistes eux-mêmes (analyses, éditoriaux, enquêtes, etc.).

La perception qu'ont les dirigeants policiers de la couverture médiatique a été mesurée à l'aide des réponses provenant du questionnaire écrit (tableau 1). Les répondants devaient donner leur appréciation de l'importance (« trop », « suffisamment » ou « pas assez ») de la couverture médiatique des événements présentés, en fonction de leurs « connaissances de la réalité sur le terrain ». L'importance a été définie comme étant la place (nombre d'articles, espace rédactionnel, ordre dans le bulletin de nouvelles, etc.) de ces nouvelles par rapport à l'importance relative que représentent ces événements pour les dirigeants policiers. Les dirigeants étaient ensuite invités à donner leur appréciation de la qualité de la couverture médiatique. La notion de qualité a été définie comme étant l'exactitude et la véracité des faits rapportés. Les dirigeants policiers devaient ensuite commenter leurs réponses. Nous leur avons notamment demandé de préciser si la couverture médiatique était fidèle à la « réalité » qu'ils sont eux-mêmes en mesure d'observer.

---

2. Afin de préserver leur confidentialité, les répondants sont identifiés par un numéro attribué au hasard (de 1 à 21).

3. Dans un seul cas, il s'agissait d'un adjoint (superintendant).

4. Une ville frontalière, une ville donnant sur le Pacifique et une ville du centre du pays.

Résultats : les dirigeants policiers qui ont participé à cette étude semblent considérer que les médias accordent une importance raisonnable, dans l'ensemble, aux événements liés au crime organisé. Cependant, une analyse plus détaillée des réponses et des commentaires des répondants démontre que les dirigeants policiers estiment que les médias privilégient un peu trop certains types d'événements. On remarque également que l'image du crime organisé présentée par les médias n'est pas toujours fidèle à la réalité perçue par les dirigeants policiers.

TABLEAU 1 :
TYPES D'ÉVÉNEMENTS LIÉS AU CRIME ORGANISÉ (CONTEXTES)

ÉVÉNEMENTS OU TYPE D'ARTICLES	IMPORTANCE	%
Crimes sans violence (vols, fraudes, etc.)	Trop : Suffisamment : Pas assez :	0,0 63,2 36,8
Crimes avec violence (meurtres, voies de faits, explosions, etc.)	Trop : Suffisamment : Pas assez :	36,8 63,2 0,0
Événements positifs ou socialement acceptables relatifs à des groupes criminels organisés (mariages, enterrements, activités sociales, etc.)	Trop : Suffisamment : Pas assez :	57,9 31,6 10,5
Opérations policières (saisies, arrestations, enquêtes, etc.)	Trop : Suffisamment : Pas assez :	5,3 78,9 15,8
Procès (différentes étapes, interventions judiciaires, etc.)	Trop : Suffisamment : Pas assez :	0,0 89,5 10,5
Interventions politiques relatives au crime organisé (annonces de décisions législatives, déclarations, etc.)	Trop : Suffisamment : Pas assez :	0,0 78,9 21,0
Analyses, éditoriaux, enquêtes journalistiques, etc.	Trop : Suffisamment : Pas assez :	0,0 10,5 78,9
	Réponses non valides	10,5

Perpétration de crimes (avec et sans violence)

Les dirigeants policiers ont tendance à considérer que les médias pourraient parler davantage des événements liés au crime organisé qui n'impliquent pas de violence.

Près de deux tiers des répondants (63,2 %) ont répondu que les médias accordent suffisamment d'importance aux événements criminels sans violence. Cependant, plus d'un tiers d'entre eux (36,8 %) ont dit que les médias n'en parlent pas assez.

En ce qui concerne les crimes violents, les données sont inversées. Si 63,2 % des répondants considèrent que les médias accordent suffisamment d'importance à ce type d'événements, plus d'un tiers (36,8 %) d'entre eux ont répondu que les médias accordent trop d'importance aux événements liés au crime organisé qui impliquent de la violence.

Appelés à commenter leurs réponses, plusieurs répondants ont précisé qu'en général, les faits rapportés par les médias sont exacts et qu'à cet égard, on peut même considérer la couverture de ces crimes comme étant de « bonne qualité ». Cependant, la plupart des dirigeants policiers ont déploré l'intérêt démesuré des médias pour la violence. Cette situation ferait en sorte les médias accorderaient trop de place à ce type d'événement, faussant ainsi l'image de la réalité. Un répondant a dit, par exemple : « The media tends to get carried away on anything glamorous and the violence is the something that they sort of "beat to death". They overplay issues on violence, so it gives a general perception that violence is a big problem when in fact it is single event rather than what goes on everyday » (n° 3). Plusieurs dirigeants policiers croient, d'autre part, que certains événements sont négligés parce que l'absence de violence apparente les rend moins attirants pour les médias. Selon ces répondants, cette sélection serait effectuée en dépit de l'importance (en termes d'impact sur la société) de ces événements, comme en témoignent ces commentaires :

> The non-violent activity ; they don't very much pay attention to. […] If it doesn't bleed, it doesn't lead. If there isn't shootings, killings, things blowing up or people being assaulted, there is minimal attention given to the other activities involving organized crime (n° 21).

> News generally likes to talk about the «quick hit» so to speak. So anything that is violent is what is the personal impact. It is really rare that you will get anything in depth on anything, for instance, like white-collar crime. Quite frankly, people don't really read it, so they only write what sells although its tremendous impact (n° 7).

Événements positifs ou socialement acceptables
relatifs à des groupes criminels organisés

Les événements positifs ou socialement acceptables relatifs à des groupes criminels organisés sont ceux que les dirigeants policiers considèrent comme faisant l'objet de la couverture médiatique la plus démesurée par rapport à la « réalité ». La majorité des répondants (57,9 %) considèrent que les médias présentent une couverture trop importante de ces événements. Ce qui est intéressant dans les commentaires, c'est que le point de vue des dirigeants policiers n'était généralement pas basé sur le rapport entre la fréquence de ce type d'événement et l'importance de la couverture médiatique, mais plutôt sur la pertinence de cette couverture. La plupart des commentaires des répondants se résument à l'idée que le fait de couvrir abondamment des événements présentant ces criminels dans un contexte positif finit par donner l'impression qu'ils sont des gens respectables, ce qui n'est pas le cas. L'image présentée ne serait donc pas fidèle à la réalité. Voici un exemple parmi les nombreux commentaires formulés par des dirigeants policiers :

> *I am sure that biker gangs hire marketing experts and then have photo-ups giving to charity groups and doing charitable things and after a while media portrays this. People then start thinking « maybe the Hell's Angels are not that bad », but good God, they are killers, they traffic drugs and they've ruined people's lives and the list goes on. Because of the image presented by the media sometimes, people get the wrong impression* (n° 2).

Opérations policières, procès et interventions politiques
relatifs au crime organisé

Les opérations policières, procès et interventions politiques semblent être couverts de façon raisonnable, aux yeux des dirigeants policiers, par rapport à l'importance de ces événements. Près de 80 pour cent des répondants (78,9 %) considèrent que les opérations policières sont suffisamment rapportées, le même pourcentage s'applique aux interventions politiques et près de 90 pour cent (89,5 %) des répondants ont affirmé que les procès étaient suffisamment rapportés.

Les interventions politiques pourraient quand même être davantage couvertes par les médias, selon certains dirigeants policiers (21 %). Néanmoins, les commentaires à ce sujet portaient moins sur la fréquence des nouvelles à ce sujet que sur la profondeur de la couverture. Des répondants ont mentionné que les médias ne donnaient pas suffisamment de détails ou d'explications concernant ces interventions.

Un des dirigeants a par ailleurs déclaré qu'il n'y avait pas assez d'interventions de la part des politiciens concernant le crime organisé, mais que celles qui ont lieu sont suffisamment couvertes par les médias.

Analyses, éditoriaux, enquêtes

Le sujet de l'approfondissement des questions liées au crime organisé a été abordé de façon encore plus éloquente par les dirigeants policiers invités à se prononcer sur l'importance des analyses, éditoriaux et enquêtes journalistiques dans la couverture médiatique du crime organisé.

Un grand nombre de dirigeants policiers (78,9 %) ont affirmé que les médias n'effectuent pas suffisamment d'analyses et ne diffusent pas assez d'éditoriaux ou de reportages d'enquête visant une meilleure compréhension de ce problème. Seulement 10,5 pour cent ont répondu qu'il y en avait suffisamment. Des répondants ont dit :

> *I don't think I can recollect, except in a few isolated cases, a very complete and thorough journalistic report on organized crime or analysis of an aspect of organized crime* (n° 12).

> *À part Auger, il n'y a pas beaucoup de monde qui en font. Un de temps en temps, mais ce n'est pas suffisant d'après moi [...]. C'est bien fait en général* (n° 20).

Les avis sont cependant très partagés quant à la qualité des éditoriaux, analyses ou enquêtes journalistiques portant sur la criminalité organisée. Si la majorité des répondants ont affirmé que la qualité de ces articles ou reportages est bonne ou à tout le moins correcte, environ trois répondants sur 10 ont indiqué que la qualité était mauvaise. Un dirigeant, par exemple, a dit que les reportages d'enquête étaient souvent biaisés :

> *It depends on who it is. Put it this way, some of those documentary shows like the 5th Estate and W5, when they go at an issue and do the research, they are very biased and they are very biased usually against the police, government and authority because that is what sells. If they are going to on there and say «the police did a great job» well it is not controversial. But if they go on there and present the victims view or the minority view then find fault with the way police handled something, well that sells newspaper. I wonder sometimes if they are really looking for the truth or are they really looking for a story that is controversial* (n° 2).

D'autres dirigeants estiment que le problème principal, tant en ce qui a trait aux articles d'analyse qu'à la couverture journalistique en général, est que les médias choisissent la facilité et n'abordent pas la question de l'impact du crime organisé sur la société.

Importance de certaines activités

Nous avons voulu savoir si les dirigeants policiers considèrent que les médias établissent les bonnes priorités quant au choix des activités criminelles qu'ils privilégient. Nous avons donc demandé aux dirigeants policiers d'indiquer (à partir de leurs propres connaissances des faits) quelles sont les activités criminelles liées au crime organisé qui sont les plus importantes par leur impact sur la société. Les dirigeants devaient préciser l'ordre d'importance de ces activités (1 étant le plus important et 15 le moins important) et évaluer ce qu'ils estiment être l'ordre d'importance accordé par les médias (tableau 2).

La première constatation que nous avons faite est qu'il y a une grande diversité d'opinion entre les dirigeants policiers eux-même concernant l'importance des activités criminelles organisées. Ainsi, si on retrouve une certaine unanimité concernant certaines activités, comme la production et le trafic de drogues dures (toutes les réponses se situaient entre 1 et 6), la question du trafic d'armes, par exemple, a donné des réponses s'échelonnant du plus important (1) au moins important (15) en passant par presque tous les autres choix possibles. Cette diversité des réponses s'observe aussi sur des questions telles que la contrebande, la contrefaçon, les crimes environnementaux, l'intimidation de personnes associées au système judiciaire, le passage clandestin d'immigrants, la production et le trafic de drogues douces et le proxénétisme.

Une moyenne de toutes les réponses nous a quand même permis d'établir un ordre d'importance pour l'ensemble des répondants afin de le comparer avec celui des médias (tel que perçu par les dirigeants policiers).

149

TABLEAU 2 :
ACTIVITÉS CRIMINELLES LIÉES AU CRIME ORGANISÉ
(Ordre d'importance : plus important = 1, moins important = 15)

ACTIVITÉS CRIMINELLES	SELON LES DIRIGEANTS POLICIERS	SELON LES MÉDIAS
Production et trafic de drogues (dures)	3,11	3,67
Importation et exportation de drogue	3,44	4,06
Intimidation de personnes associées au système judiciaire	4,50	5,65
Blanchiment d'argent	4,94	8,81
Intimidation/extorsion du public	5,28	5,35
Production et trafic de drogues (douces)	6,06	7,31
Crime économique (fraude de télémarketing, fraude boursière, etc.)	6,50	8,33
Trafic d'armes	7,44	8,24
Contrebande	7,89	9,35
Proxénétisme	8,67	9,88
Passage clandestin d'immigrants	9,11	7,83
Crime environnemental (élimination illicite de déchets dangereux, etc.)	9,17	10,29
Vol de véhicules automobiles (réseaux)	9,59	10,38
Contrefaçon	10,06	12,06
Jeu/pari	12,22	12,63

Activités criminelles négligées par les médias

D'après les répondants, les trois activités présentant le plus grand écart (+ de 25 %) entre l'importance estimée par les dirigeants policiers et l'importance que les médias accorderaient sont le blanchiment d'argent, le crime économique et l'intimidation de personnes associées au système judiciaire.

Le blanchiment d'argent et les crimes économiques sont d'ailleurs les deux sujets qui ont été le plus souvent cités en exemple par les répondants, comme en témoignent ces commentaires :

Prenons le cas du blanchiment d'argent, de mon point de vue, c'est un problème extrêmement grave et majeur. Du point de vue de la presse, c'est un problème assez grave aussi, mais finalement pas si pire que ça. Du point de vue du public, c'est presque l'indifférence. Ici, il y a vraiment une distinction marquée entre la perception policière qui est la mienne et la perception du public qui est à l'autre bout du continuum, les journalistes se situant un peu entre les deux... J'ai l'impression qu'ils ne voient pas toutes les conséquences du blanchiment d'argent comme phénomène désorganisateur de la société. C'est presque banal qu'un individu qui a accumulé de l'argent dans le crime finit par être propriétaire d'une entreprise où il a acheté et investi dans des actions. Ça fait partie du « bon bandit ». Il y a carrément une différence de perceptions ici à mon avis (nº 15).

Let's talk about softer crimes like frauds and telemarketing frauds, because that is organized crime. A lot of people get hurt financially over that but sometimes it is seen as not having the same kind of impacts as murders and the physical damage that drugs does to people. We do a lot of education or we try to through the media in regard to those kinds of crime. To put more to the floor the extent of the damage that people suffer as a result to that. When you see it as just fraud, somebody loses some money, the media tends to report that way. They don't talk about the damage of families. Some people commit suicide over it, the broken families and the marriages that fail because of it. All those kinds of things are there and the damage to the credibility to our institutions is in play there as well. All those things don't tend to get out there in the media like they should in my view (nº 4).

Cette perception des dirigeants policiers rejoint les conclusions d'études qui démontrent que certains sujets, comme les crimes corporatifs, sont souvent boudés par les médias. Les chercheurs Lloyd et Walton (1999) ont constaté, par exemple, qu'en dépit d'une hausse importante du nombre de fraudes corporatives (favorisées par les développements technologiques et l'implication du crime organisé) au Royaume-Uni, le journalisme économique d'enquête est en déclin. Les chercheurs ont expliqué que ce type de couverture demande trop de ressources pour ce qu'il rapporte.

* * *

Les dirigeants policiers considèrent que les médias ont tendance à accorder trop d'importance aux événements criminels organisés impliquant de la violence. Cet intérêt pour la violence et les événements spectaculaires ferait en sorte que les médias auraient tendance à ne pas accorder assez d'importance aux événements criminels organisés qui n'impliquent pas de violence apparente. D'après les dirigeants policiers, les activités les plus négligées par les médias sont, entre autres, le blanchiment d'argent et le crime économique. Ils estiment par ailleurs que les médias accordent trop d'importance aux événements positifs ou socialement acceptables relatifs à des groupes criminels organisés, ce qui leur donnerait aux yeux du public une image qui n'est pas conforme à la réalité. Les dirigeants policiers considèrent néanmoins que les médias couvrent de façon suffisante les opérations policières, les procès et les interventions politiques relatifs au crime organisé. Les dirigeants déplorent finalement le manque d'analyses, d'éditoriaux et de reportages qui pourraient permettre l'approfondissement des questions liées au crime organisé. Le plus grave problème, selon certains dirigeants, est le fait que les médias ne présentent jamais une vue d'ensemble des causes réelles et de l'impact global du crime organisé au Canada.

Références bibliographiques

BEARE M., et J. RONDEROS (2001), *Exploratory Review of Media Coverage on Organized Crime in Canada : 1995-2000*, Ministère de la Justice (Canada).

CHERMAK, S. (1994), « Body count news : How crime is presented in the news media », *Justice Quaterly*, n° 11, p. 561-582.

CHERMAK, S. (1995), « Image control : How police affect the presentation of crime news », *American Journal of Police*, 14(2), p. 21-43.

ERICSON, R., P. BARANEK et J. CHAN (1991), *Representing Law and Order : Crime, Law and Justice in the News Media*, Toronto, University of Toronto Press.

GABOR, T., et G. WEIMANN (1987), « La couverture du crime par la presse : un portrait fidèle ou déformé », *Criminologie*, 20(1), p. 79-98.

GERBNER, G., et L. GROSS (1976), « Living with television : The violence profile », *Journal of Communication*, n° 26, p. 173-199.

GRABER, D. (1980), *Crime News and the Public*, New York, Praeger.

KEMSHALL, H. (1997), « Sleep safre : Crime risks may be smaller than you think », *Social Policy And Administration*, 31(3), p. 247-259.

LLOYD, C., et P. WALTON (1999), « Reporting corporate crime », *Corporate Communications : An International Journal*, 4(1), p. 43-48.

MOLOTCH, H., et M. LESTER (1981), « News as purposive behavior : On the strategic use of routine events, accidents and scandals », dans S. COHEN et J. YOUNG (dir.), *The Manufacture of News*, Thousand Oaks, Californie, Sage, p. 118-137.

O'CONNELL, M. (1999), « Is Irish public opinion towards crime distorded by media bias ? », *European Journal of Communication,* 14(2), p. 191-212.

SHELEY, J., et C. ASHKINS (1981), « Crime, crime news, and crime views », *Public Opinion Quarterly,* n° 45, p. 492-506.

SIGNORIELLI, N. (1990), « Television's mean and dangerous world : A continuation of the cultural indicators perspective », dans N. SIGNORIELLI et M. MORGAN (dir.), *Cultivation Analysis : New Directions in Media Effects Research,* Newburry Park (CA), Sage, p. 85-106.

STATISTIQUE CANADA : www.statcan.ca

SURETTE, R. (1997), *Media, Crime, and Criminal Justice : Images and Realities,* Belmont (CA), West/Wadsworth.

Lecture

Les notes de lecture veulent faciliter pour le lecteur le repérage et le tri de l'information qui se publie sur l'information et la communication. Elles n'ont aucune prétention à l'exhaustivité, puisqu'elles renvoient aux lectures de collaborateurs, c'est-à-dire aux goûts et aux intérêts de chacun en même temps qu'aux hasards du bouquinage.

BIBLID 0382-7798(2004)23:1p. 157-211

Noëlle Batt *et al.* (2001), *L'art et l'hybride,* Saint-Denis, Presses universitaires de Vincennes.

Le titre de cet ouvrage collectif *L'art et l'hybride* dépasse largement cette thématique et cette mise en articulation. En effet, l'hybride n'est qu'un prétexte à une perpétuelle recherche définitionnelle de l'art. Dès le premier article de Dominique Château, « La performance contre l'œuvre » (p. 9-23), nous comprenons qu'il s'agit d'interroger les frontières et les limites de l'art. L'auteur n'aborde en aucune manière l'hybridité de l'art, mais réenvisage la définition de l'art à travers celle de la « performance » :

> *J'appelle « performance » toute manifestation artistique qui consiste dans l'exécution d'une action par un ou plusieurs artistes, cette action étant plus importante que tout résultat, éventuellement toute œuvre, dont elle pourrait occasionner la production* (p. 11).

De ce fait, Dominique Château nous parle à travers le happening d'un art « événementiel », « éphémère » (p. 10), dont « l'œuvre s'évanouit » (p. 15), c'est-à-dire qu'il rappelle l'engagement existentiel, éthique, actionnel et esthétique de l'art. Michel Costantini, dans « Il est dans les monts du Léon » (p. 203-211), conclut d'ailleurs en disant que le « travail de l'hétérogénéité [...] pourrait être considéré comme spécifique d'une époque, la nôtre [...] » (p. 206). Nous pouvons même, semble-t-il, généraliser ces propos à tout travail artistique.

Ces deux articles bouclent ainsi parfaitement la réflexion théorique autour des « Transactions artistiques et pensée de l'art » (Avant-Propos, p. 5), alors que l'ensemble des autres productions discourent plus spécifiquement sur le phénomène hybride.

Ainsi, Christian Doumet, « Céder, ne pas céder aux "vocations" (Baudelaire face à la musique) » (p. 25-52), organise sa démonstration selon deux catégorisations sensorielles, visible *versus* audible perçu sur le mode psychanalytique attirance *versus* répulsion. Ces articulations permettent, à travers les conceptions de Baudelaire et de Wagner, de repenser la limite des arts (poésie et musique). En effet, à travers les « vocations » de Baudelaire, l'auteur nous indique que

> *la musique, d'un côté comme de l'autre, ne se contente pas de fournir un équivalent sonore à la fugacité visuelle. Elle creuse le visible en direction de ce qu'il n'est pas, de ce qu'il ne saurait être à lui seul : un signe affectif agrandi aux dimensions de l'universel, un affect cosmicisé* (p. 29).

Ensuite, les articles s'enchaînent multipliant les différentes manières de poser l'hybridité. Tom Conley, « Cartographies de films » (p. 53-71), découpe le film en « espaces multiples » ; Béatrice Picon-Vallin, « La mise en scène et le texte » (p. 103-116), construit le rapport entre la mise en scène et le texte en termes soit de contrepoint, ou de dissonance, soit de redondance. Quant à Marie-Claire Ropars-Wuilleumier, « En rêvant à partir de fictions énigmatiques » (p. 131-151), elle esquisse une première définition de l'hétérogénéité : « L'hétérogénéité esthétique tiendrait alors à ce double mouvement contraire par où une forme s'invente, scripturale ou artistique, dans la différence d'une forme autre, d'art ou d'écriture » (p. 148). Ainsi, tout au long de cet ouvrage collectif, les synonymes se précisent pour figurer l'hybride :

> *transposition, médiations, négociations, différentiel, hétérogénéité, coopération, contamination, croisement, collaboration, association, transaction, combinaison, malaxage, coexistence, mixage, partage, passage, métissage, rencontre, détour, irruption, ouverture, transgression, confluences, croisements, interférences, dissemblance, transition, accidentel, dissonances, diversité, composite, création, mélange, brassage...*

Mais finalement, de cette longue liste, il ne reste rien d'un discours sur l'hybride, si ce n'est une tentative à chaque fois avortée pour définir l'art. Nous trouvons alors à ce stade de confusion de petites vérités, si grandes soient-elles, glissées çà et là.

- Noëlle Batt, « Que peut la science pour l'art ? De la saisie du différentiel dans la pensée de l'art » (p. 73-82) :

  « Les éléments... qui composent l'œuvre ont la possibilité de changer de valeur par contamination contextuelle, sous la responsabilité d'un regard et d'un cerveau humain » (p. 80).

- Sandro Bernardi, « Le Minotaure c'est nous... De Godard à Pasolini » (p. 117-129) :

  « L'art serait donc un mouvement de représentation, de l'irreprésentable, la recherche d'une forme sans forme, d'une forme faite de plusieurs formes » (p. 126).

- Pierre Sorlin, « Histoire de l'art, pensée de l'art » (p. 153-172) :

  « [...] toute œuvre artistique met en jeu une série de transactions » (p. 153).

- Tiphaine Samoyault, « L'hybride et l'hétérogène » (p. 175-186) :
  « L'hétérogène dépend ainsi d'un point de vue, ou plus généralement de la réception » (p. 185).

- Jean-Michel Rey, « Questions d'esthétique » (p. 187-202) :
  « L'art n'aurait en fait jamais véritablement respecté les circonscriptions de son concept » (p. 192).

Le lecteur se nourrit donc d'un foisonnement d'idées et de concepts qu'il doit organiser selon sa propre quête. Les articles sont très disparates dans leurs approches et ne commencent à s'articuler qu'avec les deux pages-bilan de Béatrice Bloch, « L'œuvre "manifestement" Hétérogène ? Propositions pour un débat » (p. 173-174). Michel Constantini, « Il est dans les monts du Léon » (p. 203-211), finira d'affirmer leur cohérence en resituant l'apport de chaque analyse. Et puis rappelons-nous de l'« Avant-Propos » (p. 5-8) signé Christian Doumet, Michèle Lagny, Marie-Claire Ropars, Pierre Sorlin, qui centre l'ouvrage sur « [...] l'hétérogénéité de certaines formes artistiques [...] retenue comme opérateur de réflexion théorique » (p. 5). Quoi qu'il en soit, et malgré un problème de coordination des articles, cette étude collective traduit un réel travail de réflexion sur l'art en tant que tel et sur sa perception sociale et culturelle. Il manque néanmoins pour parachever le tout un point de vue de la théorie sémio-cognitive et de la perception sensible sur l'Art et l'Hybride. Ainsi, ne pourrait-on pas rapporter ces deux entités à une mise en discours de l'imperfection (Hjelmslev, *De l'imperfection*) ? L'art serait ainsi un acte énonciatif, c'est-à-dire un discours qui inscrirait la position du sujet dans son rapport au monde. Il s'agirait ici pour le sémioticien de révéler les indices du corps parlant et de montrer en quoi et comment l'hybride fait valeur et surtout sens dans l'art.

Frédérique Calcagno-Tristant
Université Paris I
Centre de Recherche Images et Cognitions

Giovanni BECHELLONI et Milly BUONANNO (dir.) (1997), *Television Fiction and Identities : America, Europe, Nations*, Naples, Ipermedium.

Giovanni Bechelloni est sociologue de la culture à l'Université de Florence et Milly Buonanno enseigne la théorie et les techniques de communication de masse à l'Université de Salerne. Ce collectif qu'ils ont dirigé constitue la première publication émanant d'EUROFICTION, un observatoire européen lancé en 1996 et réunissant des centres de recherche voués à l'étude de la fiction télévisuelle dans cinq pays (Italie, Espagne, Allemagne, Royaume-Uni et France). Reproduisant les textes d'un colloque qui s'est tenu à Florence à l'occasion du lancement d'EUROFICTION, le livre sert d'abord de vitrine à ce projet. L'ouvrage s'intéresse essentiellement au paysage télévisuel dans chacun de ces cinq pays (télévision publique et télévision privée, modes et contextes de production, stratégies des producteurs et des diffuseurs, télévision par câble et par satellite, etc.). Les textes sont publiés en anglais, quoique les remerciements, l'introduction et la contribution de Milly Buonanno figurent aussi en version italienne.

La première partie offre trois essais sur l'univers changeant de la télévision mondiale. Survolant le paysage télévisuel changeant à l'heure de la convergence médiatique, de la propriété multinationale et d'Internet, Horace Newcomb constate les pressions vers la fragmentation des solidarités nationales autrefois créées, ou renforcées tout au moins, par les médias de masse. Qu'est-ce qui va remplacer la télévision nationale telle qu'on l'a connue ? Il n'a pas la réponse, mais plaide pour le maintien de la diversité culturelle. Richard Paterson et Mauro Wolf servent deux répliques à Newcomb en prenant le parti opposé. La télévision a toujours évolué et les changements actuels sont un prolongement normal dans son histoire. Paterson insiste notamment sur le fait que la crainte des conglomérats internationaux est ancienne mais non justifiée, car ceux-ci doivent et devront toujours s'ajuster aux marchés. Selon lui, les fictions sérielles nationales européennes, reflétant les valeurs et la culture de leurs sociétés d'origine, ne sont pas menacées par la production étatsunienne.

La seconde partie présente une étude de cas pour chacun des pays associés à EUROFICTION. La similitude des situations nationales ressort par-delà certaines variantes. À l'exception de celui de Régine Chaniac sur la France qui n'aborde pas cette question, chaque texte souligne que du point de vue de la cote d'écoute, la fiction sérielle nationale récolte toujours plus de succès que la fiction importée. Cependant, si la première occupe les meilleures cases de la grille de programmes (entendons : les plus rentables en rapport avec les revenus publicitaires), la seconde demeure quantitativement beaucoup plus importante. Les raisons sont d'abord économiques, car produire de telles émissions coûte cher et l'achat de séries étrangères toutes faites s'avère plus rentable. De plus, des considérations politiques entrent parfois en ligne de compte. Pour ces raisons, explique Milly Buonanno, l'offre de fiction italienne sur les six chaînes nationales du pays a chuté de 300 heures à 130 entre la fin des années 1980 et le milieu des années 1990. La similitude ressort également en ce qui concerne le paysage télévisuel. Depuis les années 1980, la déréglementation, la forte concurrence imposée par le secteur privé à la télévision publique et l'arrivée du câble puis du satellite ont altéré les pratiques et habitudes anciennes.

La dernière partie porte sur la Scandinavie et la Suisse, mais alors que le premier de ces textes poursuit dans la veine des cinq précédents, le second se penche plutôt sur la question des transferts culturels inhérents aux transferts linguistiques opérés dans les cas de doublage ou de sous-titrage.

L'annexe, enfin, présente l'observatoire EUROFICTION et indique, pays par pays, la nature du programme de recherche élaboré dans le cadre de ce projet.

Malgré son titre et une introduction qui l'inscrit au cœur de la problématique d'EUROFICTION, cet ouvrage n'offre au lecteur presque rien à se mettre sous la dent en ce qui concerne la réflexion sur les identités. Les trois premières contributions l'abordent, mais sans toutefois en faire leur véritable fil conducteur. Quant aux sept suivantes, les rares fois qu'elles y réfèrent, elles ne s'aventurent jamais au-delà de quelques affirmations ou considérations très générales et, conséquemment, peu engageantes ou instructives. La popularité constatée de la fiction sérielle nationale constituait pourtant une belle occasion d'articuler une réflexion sur cette thématique.

Sur le plan formel, il convient de souligner les nombreuses maladresses (coquilles typographiques, fautes d'orthographe, mauvaises césures, etc.) qui résultent d'un travail d'édition bâclé. Par exemple, on devrait lire *Jacques* au lieu de *Jaques* (p. 18), *the research* au lieu de *the the research* (p. 26), *whether* au lieu de *wheter* (p. 30), *National Front* au lieu de *national front* (p. 35), *independent* au lieu de *indipendent* (p. 67), *losers* au lieu de *loosers* (p. 75), *asymetry* et *through* au lieu de *asymmetry* et *throught* (p. 76), *A highly* au lieu de *An highly* (p. 87), *preference* au lieu de *preferance* (p. 95), *symptomatically* et *Eugène* au lieu de *symptomatic* et *Eugene* (p. 139), *reorganize* au lieu de *reorganise* (p. 143), *its* au lieu de *it's* (p. 151, deux fois), *there may be* au lieu de *there maybe* (p. 153) et *they may also* au lieu de *the may also* (p. 155). La liste n'est même pas complète.

Court, insatisfaisant, mal écrit, ce *Television Fiction and Identities* n'a rien d'un classique.

Frédéric Demers
doctorant en histoire
Université Laval

Paul BLETON (dir.) (2001), *Hostilités,* Québec, Éditions Nota bene. (Coll. « Études culturelles ».)

Hostilités est un ouvrage collectif sur les représentations de la guerre dans l'espace public, tant dans la littérature que dans ce que l'on est convenu d'appeler la « paralittérature » et au cinéma. L'esprit dans lequel a été conçu cet ouvrage collectif est annoncé dès l'introduction de P. Bleton et de N. Spehner. Il s'agissait de proposer des outils de réflexion et d'analyse sur la représentation de la guerre, dans un moment de grande tension, se signalant par des guerres à la fois étrangères et familières par le truchement de la culture médiatique. À partir de là, il s'agit de définir une limite entre le réel et l'imaginaire, dans une situation dans laquelle « depuis ses origines, la culture médiatique a tendu à rendre de plus en plus poreuse la distinction entre fait et fiction. Guerres des nouvelles et guerres des fictions, discours et images […] Tel était le contexte », disent P. Bleton et N. Spehner, dans leur introduction, pour situer l'ouvrage et faire apparaître ses significations et ses ambitions.

L'ouvrage se présente comme une suite d'études sur des points particuliers de la représentation de la guerre. Ces études sont accompagnées de bibliographies élaborées par chacun de leurs auteurs, mais l'ouvrage comporte aussi deux abondantes bibliographies d'ensemble sur des études consacrées à des récits de guerre, ainsi que sur des récits de guerre. Cette abondante bibliographie, signée par Norbert Spehner, offre un tour d'horizon assez complet de la production éditoriale sur la guerre – tant en matière de fiction qu'en matière d'ouvrages de réflexion sur la guerre dans les médias et dans la littérature.

La nécessité d'une réflexion sur la représentation contemporaine de la guerre dans le champ des sciences de l'information et de la communication n'échappera à personne. En ce sens, l'ouvrage collectif dirigé par P. Bleton[1] relève d'un projet dont l'importance n'est ni à démontrer ni à justifier. Et l'exploration du thème de la guerre est un travail tout à fait fondamental à

---

1. Outre l'introduction de Paul Bleton (Télé-Université, Montréal) et de Norbert Spehner (critique littéraire), l'ouvrage comporte des contributions de Jenny Cristina Thompson (doctorante à l'Université du Maryland, aux États-Unis), de Jennifer E. Michaels (professeure au Grinnell College en Iowa), d'Elena Ozerski (chercheure à Montréal sur la littérature russe), de Michel Rolland (professeur à l'Université de Cergy-Pontoise), de Christian-Marie Pons, professeur de communication à l'Université de Sherbrooke, de Pierre Verdaguer (professeur à l'Université du Maryland), de Sylvette Giet (GERICO, Lille III) et d'Élisabeth Nardout-Lafarge (professeure, Université de Montréal).

mettre en œuvre pour mieux comprendre comment naît et se développe un point majeur du discours politique des médias et de la fiction, faisant apparaître dans l'espace public la dimension réelle de la violence de la guerre, sa dimension symbolique et sa dimension imaginaire. On peut, toutefois, se demander, à la lecture de l'ouvrage, si le pari est gagné, en ce qu'il demeure un certain nombre de zones d'ombre qui nous obligent à questionner l'ouvrage de façon un peu critique.

La première critique que l'on fera à l'ensemble des contributions de l'ouvrage est de s'en tenir à une lecture souvent proche de la paraphrase, qui ne donne les moyens ni de comprendre la signification et les connotations des ouvrages analysés, ni d'apprécier leur dimension proprement politique, compte tenu des conditions de leur diffusion dans l'espace public que ces ouvrages viennent irriguer de représentations de la guerre. On se demande, en particulier, devant l'analyse de tant d'ouvrages de différents genres et appartenant à différents modes d'expression, quels sont ceux qui proposent une condamnation de la guerre et quels sont ceux qui, au contraire, consistent dans une glorification et dans une mise en avant. Sans doute n'est-il pas possible de penser la guerre, ni de la raconter, sans assumer vis-à-vis d'elle une certaine position, qui définit le lieu politique d'où l'on parle dans l'espace public, et ce sont ces positions que l'ouvrage ne définit pas de façon assez claire.

Par ailleurs, l'un des axes forts annoncés dans l'introduction aurait pu constituer une thématique structurante de cet ouvrage collectif : il s'agissait de l'articulation entre réalité et fiction. L'ouvrage aurait pu partir de cette réflexion un peu forte de Jenny Cristina Thompson, selon qui « toutes les histoires de guerre sont par définition des fictions » (p. 59). En effet, d'une part, sans doute convient-il de nuancer quelque peu une telle affirmation, d'autre part, elle constitue, indépendamment de sa valeur, un axe majeur d'interprétation et de réflexion sur la littérature et les représentations médiatées de la guerre. À condition que le concept même de *fiction* soit interrogé et analysé de façon approfondie dans son usage à propos de représentations de guerre. On aurait même pu se demander si une représentation de la guerre est seulement possible, compte tenu des souffrances dont elle est nécessairement porteuse et de la relation à la mort qu'elle entretient nécessairement, au cours de sa mise en scène des événements racontés. On regrette, ainsi, que ce concept, si important, n'ait pas fait l'objet d'une reformulation critique à propos de la guerre, et que, nulle part, l'ouvrage ne s'interroge sur les conditions particulières dans lesquelles la figure de la guerre nous oblige à redéfinir ou à repenser l'articulation entre fiction et réalité – entre réel, symbolique et imaginaire.

Enfin, la critique portera sur l'analyse proposée ici de l'articulation entre l'histoire et la fiction – thème majeur qui n'est, sans doute, pas sans relation avec l'articulation envisagée entre réel, symbolique et imaginaire. La guerre constitue l'un des événements au cours desquels la rencontre entre l'histoire et la fiction est la plus importante. Au cours des récits de guerre, l'histoire des événements réels et celle des événements de fiction sont articulées l'une à l'autre, avec des types de personnages distincts, les personnages de l'Histoire, intervenant dans des événements qui se sont réellement produits, venant croiser des personnages de roman, intervenant dans ce que l'on peut appeler *l'espace fictionnel* de cette littérature. On peut regretter, en particulier, que n'ait pas été pleinement analysée cette articulation entre le réel et la fiction dans cette littérature et cette paralittérature sur la guerre. Cette remarque prend un relief particulier à propos de l'analyse de P. Verdaguer sur le roman policier et sur la présence de la guerre à l'horizon de ses récits.

Le traitement de l'image, qu'il s'agisse de couvertures de livres ou d'illustrations de photos-romans ou de romans dessinés, fait l'objet, dans *Hostilités,* d'études consacrées surtout à la façon dont l'image interprète ou ré-interprète le réel qu'elle représente. On peut, en particulier, regretter que ces études ne fassent pas apparaître une réflexion plus globale sur ce que l'on peut appeler *l'esthétique iconique de la guerre.* Sans doute la guerre constitue-t-elle un champ thématique particulièrement important dans lequel se met en œuvre une esthétique particulière rendant visibles la souffrance singulière et les conflits politiques collectifs auxquels conduisent les événements qu'elle représente. Les analyses de S. Giet sur *Nous deux* ou celle de C.-M. Pons sur *Gerfaut* ouvrent, ainsi, d'intéressantes perspectives, mais, malheureusement, sans les approfondir tout à fait.

Enfin, demeure la question de *la mémoire de la guerre.* Celle-ci se pose de deux façons. La première est celle de la commémoration et de la façon dont les médias et la littérature (« paralittérature » comprise) participent de l'œuvre collective de mémoire de la guerre. La seconde est, au contraire, celle du refoulement de la mémoire de la guerre et de la disparition de la figure de la guerre, hors des champs du discours et de la représentation. Cette question de la mémoire de la guerre est abordée, ici, de trois façons qu'il serait intéressant d'approfondir. D'une part, il s'agit de la rencontre entre le temps politique, celui de la représentation de la guerre, et le temps de l'événement représenté. On peut, ainsi, lire d'intéressantes remarques, à propos du film *Normandie-Niémen,* par M. Rolland qui articule cette représentation au rapprochement diplomatique entre la France et l'U.R.S.S. qui a été amorcé par la France en 1958. D'autre part, il s'agit de l'articulation, dans la mémoire, entre le désir singulier et la violence collective de la guerre, comme le montre l'étude sur la littérature allemande par J. E. Michaels, qui articule, de façon intéressante, la lecture de la fiction et l'analyse de son accueil dans l'espace politique. La critique, par C.-M. Pons, des couvertures de la collection « Gerfaut » propose, elle aussi, une réflexion sur ce thème, sans, malheureusement, aller jusqu'au bout de l'analyse comme aurait pu le permettre, par exemple, une investigation fondée sur les concepts de la psychanalyse. Enfin, la question de la mémoire est abordée à propos de plusieurs réflexions sur la propagande et l'idéologie (comme celle que propose E. Ozerski ou É. Nardout-Lafarge), mais sans que ces concepts soient pleinement définis, ce qui atténue la portée de l'analyse et de la critique.

Bernard Lamizet
Institut d'Études Politiques de Lyon

Jérôme BOURDON (2000, 2ᵉ édition), *Introduction aux médias,* Paris, Montchrestien. (Coll. « Clefs-Politique ».)

Montchrestien réédite l'ouvrage d'introduction aux médias de Jérôme Bourdon, dont la première édition était parue en 1997. Cette nouvelle édition reprend la structure de l'ancienne, avec quelques ajouts et modifications.

On retrouve donc, avec plaisir, la réflexion de Jérôme Bourdon, qui se déploie en trois temps.

Une première partie propose un panorama original des différentes « théories » ou perspectives sur les médias à l'œuvre dans le champ. Bourdon propose une classification « quadri-polaire » de ces théories, qu'il situe à plus ou moins grande distance des pôles optimiste, pessimiste, « prophétique » et scientifique. Cet ordonnancement du champ est particulièrement propice à la réflexion et à la confrontation (constructive) des perspectives.

Une deuxième partie se concentre sur les progrès, mais aussi sur les débats ayant trait aux publics et aux « documents » médiatiques – Bourdon choisit de privilégier ce terme au détriment de ceux de « discours » ou de « messages », trop connotés à ses yeux. Autrement dit, cette partie se penche sur les recherches portant sur « […] "l'aval" et le "milieu" du processus de diffusion […] » (p. 55). De nouveau, le panorama proposé stimule la réflexion et permet de montrer l'évolution de la recherche en la matière, et ses enjeux.

Enfin, une troisième partie insiste sur l'importance des travaux développés en socioéconomie et en sociologie des professions en matière de médias. Ces travaux sont à leur tour présentés très clairement, et leur exposé met en évidence les enjeux qui y sont liés. Là comme ailleurs, des concepts essentiels – de la « diffusion » à la « profession », en passant par le « service public » – sont expliqués.

Ce vigoureux petit ouvrage, que l'auteur revendique comme orienté – « […] toute mise au point est aussi prise de position » (p. 9) –, a le grand mérite de stimuler la réflexion en proposant des catégorisations heuristiquement fertiles, qui s'offrent à la discussion, voire à la contestation, de manière exemplaire. Truffé de définitions conceptuelles utiles et situées dans leur contexte d'émergence, capable d'expliquer rapidement mais limpidement et sans simplisme une somme impressionnante de théories, ce petit livre pourra donc être profitable aussi bien à l'étudiant en analyse des médias qu'au chercheur confirmé qui souhaite se réinterroger sur son champ.

Et si l'on peut discuter, voire contester, certaines affirmations – « [...] pour être bon spécialiste des médias, il faut être sociologue » (p. 17) –, c'est justement parce que l'auteur a le courage d'offrir à la réflexion et à la critique un texte orienté, constructif et stimulant.

Bien sûr, les présentations courtes et synthétiques imposées par ce genre d'ouvrage sont parfois frustrantes : l'auteur passe par exemple très rapidement sur les apports de la sémio-pragmatique ou de l'analyse énonciative à l'analyse des documents. Parfois aussi, l'exposé de toutes ces perspectives donne l'impression d'une recherche atomisée, en perpétuelle confrontation. Bourdon lui-même insiste néanmoins sur les convergences actuelles des recherches. À la fin du premier chapitre, par exemple, il souligne « [...] que des évolutions récentes, tant sociales que théoriques, conduiront peut-être à reconsidérer les partages théoriques proposés, et vont dans le sens d'une relative convergence » (p. 49). Plus loin, en conclusion il insiste : « [...] le souci de la nuance a gagné tous ceux qui travaillent sur le public, public auquel on concède partout quelque autonomie » (p. 147). Même si l'auteur lui-même n'emploie pas l'expression d'« interdiscipline », il semble que la « convergence » qu'il évoque soit de cet ordre : elle suggère que toutes ces perspectives, un peu atomisées pour les besoins de la présentation, peuvent travailler ensemble à éclairer un objet (les médias) considéré comme commun.

Annik Dubied
Université de Genève

Robert Boure *et al.* (2002), *Les origines des sciences de l'information et de la communication. Regards croisés,* Villeneuve d'Ascq, Presses universitaires Septentrion.

Comme son titre l'indique, cet ouvrage porte sur l'histoire des sciences de l'information et de la communication (SIC) en France considérée comme un champ disciplinaire récent mais dont les origines remontent à une époque ancienne. À travers les hypothèses de huit chercheurs appartenant à divers domaines, le lecteur prend connaissance de l'évolution des SIC en France et des principaux acteurs ayant fondé ce nouveau domaine de la recherche que d'aucuns hésitent encore à considérer comme discipline.

Dans sa présentation de l'ouvrage, Robert Boure annonce que ce projet d'écriture réunit les chercheurs autour d'une réflexion sur trois axes. D'abord la production d'une histoire des SIC qui ne s'appuie pas sur les définitions institutionnelles – les chercheurs invités ne sont d'ailleurs pas des historiens – et destinée à des praticiens et autres personnes intéressées par ce domaine. Le deuxième axe est consacré à la relation entre la dimension institutionnelle et les recherches et études produites dans ce domaine et qui a soulevé moult débats. Et, en troisième lieu, il s'agit d'appréhender les SIC selon deux volets : les périodes marquantes de leur histoire et les questions récurrentes qui ont marqué et qui continuent de marquer cette histoire.

Si le terrain d'étude a été communément défini par le panel des chercheurs, les points de vue demeurent partagés quant aux hypothèses à défendre et aux résultats escomptés. Cette divergence dans les textes serait redevable à l'appartenance disciplinaire des chercheurs des SIC.

Robert Boure, dans son article sur les bases historiques des SIC, constate que ces dernières n'ont pas d'histoire définie, car c'est un domaine de recherche jeune, dont les objets de recherche, la méthode et la thématique sont encore éclatés. Au niveau de la pratique, Boure attribue les carences à l'interdisciplinarité fondatrice des SIC dont l'action s'étend sans cesse à d'autres perspectives disciplinaires. Selon l'auteur, la reconnaissance officielle des SIC par les instances institutionnelles en France et les travaux de réflexion théorique dans ce domaine constituent les fondements de leur éventuelle histoire.

Si les données sur l'institutionnel demeurent plus accessibles, il n'en est pas de même pour celles qui retracent les travaux de théorie et de recherche dans le domaine. Boure se réfère aux travaux d'Armand Mattelart sur les origines de la filiation intellectuelle des SIC et à ceux de Bernard Miège sur la pensée théorique. Il évoque, mais sans établir des comparaisons, l'évolution des SIC par rapport à ce qui se passe en Amérique du Nord et dans les autres pays européens. Le texte offre à la fin une vision chronologique et généalogique, plutôt qu'historique, de cette discipline.

Dans le texte de Jean Meyriat et de Bernard Miège, l'accent est mis sur l'enseignement des SIC après mai 1968 comme élément déclencheur de l'intérêt porté à ces sciences qui

> *acquièrent – tardivement et difficilement – le statut de discipline universitaire parce qu'elles sont matière d'enseignement et de recherche. C'est dans leur origine même que se trouve la raison première des incertitudes et ambiguïtés qui affectent toute assertion sur leurs fondements théoriques* (p. 52-53).

Le texte présente alors un inventaire chronologique de l'évolution de l'enseignement des SIC dans les universités et instituts supérieurs. Il aborde, dans un deuxième temps, leur développement stratégique à travers l'enjeu institutionnel qui vise l'autonomie des SIC par une définition de ce domaine et la reconnaissance de ses frontières tant au niveau des connaissances fondamentales (sémiologie, sociologie de l'information et de la communication, de la communication de masse, de la littérature) que des connaissances appliquées (biologie, documentologie, filmologie, études de presse, marketing, publicité). Et c'est autour des années quatre-vingt que les SIC ont acquis une assise disciplinaire importante quoique « leur édification comme discipline scientifique est loin d'être achevée » (p. 68). Les auteurs soulignent à cet égard plusieurs limites que les SIC mettront plusieurs années à lever dont leur refus à l'ouverture internationale, leur absence de légitimation, leur trop grande dépendance à la demande diversifiée des étudiants, leur manque de structuration en raison de l'éparpillement des domaines de recherche.

Ce texte élargit, d'autre part, les questions évoquées par Robert Boure en focalisant sur la disparité des SIC et sur les obstacles qui entravent leur évolution et reconnaissance en tant que champ disciplinaire.

Dans une perspective différente, Jean-François Tétu aborde les origines des SIC à travers la question des études sur la réception puis de la sémiotique et de la tradition philologique. Il explique comment plusieurs chercheurs dans ces domaines ont bifurqué vers les SIC comme Robert Escarpit, Roland Barthes ou encore, dans une moindre mesure, A. G. Greimas et O. Ducrot. La réflexion de Tétu sur les origines littéraires des SIC renforce l'idée d'interdisciplinarité de ce champ d'études. L'auteur considère, somme toute, que « l'histoire de cette discipline par rapport à ses origines littéraires apparaît comme l'histoire d'une émancipation d'autant plus rapide que les "littéraires" n'ont jamais cherché à retenir les sciences de l'information et de la communication » (p. 89).

Les propos de J.-F. Tétu témoignent de l'ampleur des ressources des SIC et de la minceur de leurs frontières.

Le texte sur les dynamiques de l'institution sociale traite de l'inventaire quantitatif et qualitatif des travaux consacrés aux SIC, de leur répartition dans les universités, des thèmes abordés, de leur reconnaissance universitaire, des domaines négligés comme ceux des documentalistes et des bibliothécaires. Il est aussi question de l'avancée de la recherche à partir des années quatre-vingt-dix, facilitée par les outils informatiques et l'Internet et qui ont permis l'intégration de nouvelles composantes. Dans une perspective plus réduite, l'article de V. Couzinet porte sur la revue *Documentaliste-sciences de l'information* et sa contribution à la visibilité de cette spécialité dans le champ des SIC. Ce texte propose une étude historique des articles parus ainsi qu'un inventaire des sujets abordés.

Enfin, le dernier article de l'ouvrage traite de la communication organisationnelle dans les SIC. Selon l'auteure, « la communication organisationnelle se présente comme une tentative de problématisation des questions articulées du lien social et du sens pour, dans et par l'organisation vers un paradigme de la médiation » (p. 154).

Elle reconnaît que les difficultés de théorisation de la communication organisationnelle et la place ambiguë qu'elle occupe au sein des SIC sont, en partie, liées à l'association des termes « communication » et « organisation » mais aussi au langage utilisé par les universitaires et le monde de l'entreprise, notamment autour des relations publiques et du marketing, que l'auteure définit comme des « territoires historiques » de la communication des entreprises. Ces difficultés sont passées par une tentative de contrôle des discours communicationnels par les praticiens puis par le processus de légitimation basé sur la formation académique obligée, notamment au troisième cycle.

Au terme de cette présentation, il apparaît que les SIC, telles qu'elles sont présentées dans l'ouvrage, représentent une réalité particulière du champ des savoirs en France et qui se démarque amplement des traditions nord-américaines comme de celles d'autres pays européens. L'intérêt de ces textes réside dans le fait d'avoir passé en revue une panoplie de recherches et de terrains d'investigation ayant contribué de près ou de loin à l'histoire des SIC. Presque tous les auteurs, malgré leurs obédiences différentes, s'accordent à reconnaître la vulnérabilité fondatrice de ce domaine né au confluent d'autres champs de savoir. Ils mettent en relief les faits saillants à travers l'histoire qui conjugue indéniablement l'initiative institutionnelle, la tradition académique et la pratique organisationnelle et évoquent le début de la consolidation des acquis. En parlant des origines des SIC, les auteurs ont exploré les écrits académiques, les démarches de reconnaissance institution-nelles, les aspects transdisciplinaires, les recherches en entreprise, etc., en vue de construire le patrimoine référentiel de cette discipline émergente. Pourtant, malgré la consistance des résultats, l'ouvrage présente certaines limites. En effet, il est difficile, à l'ère du brassage incontournable des savoirs, de prétendre réduire l'évolution de la recherche disciplinaire à un cadre strictement local et encore moins chercher à fonder l'originalité d'une discipline qui connaît un développement à l'échelle internationale. Plusieurs recherches et études d'ailleurs, à la fois académiques et professionnelles, peuvent enrichir l'expérience française en la matière et lui assurer davantage de force et de présence dans plusieurs autres contrées. D'autre part, l'oscilla-tion constante entre les autres terrains d'étude fragilise les SIC au niveau de leurs concepts et de leurs fondements théoriques là où, par ailleurs, elles se développent avantageusement selon la perspective communicationnelle.

Mustapha Belabdi
Chargé de cours à l'Université du Québec
à Montréal

John CORNER et Jeremy HAWTHORN (dir.) (1993), *Communication Studies. An Introductory Reader,* Londres, Edward
Arnold, 4ᵉ édition.

Définir à la fois la communication et la recherche en communication n'est
pas une tâche facile. De ce fait, le travail auquel John Corner et Jeremy
Hawthorn se prêtent, en faisant un compendium introductif de lectures en
communication, semble en même temps difficile et intéressant ; difficile,
parce que cela implique de faire un choix dans un champ divers et riche ;
intéressant, parce que la compilation nous donne accès aux textes et aux
auteurs venus de disciplines différentes.

Les éditeurs de ce livre présentent une sélection d'écrits en communication liés d'une façon ou d'une autre à la recherche en communication. Ils
constatent que la recherche en communication n'est pas une nouvelle discipline, mais une façon d'organiser les idées, les objets et les méthodes
d'étude. Selon Corner et Hawthorn, la recherche en communication (*Communication Studies*) porte sur la façon dont la signification humaine est
faite, à partir de la production et de la réception de différents types de signes.
Elle porte tant sur la production des systèmes de signes visuels et verbaux
que sur l'utilisation de la technologie pour enregistrer et pour transférer ces
signes.

Le livre compte quatre sections. La première traite de la définition et des
différentes approches de la communication ; la deuxième, de la relation
socioculturelle au langage ; la troisième porte sur la perception et l'interaction ; finalement, la quatrième section porte sur les médias et les processus
culturels. Chaque section présente une introduction au sujet qui justifie la
sélection des textes, ainsi qu'une petite explication des textes sélectionnés et
une recommandation de lectures futures. Dans la première section, les textes
ont été choisis du fait qu'ils donnent une idée préliminaire des caractéristiques de la communication. Nous trouvons ici des auteurs comme Colin
Cherry, George Gerbner, Michael Argyle et Bill Nichols. Dans la deuxième
section, l'objectif a été de montrer au lecteur les limites d'une attribution de
sens unique au langage. Les textes retenus, des auteurs comme Basil
Berstein, Gunther Kress, Deborah Tannen et Trevor Pateman, montrent que
la complexité et l'étendue de la langue ont forcé les chercheurs à limiter leur
approche. La troisième section, qui souligne la nature active des représentations, propose des articles qui montrent que nous ne sommes pas des
individus recevant d'une façon passive les impressions extérieures. Au

contraire, nous sommes des agents actifs qui, de façon individuelle et collective, interprètent la réalité à la lumière de leurs besoins et intérêts. Ici nous trouvons des auteurs comme Stuart Sigman, Walter Lippmann et même Sigmund Freud. Finalement, la section quatre aborde les types de communication qui sont industrialisés, justifiant le choix d'articles à partir du fait que les médias sont centraux dans l'organisation des sociétés modernes. Anthony Giddens, John Ellis et Ien Ang sont quelques-uns des auteurs de cette section.

Devant l'impossibilité de traiter dans un seul livre tous les textes représentatifs qui font de la communication leur sujet, une sélection a été nécessaire. Comme les éditeurs l'expliquent lors de l'introduction, leur sélection répond à une série de critères issus de leur propre travail et de leur propre définition de la communication. La compréhension du processus de communication humain peut seulement avancer du moment où nous aurons pris conscience de l'existence des différents systèmes de signes, des technologies et des contextes dont la communication fait partie. Dans ce sens, le but est de présenter les lignes de convergence en sciences humaines et sociales afin de faire une nouvelle catégorie dans laquelle s'organisent l'enseignement et la recherche en communication. Comme Corner et Hawthorn l'expliquent, ils n'ont pas l'objectif de développer une théorie générale de communication, mais ils cherchent plutôt à organiser l'enseignement et la recherche en communication. En l'occurrence, ils ont pris des textes qui soulèvent des questions, encouragent la discussion ou qui renvoient vers leur propre pratique d'enseignement (John Corner est *senior lecturer* à l'Université de Liverpool et Jeremy Hawthorn est professeur à l'Université de Trondheim en Norvège).

Aujourd'hui, le compendium vit sa quatrième édition (la première a paru en 1980) et il cible les étudiants du niveau d'un *Bachelors*. Ceux qui ont lu les éditions précédentes remarqueront que la quatrième édition insiste plus sur la question de la réception communicative. Il y a un retour à certaines questions fondamentales sur le rapport entre les médias et les représentations des individus et des groupes. Ainsi, les textes abordent les conditions de la vie privée et publique dans la modernité et la postmodernité, aussi bien que le caractère et la fonction des systèmes de communication au sein de ces conditions. Tant les matériaux que les lectures recommandées ont été mis à jour par rapport à ces aspects.

L'intérêt du livre est double. D'un côté, il donne la possibilité de lire des textes qui abordent la communication à partir de perspectives très différentes. De l'autre, le livre nous parle de ce que la recherche en communication représente pour les deux auteurs. Il est intéressant de voir que la sélection des textes considérés « classiques » retenus par les auteurs (qui inclut Berstein, Goffman, Argyle, Lippmann et Lang) diffère sensiblement de celle que préconise, par exemple, l'université française (avec Habermas, Adorno, Benjamin, Bourdieu, etc.).

Malheureusement, les auteurs ne justifient pas la façon dont ils présentent les lectures. Nous retrouvons une sélection de textes qui, certes, ont des choses en commun, mais qui restent encore trop souvent des éléments isolés. De plus, la distribution des lectures ne s'organise pas de façon historique, des textes récents côtoyant des textes plus anciens. L'absence d'un ordre chronologique ne permet pas de suivre l'évolution des idées dans le champ de la communication. Finalement, nous aurions aimé des fiches d'auteur plus complètes, incluant également le moment historique de l'écriture et le courant de pensée auquel le texte correspond.

En fin de compte, nous pouvons conclure que *Communication Studies. An Introductory Reader* est un ouvrage intéressant pour discuter et pour découvrir la diversité de la recherche en communication, surtout dans le contexte académique pour lequel il a été proposé. Toutefois, il demande, dans ce cadre académique, un bon suivi de la part des enseignants qui, à partir de la sélection des lectures que le livre offre, doivent diriger et encourager tant la réflexion que la discussion, et combler des lacunes relatives à la question historique et au lien entre les auteurs. Bien sûr, la sélection pourrait être critiquée (chaque sélection laisse de côté des ouvrages capitaux), mais elle a le mérite de donner un goût à la recherche en communication en tant que domaine varié, riche et passionnant.

Anna Kurtycz
Maison des Sciences de l'Homme, Paris Nord

Jacques GONNET (2003), *Les médias et la curiosité du monde,* Paris, Presses universitaires de France. (Coll. « Politique d'aujourd'hui ».)

Le temps, le poison et la catharsis. Cela commence par la couverture. On y voit le studio du journal télévisé. Sur un écran, sans doute de contrôle, le présentateur du journal. Autour de lui, sur toute la couverture du livre, le décor habituel du « J.T. », les caméras, les rampes d'éclairage, les bureaux et les micros. Mais l'important, comme toujours, avec le diable, est dans les détails. On en retiendra deux.

Au premier plan, là, juste en bas de la couverture, à l'endroit où la photo rencontre le nom de l'éditeur et de la collection où est publié l'ouvrage, une corbeille à papiers. Le discours de J. Gonnet sur la curiosité commence par une poubelle. Peut-être cela suggère-t-il que la curiosité commence par l'envie de regarder dans cette poubelle, qui cache son contenu à l'abri de sa paroi noire. On n'a pas à savoir ce qu'il y a dans cette poubelle, et c'est justement pour cela qu'on a tellement envie de le savoir. Cela, c'est la curiosité-poison.

Mais il y a un autre détail *curieux,* dans cette couverture, qui vient susciter notre curiosité. Et cela nous aide à mieux comprendre le livre, car nous sommes en mesure d'analyser notre propre curiosité. Au centre de la photographie, là, juste sous le titre du livre, presque au milieu de la couverture, juste au-dessus de l'écran de contrôle, une horloge. Et la curiosité, la nôtre, celle du lecteur, commence là : on a envie de lire l'heure qu'elle indique. La curiosité est suscitée par la présence d'un message, d'une information supposée. Ce qui éveille la curiosité, ce n'est pas l'information (quand on l'a, on cesse d'être curieux), non, c'est le sentiment qu'il y a quelque chose à savoir, et qu'on ne peut pas bien savoir. Parce que c'est dans la poubelle, donc caché, ou parce qu'il s'agit de signes (ici : de chiffres) qu'on ne fait que voir, et qu'il nous faut déchiffrer. La curiosité repose sur cette attente, sur ce désir de savoir, de lire, de déchiffrer.

Alors, on approche ses yeux du livre. Et on lit : *19.58.21.* Antenne dans quatre-vingt-dix-neuf secondes. Je ne sais pas si Gonnet a fait attention à une telle mise en scène de son livre, mais elle dit beaucoup sur la curiosité. Car, enfin, c'est bien parce qu'il est 19 h 58 passées que la curiosité du téléspectateur est attisée, éveillée, par l'attente. Plus le temps de l'événement approche, plus l'horizon d'attente se rapproche, et plus l'attente elle-même devient aiguë. La curiosité est ce qui rend possible le suspens, elle construit l'attente en nous rendant sensible notre désir de savoir.

Dans son livre, Jacques Gonnet envisage les médias du point de vue de leur lecteur et, plus particulièrement, du point de vue de la *curiosité,* de ce désir de savoir qui est à l'origine de toute recherche d'information. La curiosité, c'est notre ouverture à l'information et, plus généralement, à l'autre ; elle représente une forme de disponibilité. Elle *institue un rapport à l'autre,* et, d'une certaine manière, elle fonde notre identité sur le rapport à l'autre, en nous faisant structurer par le regard que nous portons sur lui les logiques majeures de notre personnalité.

La curiosité a, fondamentalement, à voir avec le *rapport à l'autre.* Être curieux, c'est s'interroger sur l'autre, c'est faire entrer l'altérité dans son existence et dans son activité intellectuelle. On pourrait dire que la curiosité, cette disponibilité à la différence, représente une sorte d'*inquiétude sur l'identité.* C'est ce qui explique l'infinie variété des domaines évoqués dans le livre de Jacques Gonnet, qui va de la politique à la science, et de la littérature à la philosophie et à la psychanalyse. Être curieux, c'est, d'abord, constater une différence et s'interroger sur elle. C'est découvrir une faille, faille par rapport à ce que l'on attend, faille par rapport à la norme, faille par rapport à l'habitude. La curiosité est éveillée par la différence, et c'est dans cette multiplicité du sens de la différence qu'il importe de penser le sens de la curiosité.

Le poison, c'est la curiosité conçue comme un défaut – et même, comme on sait, comme un *vilain défaut* (comme s'il y en avait de bons, mais c'est une autre histoire). Considérer la curiosité comme un défaut, c'est une façon de nous protéger du regard de l'autre. Après tout, sans doute le second regard curieux de la culture judéo-chrétienne – le premier est celui d'Adam et Ève, l'un sur l'autre, quand leurs yeux eurent été dessillés par le serpent – est-il celui que fuit Adam quand il tente de dérober sa nudité à l'œil de Dieu en se cachant comme il peut. C'est ce qui explique que la curiosité soit répréhensible, car elle revient, pour les hommes, à se mettre à la place de Dieu.

Finalement, ce qui fait de la curiosité un poison, c'est l'atteinte qu'elle impose à notre singularité. La curiosité à l'égard de l'autre est une forme d'agression ; elle enfreint les clôtures et les distances qui représentent, finalement, tout de même, des protections contre le regard de l'autre, mais aussi contre son désir de savoir, contre ses investigations, contre son jugement. C'est pourquoi Gonnet vient nous rappeler la nécessité d'un contrôle de la curiosité, d'une limitation de ses investigations. C'est à l'éthique qu'il assigne ce rôle de limitation de la curiosité. D'où le lien établi par Gonnet entre le constat de l'importance de la curiosité dans le monde et le projet, souvent évoqué, souvent discuté, de l'apparition d'une déontologie des journalistes et de l'institutionnalisation d'une telle déontologie sous la forme d'un *ordre des journalistes,* sur le modèle de ceux des médecins ou des avocats. Avec le risque, toujours présent, que la limitation, ou l'encadrement, de la curiosité ne soit proche de la censure ou de la limitation de l'information.

Le désir de savoir, en ce qu'il éveille tout notre inconscient dans la recherche de la connaissance et dans la mise en œuvre de nos stratégies d'information, renvoie à la conscience d'un manque. Nous sommes curieux parce que nous prenons conscience de ce que nous ignorons des choses. Et nous prenons conscience de cette ignorance même à partir du moment où est suscité en nous le désir de les connaître. On n'est pas curieux de ce dont on ignore même l'existence ; on n'est curieux qu'à partir du moment où le désir de savoir a suscité en nous la conscience de ce que nous ne savons pas.

En revanche, la curiosité de *catharsis* est de nature sociale ou politique, elle représente l'ouverture aux autres. La catharsis, comme on sait, c'est la purification que permet le théâtre (à cette traduction, Gonnet préfère le mot *épuration*). Quand on voit les défauts, les vices, les souillures morales ou politiques représentés chez les autres, on peut s'en guérir soi-même. La curiosité répondrait donc à ce désir de chercher le mal dans les médias pour mieux s'en éloigner, pour mieux s'en tenir à distance dans sa vie et dans son engagement. En ce sens, elle est, comme le dit J. Gonnet, « nécessaire ». Les médias auraient ainsi le rôle de proposer à notre curiosité les malheurs et les défauts du monde, pour que nous soyons mieux persuadés de la nécessité d'agir pour y mettre fin.

C'est au nom de cette seconde acception de la curiosité, la *catharsis,* que les médias sont légitimés dans leur mission sociale et politique. La curiosité se voit reconnaître, alors, une dimension nouvelle, annoncée par Térence : *je suis homme, et rien de ce qui est humain ne m'est étranger.* La curiosité devient cathartique quand elle s'accompagne d'un *intérêt,* au sens étymologique du terme, c'est-à-dire d'une participation à l'événement qui concerne l'autre, aux difficultés et aux angoisses qui l'assaillent, aux drames qui peuvent être les siens. La curiosité est, alors, ce qui permet l'engagement politique aux côtés de l'autre, elle éveille la solidarité et, en un sens, elle est la condition d'un exercice plein et conscient de la citoyenneté.

En même temps, la figure de la curiosité mise en scène autour de l'histoire de Schéhérazade, qui sauve sa vie en suscitant la curiosité de son époux, fonde un certain rapport au temps. En effet, la curiosité, c'est aussi l'attente. Être curieux, c'est attendre la suite. Susciter la curiosité, c'est organiser la mise en scène du *suspens,* qui repose sur la curiosité de l'autre qui, toujours, a envie d'en savoir davantage, de connaître la suite : bref, de maîtriser le temps du récit, pour mieux en maîtriser la force politique et sociale. Finalement, le principe même du récit, en ce qui concerne les médias et les formes de la communication médiatée, c'est la construction d'un *temps médiaté* qui s'exprime dans l'attente curieuse de l'auditeur. En suscitant l'attente et en la structurant, la curiosité institue notre temps. Être au monde, elle nous fait être au temps.

Être curieux, dit Jacques Gonnet, est *une manière d'être au monde.* C'est que la curiosité est plus qu'une simple attente ou une simple envie. La curiosité est un désir au sens où elle structure notre personnalité. Finalement, la curiosité du monde est une forme de sociabilité. D'abord, c'est elle qui rend possible le débat public et, en fin de compte, la démocratie. Pas d'exercice des libertés politiques si la citoyenneté ne se fonde pas, d'abord, sur la curiosité, qui n'est, de fait, pas seulement une volonté de savoir, mais qui est, surtout, un *désir de comprendre,* un *désir de sens.* La curiosité est au fondement de la démocratie, car elle engage les citoyens dans la quête de la signification et dans le travail de l'interprétation. Mais c'est justement ce même désir de sens et d'interprétation qui est au fondement de la psychanalyse et de l'investigation de l'inconscient. Ce qui engage Freud à l'exploration de l'inconscient, c'est la curiosité du sens de nos rêves, de nos actes manqués, de nos lapsus. Et, s'il est curieux de les comprendre, c'est qu'eux-mêmes sont curieux, c'est-à-dire qu'ils attisent notre désir de savoir et d'interpréter.

Être au monde, la curiosité est, ainsi, à l'articulation, à la rencontre, des deux dimensions de notre culture, de notre personnalité, de notre identité. À la fois d'ordre singulier et d'ordre collectif, la curiosité éveille notre relation à l'autre, à la fois dans notre rapport à la subjectivité et dans notre rapport au politique. Histoire de dire qu'il n'y a pas de langage, qu'il n'y a pas de communication sans curiosité. C'est dire l'importance qu'elle revêt dans l'institution de l'espace public, qui repose sur les liens sociaux de solidarité et d'intérêt les uns pour les autres qui unissent les hommes et leur font prendre conscience de leur commune appartenance et de leur commune sociabilité. Au-delà, même, c'est dire que, sans la curiosité, peut-être le monde n'existerait-il pas pour nous.

Bernard Lamizet
Institut d'Études Politiques de Lyon

Pierre GUIBBERT, Marcel OMS et Michel CADÉ (1993), *L'histoire de France au cinéma,* Les amis de « Notre Histoire » et Corlet-Télérama, CinémAction.

Cet ouvrage très intéressant analyse brillamment la façon dont le cinéma français, de ses origines à 1992, rend compte de l'histoire nationale. Les auteurs ont adopté à cet effet un découpage strictement historique et linéaire. Ils analysent, après avoir observé que « la naissance du cinéma et la naissance de l'école moderne […] sont contemporaines » (introduction), le phénomène de « feedback » entre l'histoire apprise à l'école (surtout primaire) et l'histoire au cinéma : « n'oublions pas le rôle joué par le film d'art dans la reviviscence d'épisodes que l'école, les livres et les maîtres avaient su rendre familiers au plus grand nombre » et postulent que « le film d'art […] n'a fait que perpétuer une imagerie qui contribuait à rendre crédible la vision de l'Histoire nationale voulue par les divers ministères de l'Instruction publique depuis 1880 » (p. 178). Très complet, le livre comporte des annexes fort utiles (chronologie, dictionnaire des personnages historiques, filmographie, téléfilmographie, bibliographie, index des réalisateurs et des films cités). Un point noir cependant : l'iconographie, pourtant très riche, n'est malheureusement pas très bien exploitée, les auteurs se contentant d'indiquer le film et le réalisateur sans autre souci pédagogique.

Dans le premier chapitre, « D'Astérix à Jeanne d'Arc », Pierre Guibbert, François de La Bretèque et Marcel Oms, après un détour de quelques pages sur la préhistoire (*La guerre du feu,* de Jean-Jacques Annaud, 1981), soulignent l'importance pour le cinéma français de représenter l'histoire de France sous la forme de grandes figures héroïques facilement identifiables par le spectateur. Les films animés mettant en scène Astérix le Gaulois sont révélateurs de cette tendance. Cependant, il s'agit là d'une « histoire pour rire » où tout se passe dans le registre de la dérision. Les auteurs s'interrogent ensuite sur la relative désaffection du cinéma français pour le Moyen Âge, liée selon eux à la pénurie de romans populaires qui auraient pu être adaptés à l'écran (*Notre-Dame de Paris* de Victor Hugo faisant exception). Ce sera là l'une des constantes du cinéma historique français, qui dépend étroitement de la production littéraire. Ainsi certains événements historiques marquants de la période sont-ils quasiment ignorés du cinéma français (les Croisades, par exemple, qui ont par contre souvent été traitées par le cinéma anglo-américain, inspiré par les romans de Walter Scott). L'idéal chevaleresque quant à lui est souvent réduit à une histoire d'amour impossible (même *L'éternel retour* de Jean Cocteau, sorti en 1943, n'échappe pas à ce piège), et c'est en fin de compte dans « l'un des plus prestigieux fleurons du cinéma français », *Les visiteurs du soir* de Marcel Carmé (1942), que l'on trouve « l'approche la plus convaincante de l'amour courtois » (p. 30). Le Moyen Âge est presque toujours représenté comme une époque où dominent violence, torture et barbarie, dans des films aussi divers que *La Tour de Nesle* d'Abel Gance (1937) ou *La Passion Béatrice* de Bertrand Tavernier (1988), où règne l'injustice des puissants face aux manants (*François Villon*, d'André Zwoboda, 1945 ; *La jacquerie*, de Gérard Bourgeois, 1911) et où la religion relève de l'obscurantisme (*Blanche*, de Walerian Borowczyk, 1971), et cela, malgré les multiples versions de l'histoire de *Jeanne d'Arc* (20 titres recensés de 1898 à 1970 et concernant cinq pays, sans compter les télé-films), astucieusement récupérée par la République militante et anticléricale selon les auteurs et qui appartient de ce fait « plus à la Nation qu'à l'Église » (p. 41). Pour les auteurs, tout comme Jeanne d'Arc, dont il est le parfait complément, *Du Guesclin* (réalisé en 1948 par Bernard de Latour) est un film « d'un bon rendement pédagogique dans la perspective républicaine de l'histoire enseignée » puisque lui aussi est montré comme le palliatif excep-tionnel « des carences d'un roi faible ou absent » car « la mise en cause des rois et de la royauté est en effet si importante, dans la culture républicaine, qu'elle est mise en scène dès le haut Moyen Âge » (p. 49), à quelques excep-tions près, tel Louis XI, qui, en agrandissant le royaume, réalise l'unité nationale et est à ce titre le roi féodal le plus représenté au cinéma (notamment dans les trois versions du *Miracle des Loups*, en 1924, 1930 et 1961). Le chapitre se termine sur une réflexion sur « le Moyen Âge aujour-d'hui », et en particulier les tentatives inspirées par la « nouvelle histoire » de reconstituer minutieusement les coutumes et traditions aussi bien que les mentalités, dont le meilleur exemple pourrait être le film de Suzanne Schiffman *Le moine et la sorcière* (1987).

Le deuxième chapitre, « Ces rois qui ont fait la France », est également collectif. Pierre Guibbert, Francis Desbarats, François de La Bretèque et Marcel Oms esquissent une « typologie des représentations cinématographi-ques de l'Ancien Régime » (p. 58), des fresques historiques comme *Si Versailles m'était conté* de Sacha Guitry (1954) aux « films d'historiens » plus récents comme *La prise du pouvoir par Louis XIV* de Roberto Ros-sellini (1966), où sont démontés les mécanismes du pouvoir royal, en passant par une multitude de films de cape et d'épée (en moyenne une pro-duction de 10 films par an pendant les années vingt, trente, quarante et 25 pendant les années soixante, avant de s'effondrer « quand l'heure semble venue de déboulonner les statues et les symboles traditionnels des pouvoirs établis » (p. 74)), très inégaux, inspirés d'œuvres romanesques comme les innombrables adaptations des *Trois Mousquetaires* (six versions françaises recensées entre 1912 et 1961) ou le *Fanfan la Tulipe* de Christian-Jacque en 1952 et dont les héros (d'Artagnan, *Le Capitan, Le bossu…*), flanqués de leurs valets selon la tradition de la commedia dell'arte, ont une mission essentiellement conservatrice. Cependant, les auteurs font remarquer que globalement la représentation cinématographique de l'Ancien Régime est positive : il est vu comme un monde galant, et même érotique (*Benjamin ou les mémoires d'un puceau,* de Michel Delville, 1969, mais aussi la série des cinq *Angélique* de Bernard Borderie), luxueux dans les costumes et les décors en particulier et somme toute plein d'esprit. Mais cette vision est aussi particulièrement chauvine, notamment dans son évidente italianophobie (l'Italie, pourtant berceau de la Renaissance, est présentée à travers les personnages historiques récurrents, de Catherine de Médicis à Casanova en passant par Mazarin, comme « le lieu d'origine de la barbarie et de la déloyauté qui retardent l'épanouissement d'une société moderne » – p. 60). L'anticléricalisme du cinéma français, déjà noté au chapitre précédent, est toujours aussi manifeste, que ce soit dans *Que la fête commence,* de Bertrand Tavernier (1974), *Les camisards,* de René Allio (1970), *La religieuse de Diderot,* portée à l'écran par Jacques Rivette en 1965 ou la *Justine* de Claude Pierson (1971), inspirée du Marquis de Sade. Une exception cependant : la grande figure de saint Vincent de Paul (*Monsieur Vincent,* Maurice Cloche, 1947), défenseur des galériens et protecteur des prostituées et des enfants trouvés, qui présente l'envers du décor de l'Ancien Régime. C'est cependant le personnage du roi en tant qu'il incarne le principe monarchique plus qu'en tant qu'individu qui est au centre de cette production cinématographique, et il est remarquable que « l'unique mauvais roi du cinéma français soit Louis XVI » (p. 74), qui incarne l'image du perdant, même dans la grande fresque royaliste de Sacha Guitry de 1938 *Remontons les Champs-Élysées.* Dans le cinéma de l'Ancien Régime, la présence du théâtre est considérable, non seulement comme spectacle de cour (par exemple dans *Échec au Roy,* de Jean-Paul Paulin, 1943, où Louis XIV et Mme de Maintenon assistent à une représentation d'*Esther* de Racine) mais dans les adaptations des grandes pièces de théâtre du répertoire classique, et notamment des pièces de Molière (à qui d'ailleurs deux films ont été consacrés : *Molière, sa vie, son œuvre* de Jacques de Féraudy dès 1922 et la double version – pour le grand écran et pour la télévision – du *Molière* d'Ariane Mnouchkine en 1978), qui sont relues à la lumière de la psychanalyse (*Tartuffe,* de Jacques Lassale, 1984) ou de la politique (*Georges Dandin,* de Planchon, 1988), même si ces interprétations brillantes demeurent exceptionnelles. Quant au *Cyrano de Bergerac* d'Edmond Rostand, adapté par Jean-Paul Rappeneau en 1990, il propose un exemple de la fusion réussie entre le film de cape et d'épée et la nouvelle tradition scénique. C'est cependant la littérature romanesque qui est la plus sollicitée par le cinéma et toutes les œuvres célèbres de l'Ancien Régime sont mises à contribution, de *La Princesse de Clèves* (Jean Delannoy, 1960) aux *Liaisons dangereuses* (Roger Vadim, 1959, mais aussi deux adaptations étrangères de Stephen Frears en 1988 et le *Valmont* de Milos Forman en 1989). Cependant, même si « le cinéma français aime l'Ancien Régime » (p. 94), la dimension critique n'est pas totalement absente, surtout au fur et à mesure que la royauté s'achemine vers son terme. Les exclus des fastes de l'Ancien Régime finissant, et en particulier les paysans opprimés, sont représentés et défendus par des justiciers populaires : « les brigands au grand cœur ». Parmi ceux-ci *Cartouche,* représenté quatre fois au cinéma (en 1909, 1934, 1948 et 1961) et *Mandrin,* héros de trois films (1923, 1947 et 1962) sont les plus célèbres, même si paradoxalement leur combat est perdu d'avance. Aux brigands succèdent les véritables héros des Lumières, les médecins, dont le film de René Allio, *Un médecin des lumières* (1988), est l'archétype : ce sont eux, en tant que représentants de la bourgeoisie libérale, qui vont remplacer l'aristocratie défaillante.

Dans le chapitre 3, « La Révolution et l'Empire », Marcel Oms et Michel Cadé soulignent qu'à l'exception de *La Marseillaise* de Jean Renoir (1937), il a fallu attendre 1978, puis les commémorations du bicentenaire de la Révolution, pour que le cinéma s'intéresse enfin au processus de maturation de la prise de conscience révolutionnaire, avec le *1788* de Maurice Faivelic, réalisé pour la télévision, puis *La Révolution française, Les années lumières* (où sont reconstitués les événements qui depuis la préparation des États-Généraux mènent à la fin de la royauté) et *Les années terribles* (où le spectateur assiste aux luttes pour le pouvoir de la bataille de Valmy à la Terreur) de Robert Enrico (1989) ; ils constatent aussi que la prise de la Bastille, épisode emblématique et fondateur de l'histoire nationale, n'est que fort peu montrée dans notre cinéma. L'explication avancée est idéologique : le caractère subversif de ces événements « doit être tenu à l'écart de tout risque éventuel de contagion » (p. 108) et de parallélismes fâcheux. Cette pénurie se retrouve d'ailleurs dans la littérature, où les grands romans ayant pour sujet la Révolution sont très rares : *Quatre-Vingt-Treize* de Victor Hugo est l'un d'entre eux, et a été adapté par Albert Capellani entre 1914 et 1917, au cœur même de la Première Guerre mondiale, car la représentation de la Révolution au cinéma « a pour fonction idéologique de cimenter la Patrie aux moments où surgit la menace d'une dissolution du "corps social" » (p. 109). Parmi les grands révolutionnaires montrés à l'écran, la figure de Danton, considéré comme porteur d'une politique du juste milieu face aux extrémistes comme Marat ou Robespierre, occupe une place privilégiée (deux films lui sont consacrés : les *Danton* de André Roubaud en 1932 et de

Andrzej Wajda en 1982). Si un autre moment fondateur de la République, l'exécution du Roi, est également très peu évoqué au cinéma, la guerre de Vendée par contre a fait l'objet d'une dizaine de films entre 1909 et 1989, et « l'on ne peut qu'être interloqué de voir un événement, par excellence diviseur, devenir, contre sa propre légende, facteur d'unité » (p. 114) : en effet, à part *Vent de Galerne* (Bernard Favre, 1988), tenant de la théorie du génocide en affirmant que « la France s'est faite contre les peuples », le cinéma français a vu dans la Vendée matière à illustrer les bienfaits de l'unité nationale, à l'instar des *Mariés de l'An II* de Jean-Paul Rappeneau (1970) et de *Chouans !* de Philippe de Broca (1988). Considéré comme l'héritier de la Révolution mais comme ennemi des crimes et désordres qui en marquent la fin, Napoléon, personnage historique de loin le plus représenté au cinéma (même si seulement trois films ont été consacrés à sa vie : *L'épopée napoléonienne,* dès 1903, et les *Napoléon* d'Abel Gance en 1925 et 1935 et de Sacha Guitry en 1955), est unanimement respecté par le cinéma français (alors que ce n'est pas le cas pour le cinéma étranger), jusqu'au regard iconoclaste porté en 1982 par Youssef Chahine dans une coproduction franco-égyptienne, *Adieu Bonaparte,* même si ce film exalte également la présence française lors de la campagne d'Égypte à travers les savants humanistes qui accompagnaient l'envahisseur.

Dans le chapitre 4, « L'écran romantique », Pierre Guibbert note que le XIXe siècle cinématographique, très fortement marqué par la « nostalgie impériale » (p. 135), « est essentiellement littéraire » (p. 161), consistant en l'adaptation ou en transpositions au XXe siècle de grands romans psychologiques de Balzac (*Le colonel Chabert,* René le Hénaff, 1943), Stendhal (*Le rouge et le noir,* Claude Autant-Lara, 1953), Hugo (différentes versions des *Misérables*), Zola (*Au bonheur des dames,* André Cayatte, 1943), Maupassant (*Boule de Suif,* Christian-Jacque, 1945)… aux dépens de la représentation de personnages ou d'événements historiques : la guerre de 1870 et la Commune de Paris, par exemple, sont quasiment absentes des écrans, même si le second Empire, lui, y est souvent évoqué comme une période de fêtes et de spectacles. L'explication avancée par l'auteur est double : l'époque est trop proche dans le temps, ce qui « amoindrit considérablement la part du rêve et du dépaysement » (p. 129) et induit un sentiment de familiarité du spectateur au regard des mentalités et des institutions du XIXe siècle (il donne pour exemple l'intronisation de Charles de Mortcerf à la Chambre des Pairs dans *Le Comte de Monte-Cristo* de Robert Vernay, 1953, qui rappelle le fonctionnement du Sénat d'aujourd'hui) et l'embourgeoisement généralisé (des costumes, de l'architecture…) qui rend l'étiquette sociale moins fastueuse. Pour le cinéma français, la Restauration en particulier est une époque détestable, où la gloire militaire de l'Empire laisse la place à un appareil policier mesquin et répressif, et sa vision des émigrés « ci-devants » est résolument hostile : le marquis de Ransac dans *Pontcarral, colonel d'Empire* de Jean Delannoy, 1942, en pourrait être l'archétype, et le téléfilm en six épisodes de 1969 de Stellio Lorenzi, *Jacquou le Croquant,* adapté d'un roman contestataire d'Eugène Le Roy, évoque de manière saisissante la Terreur Blanche et les émeutes paysannes. Le contraste avec l'époque précédente est renforcé par la pureté morale des anciens officiers des armées impériales réduits à la misère (*L'agonie des aigles,* adapté des *Demi-solde,* un roman bonapartiste de Georges d'Esparbès, monté à trois reprises en 1921, 1933 et 1951). Le personnage de « Napoléon II », *L'Aiglon* (Victor Toujanski, 1931, d'après la pièce d'Edmond Rostand), a lui toutes les caractéristiques du héros romantique et s'inscrit dans la lignée de ces jeunes gens suicidaires parce que convaincus de l'absurdité et du vide de leur existence (*Raphaël ou le débauché,* Michel Delville, 1970) quand ils ne parviennent pas à sublimer leur échec social ou amoureux par la création artistique (*La vie de bohème,* Marcel L'Herbier, 1942), et animés par la haine de la bourgeoisie, classe sociale en pleine ascension et systématiquement représentée comme affairiste (notamment dans les diverses adaptations de *L'argent* de Zola), vicieuse *(Ce cochon de Morin,* Victor Tourjanski, 1923), sans scrupule et vulgaire. Le monde ouvrier n'est pas mieux loti : corrompues par la bourgeoisie, les classes populaires sont alcooliques (*L'assommoir,* Gaston Roudès, 1933), les femmes en particulier succombent à la prostitution (*Nana,* Jean Renoir, 1926) ou à la tuberculose. Le rôle pédagogique du cinéma, qui sert de support « aux chapitres des manuels de morale en usage sous la IIIe République » et insiste « sur la punition de celles et ceux qui se sont laissés entraîner sur la mauvaise pente » (p. 151), est ainsi mis en relief. La représentation romantique de la ville (très souvent de nuit) et en particulier de Paris comme lieu trouble où se fait l'Histoire s'oppose à celle de la campagne, vue comme un territoire archaïque et mystérieux dans son isolement (*La ferme des sept péchés,* Jean Devaivre, 1948) ou purement folklorique (*L'ami Fritz,* Jacques de Varoncelli, 1933).

Dans le chapitre 5, « De la Belle Époque à la guerre de 14-18 », Marcel Oms définit d'abord la Belle Époque comme la période « coincée entre le Siège de Paris [...] et la guerre de 14-18 », époque sur laquelle le cinéma français n'a guère fait preuve de courage, gardant le silence sur un certain nombre de scandales comme l'Affaire Dreyfus : à l'exception d'un film de Méliès de 1899 en douze tableaux d'environ une minute chacun, aucun metteur en scène français n'osera la traiter à l'écran. Ce sont finalement les films de montage, comme *La vie passionnée de Clémenceau* de Gilbert Prouteau (1953), ou mixtes, comme *Ils ont tué Jaurès* de J.B. Belsolsolell en

1962 (mélange de documents d'archive et de fiction), *Paris 1900* de Nicole Védrès (1948) ou encore *La bande à Bonnot* (Philippe Fourastié, 1968), qui offrent une vision véritablement synthétique et assez complète de la période. L'auteur souligne que ces années commencent par le « meurtre rituel » (p. 163) que représente la Commune, très présente dans le cinéma soviétique pour des raisons idéologiques évidentes mais fort peu montrée à l'écran en France ou étudiée dans les manuels d'Histoire jusque dans les années 1960-1970 pour des raisons tout aussi évidentes, car c'est un « événement susceptible de devenir exemplaire et contagieux pour les classes modestes » (p. 167). C'est en effet dans le contexte de la « République modérée » que le cinéma allait naître en 1895, et être potentiellement à la fois témoin (grâce au cinéma direct) mais aussi créateur d'Histoire par sa volonté « d'approcher le plus possible – jusqu'aux limites extrêmes permises par la censure – le rôle de la bourgeoisie dans la France du XIXe puis du XXe siècle, à travers ses comportements, son système de valeur, ses conquêtes » (p. 170), comme dans *Le mariage de Chiffon* (1941) ou *Douce* (1943) de Claude Autant-Lara. Marcel Oms constate une rupture à partir de la Première Guerre mondiale, « la première à avoir été filmée depuis l'invention du cinéma » (p. 176). On aurait donc pu s'attendre à plus de réalisme, surtout à partir du moment où le cinéma devenait sonore et parlant. Mais ce n'est pas le cas, paradoxalement, et « au niveau cinématographique […] on n'aura jamais vu publiquement les images les plus atroces d'une guerre qui, pour ses acteurs, avait les airs d'une Apocalypse dont ils n'ont pu transmettre l'horreur » (p. 188). La guerre montrée à l'écran n'est qu'une suite de stéréotypes, tant sur les Poilus au moral inébranlable que sur l'ennemi, le Boche barbare et grossier, comme dans le *Verdun* de Léon Poirier (deux versions, une muette en 1927 et l'autre sonorisée en 1931). Les raisons de ce manque d'esprit critique du cinéma français dans son ensemble sont liées selon l'auteur au fait que « depuis la scolarisation du début du siècle, les Français ont appris à ne s'identifier qu'à des apparences, à des clichés, à des personnages conventionnels » (p. 186). L'auteur dresse un constat sévère : pendant les soixante-dix années postérieures à l'armistice du 11 novembre 1918, non seulement les œuvres critiques par rapport à la guerre ont été fort peu nombreuses, de plus elles datent quasiment toutes des années 1960, à l'exception notable des *Croix de bois* de Raymond Bernard (1931), d'après Roland Dorgelès, et elles n'ont pas eu de succès d'audience. Le point extrême de la démystification de la guerre de 14-18 en France est atteint avec *L'horizon,* de Jacques Rouffio (1966), qui en montre toute l'horreur, les insoumissions, les trahisons des uns et des autres… L'immédiat après-guerre et « le détournement officiel de la mort des soldats et de la douleur des familles » (p. 191) sont évoqués d'une manière désabusée mais finalement porteuse d'une lueur d'espoir au lendemain du carnage dans *La vie et rien d'autre* de Bertrand Tavernier (1989).

Dans le chapitre sur « l'entre-deux-guerres », Marcel Oms relève une fois de plus « la discrétion de notre cinéma de l'immédiat après-guerre sur l'état de la société française » (p. 195), sa dépolitisation face aux faits marquants de ces années (le Front Populaire, par exemple, véritable séisme social, n'est traité qu'indirectement, à l'exception de *36, le grand tournant,* de Henri de Turenne, qui propose en 1970 avec beaucoup de recul dans la foulée de mai 68 une interprétation dialectique des forces en présence) et son silence paradoxal sur les grandes affaires de cette époque (l'affaire *Stavisky,* par exemple, ne sera évoquée directement au cinéma qu'en 1974 par Alain Resnais). La production cinématographique semble se recentrer sur des comédies d'inspiration « théâtre de boulevard » (*Les nouveaux messieurs,* de Jacques Feyder, 1928) et présente l'homme politique comme un pantin sans consistance et corrompu : même *La vie est à nous,* de Jean Renoir (1936), commandité par le PCF, n'échappe pas à l'antiparlementarisme dominant. Par contre, l'attraction suscitée par le monde de la finance est évidente (*Topaze,* Louis Gasnier, 1932, d'après la pièce de Pagnol, ou encore *La banquière,* où en 1980 Francis Girod fait revivre les pratiques de l'époque). De même l'expansion coloniale n'est-elle vue que positivement, en termes d'épopée glorieuse, de description d'œuvres humanitaires (*Itto,* de Jean-Benoît Lévy et Marie Epstein, 1933), de pacification guerrière et d'exotisme (quand elle est portée à l'écran : il n'y a pas par exemple de film de fiction sur la conquête du Tonkin) « sans que soient jamais évoqués les droits au territoire des populations concernées » (p. 206). Ce n'est que dans les années 1970-1980 qu'on trouvera une vision plus critique de la colonisation (avec par exemple *La victoire en chantant* en 1976 de Jean-Jacques Annaud et *Fort Saganne* d'Alain Corneau en 1984), mais aussi de la société de l'époque : *Le brasier* d'Éric Barbier (1991) décrit les relations conflictuelles entre mineurs français et polonais dans les années trente, et *La passante du Sans-Souci* (Jacques Rouffio, 1982) met en relief les persécutions dont furent victimes en 1933 et 1934 les Juifs chassés d'Allemagne et réfugiés à Paris. La fin des années trente est marquée au cinéma par le sentiment de la fatalité de l'échec et l'impossibilité de s'en sortir pour la classe ouvrière (*Quai des brumes,* 1938 ou *Le jour se lève,* de Marcel Carmé) et la « montée des périls » est traitée avec une sorte « d'insouciance apeurée » (p. 211) : seuls deux films sont inspirés en 1939 par la crise de Munich (*Rappel immédiat,* de Léon Mathot et *Menaces,* d'Edmont Gréville).

Le chapitre 7, « La France contemporaine », est également rédigé par Marcel Oms. Fidèle à son approche chronologique, il commence par analyser la manière dont la Deuxième Guerre mondiale et l'Occupation sont représentées. C'est sans doute *Jeux Interdits,* de René Clément (1951), qui rappelle le mieux l'exode de juin 40 dans ses premières séquences et *Week-end à Zuydcoote* d'Henri Verneuil (1964) la débâcle militaire française. Quant à l'arrivée au pouvoir du maréchal Pétain, elle est analysée par Jean Charasse dans *La prise du pouvoir par Philippe Pétain* (1979), qui renvoie bien sûr à *La prise du pouvoir par Louis XIV* de Rossellini. Cependant, le cinéma français a très peu montré « à chaud » les années 1940 à 1944 (une exception notable : *Le carrefour des enfants perdus,* de Léo Joannon, sorti en 1944), et toutes les fictions sur l'Occupation ont en fait été réalisées après coup, y compris le film de montage emblématique de cette époque, *Le temps des doryphores* (Jacques Launay, 1973). *Le silence de la mer,* d'après Vercors (Jean-Pierre Melville, 1948), reste le film de référence sur les débuts de la Résistance, mais dans l'ensemble le cinéma de l'immédiat après-guerre (*Le père tranquille,* René Clément, 1946) « fut l'occasion de donner des Français une image flatteuse et héroïque assez éloignée de la vérité historique » (p. 225). Cette perspective sera corrigée à partir de la fin des années soixante (*Le chagrin et la pitié,* Marcel Ophuls, 1969 ; *Lacombe Lucien,* film très controversé de Louis Malle, 1974), allant parfois jusqu'à présenter une France « peuplée uniquement de combinards, d'antisémites, de pleutres et de collabos » (p. 227) tout aussi fausse que la précédente. Le Débarquement et la Libération sont en général montrés sous un aspect spectaculaire (*Paris brûle-t-il ?* René Clément, 1967) et les problèmes de l'immédiat après-guerre ne sont que fort peu évoqués (vengeances sordides et règlements de compte dans le film de Henri-Georges Clouzot de 1949, *Manon* ; retour difficile des prisonniers et déportés, dans le film à sketches *Retour à la vie,* 1949). Le traitement cinématographique des guerres de décolonisation est en général critique. L'auteur fait cependant remarquer que la guerre d'Indochine n'apparaît à l'écran qu'après le soulèvement algérien « comme par un phénomène dialectique d'occultation-divulgation où on laisse passer un conflit terminé pour mieux taire celui qui se développe » (p. 235). En effet, les premières fictions sur l'Indochine datent de la deuxième moitié des années cinquante (*Patrouille de choc,* Claude Bernard-Aubert, 1956), soit deux ans après Dien-Bien-Phu. Elles restent relativement peu nombreuses (surtout quand on les compare aux films américains sur la guerre du Viêt-Nam), et parmi celles-ci les films de Pierre Schoendoerffer (lui-même engagé volontaire pour l'Indochine), de *La 317e section* (1961) à *Dien-Bien-Ph* (1992), sont parmi les plus réalistes. Quant à la guerre d'Algérie, ce n'est qu'une fois qu'elle est terminée que le cinéma français, censuré pendant les « événements » (comme les films de René Vautier, *Une nation, l'Algérie, 1955* et *Algérie en flammes,* 1958), a pu en parler. Le film de référence sur le vécu des « rappelés » est sans aucun doute *Avoir vingt ans dans les Aurès* (René Vautier, 1971), alors que *La question,* de Laurent Heynemann (1977), évoque le problème de l'utilisation de la torture et que *Le coup de sirocco* (Alexandre Arcady, 1978) raconte le douloureux exil des pieds-noirs. C'est cependant le film-fleuve (quatre heures) de Bertrand Tavernier, *La guerre sans nom* (1991), qui reste selon l'auteur *le* film sur la guerre d'Algérie. La période qui va de la fin des années soixante aux années quatre-vingt-dix pose problème à l'auteur : pour lui, en effet, faute du recul historique nécessaire, on ne peut parler du passé immédiat que sous forme de chronique : il fait ainsi un tour d'horizon des différents événements de ces trente dernières années tels qu'ils sont vus au cinéma français, de mai 68 (*Mourir à trente ans,* Romain Goupil, 1982) à l'arrivée à la présidence de François Mitterrand (*L'état de Grâce,* Jacques Rouffio, 1986).

Dans le dernier chapitre, « Ces immigrés qui ont (aussi) fait la France », Michel Cadé tente d'analyser « quelle place le cinéma assigne dans sa dimension historique à la figure de l'immigré ainsi que de mesurer les évolutions que cette représentation a pu subir dans le temps court qui est celui de l'histoire du cinéma » (p. 252) à l'aide d'un certain nombre d'exemples. Si des immigrées comme Catherine de Médicis, Anne d'Autriche ou Marie Antoinette sont traitées avec sympathie par le cinéma (plus que par la littérature), cela est dû à leur qualité de personnage historique et donc intimement lié à la nation française. Par contre, le cinéma français tient sur l'immigré « ordinaire » deux discours radicalement opposés. L'un insiste sur « l'élément de trouble que constitue dans le corps de la nation l'arrivée d'éléments étrangers » qui le dérangent et le menacent : ainsi dans *La femme du boulanger* (1938) de Marcel Pagnol, c'est le domestique *piémontais* qui est à l'origine du dysfonctionnement de la société villageoise ; et *Ces messieurs de la Santé,* 1934, de Pierre Colombier, est un exemple type de cinéma antisémite. Quant au cinéma des années quatre-vingt, il renvoie de l'immigré une image essentiellement liée à la délinquance (c'est le cas par exemple dans *La balance,* de Bob Swain, 1982, *Ripoux contre ripoux,* 1990, de Claude Zidi, ou *Police* de Maurice Pialat, 1986). Mais, souligne l'auteur, cette fonction de porteur de désordre n'est pas nécessairement négative, car elle peut être révélatrice des dysfonctionnements de la société française. L'autre discours insiste sur les éléments positifs apportés par l'étranger à un pays souvent décrit comme exsangue : c'est le cas des ouvriers agricoles, piémontais dans *Toni* de Jean Renoir (1934) ou maghrébins dans *Élise ou la vraie vie,* de Michel Drach (1970), qui apportent à la France leur force de travail et contribuent à son développement économique, ou des mineurs polonais dans *Brasier,* d'Éric Barbier (1991). Mais l'immigré est aussi présenté dans un certain nombre de films récents (*Marche à l'ombre,* de

Michel Blanc, 1984 ; *Mohammed Duval,* d'Alex Métayer, 1991) comme celui qui, par son sens de la famille, de la solidarité et de la convivialité, est paradoxalement le garant des valeurs traditionnelles d'une société française que la modernité a oubliées.

Isabelle Roblin
Université du Littoral-Côte d'Opale (France)

Thierrey LIBAERT (2003), *La transparence en trompe-l'œil,* Paris, Éditions Descartes et Cie.

À l'heure des grands scandales financiers où l'hypocrisie, le mensonge et les malversations s'immiscent dans les plus grandes entreprises ; à l'heure où les plus grandes puissances du monde inventent des preuves dites irréfutables d'armes de destruction massive pour justifier l'occupation d'un pays dont on convoite le pétrole ; à l'heure où les grandes religions du monde imposent leur conviction fanatique, il apparaît dans le discours public un appel à une éthique profonde, à la fin des opacités, à cette notion ambiguë de gouvernance et à la transparence annonciatrice d'une civilisation enfin dégagée des secrets occultes.

Thierry Libaert prend le contre-pied de cette découverte d'une vertu salvatrice et affirme, au contraire, que la transparence est à la fois la pierre angulaire de la démocratie et le ferment du totalitarisme, et elle est plus souvent qu'autrement l'allié du second et le bourreau du premier.

Ce communicateur à qui l'on doit des ouvrages sur la communication verte, la communication de proximité, la communication d'entreprise, la communication interne, la communication de crise et le plan de communication se penche sur les malheurs de la transparence. La question qu'il se pose est la suivante : les supposées vertus de la transparence ne sont-elles pas aussi dommageables que ses défauts ? Il présente ainsi un passionnant essai sur les effets pervers de la transparence et sur les bienfaits du secret, d'où le titre : *la transparence en trompe-l'œil.*

Il n'est certes pas question ici de faire l'éloge du mensonge et des fausses vérités, mais, pour l'auteur, « soigneusement encadrée, la transparence est un outil de progrès incontestable. Dévoyée, elle peut être l'instrument de toutes les manipulations, incontrôlée, elle peut être le prélude des dérives totalitaires » (p. 154). Il écrivait ailleurs : « [...] La transparence oui, mais à condition qu'elle reconnaisse la part irréductible du secret » (p. 152).

L'auteur veut combattre le principe selon lequel celui qui refuse d'être transparent, qui pratique l'opacité, qui n'accepte pas de se dévoiler, a nécessairement quelque chose à cacher. Car, à de multiples égards, la pratique du secret s'impose.

D'abord, sur le strict plan des relations humaines, la politesse nous apprend qu'il ne faut pas dire ce que l'on pense.

Nos rites nous protègent et la politesse intervient comme un réducteur de violence. S'il fallait être transparent, nos salutations amicales risqueraient de dévoiler nos pensées profondes. Si toute vérité n'est pas bonne à dire, il faut éviter, comme le remarquait Pascale Weil que nos enfants crient publiquement : « Regarde le monsieur comme il est gros » (p. 108).

L'opacité est la condition même de notre relation à l'autre, elle nous protège et nous fluidifie le rapport à autrui. C'est d'ailleurs ce que remarquait Richard Sennet dans *La tyrannie de l'intimité* (Seuil, 1979 : 202) en observant que « cité » et « civilité » possèdent la même racine étymologique. « Le port du masque est l'essence même de la civilité. Le masque permet la pure sociabilité, indépendant des sentiments subjectifs de puissance, de gêne, etc., de ceux qui les portent » (cité par l'auteur, p. 108).

Ensuite, pour préserver son intimité et ses idées, il faut éviter qu'en vertu de la transparence l'on impose des vertus collectives auxquelles chacun doit se plier. De manière plus pragmatique, le principe de transparence semble contradictoire avec celui de notre identité. Le droit au secret préserve notre identité et notre altérité. Il nous permet de penser librement et sans contrainte. Parce que nous sommes opaques, non réductibles au regard d'autrui, notre intimité conserve son intégrité, constitue notre personnalité.

Sous l'identité, il y a le langage. Nos paroles sont opaques et le sens d'un propos dépend d'abord d'une culture, d'un contexte et d'une relation […] Lorsque Stendhal déclarait que le langage avait été donné à l'homme pour cacher sa pensée, il reconnaissait déjà qu'il lui interdisait aussi d'être transparent (p. 107).

Pour l'auteur,

[u]n des dangers majeurs de la transparence généralisée réside en l'auto-surveillance qu'elle implique. Son argumentation est redoutable : la transparence se situe du côté du bien, ceux qui la combattent préfèrent l'opacité qui leur permet de continuer leur conduite suspecte. Le partisan de l'opacité est présumé coupable (p. 150).

Sur le plan économique, plus une entreprise est transparente, plus elle est sollicitée, surveillée, questionnée, obligée de se commettre sur la place publique, traquée par les médias, par les groupes d'intérêts, par des activistes aux intentions diverses. Aux entreprises qui ont choisi le secret appartient la quiétude.

Sur le plan politique, l'auteur précise que sans rejoindre Alain Etchegoyen (*La démocratie malade du mensonge,* François Bourin, 1993), qui affirme que « [l]a démocratie fonctionne grâce à la violence et au mensonge », force est de reconnaître que « le principe même de l'État lui interdit la transparence » (p. 98[1]).

Sur le plan militaire, « l'art de la guerre est basé sur la duperie », expliquait Sun Tse, qui conseillait au IVe siècle avant Jésus Christ de répandre de fausses informations pour « faire connaître ce que vous voulez qu'on croie de vous ». C'est pourquoi la désinformation est une arme destinée à leurrer l'ennemi dont l'importance est souvent capitale pour la réussite d'une opération (p. 101).

Sur le plan des stratégies de communication, la rhétorique de la transparence incite à penser que ceux qui en parlent le plus seraient ceux qui en feraient le moins. Élément combinatoire d'une communication organisationnelle globale, la transparence fonctionne comme si elle n'avait pas besoin d'être pratiquée pour exister, comme si la communication sur la transparence tenait lieu de transparence. Il cite à cet égard Etchegoyen qui écrivait dans son livre *Vérité ou Liberté* (Fayard, 2001) : « Notre société est en train de mélanger deux notions très différentes dont les contenus et usages doivent absolument être distingués : la recherche de la vérité et le principe de transparence. » Une confusion s'est opérée sur le terme comme s'il suffisait d'être transparent pour dire le vrai (p. 136).

La transparence apparaît donc comme la nouvelle idéologie médiatique :

> [...] *la communication s'inscrit en idéologie dominante et s'assimile à la notion de progrès en succession des croyances religieuses ou des idéologies politiques. Après les idéologies du sauveur ou du grand soir, nous vivons sur l'idée qu'il convient de communiquer plus et mieux pour être heureux et que la modalité effective permettant la communication réside dans l'accroissement de la transparence* (p. 21).

Pour l'auteur, la transparence est toujours une relecture. La transparence de l'eau cache ses imperfections. Elle déforme les objets. C'est de la défaillance de la parole publique qu'émerge et se forge le principe dangereux de la transparence. C'est ainsi que le mythe de la transparence comme objet de vérité est éclaboussé. Libaert, à travers une abondante documentation, en a très bien illustré l'illusion, le trompe-l'œil.

Bernard Dagenais
Université Laval

---

1. Tiré de Gérard Chaliand (1990), *Anthologie mondiale de la stratégie,* Paris, R. Laffont, p. 302.

Michel SERCEAU (dir.) (1993), « Panorama des genres au cinema », *CinémAction,* n° 68, 3ᵉ trimestre.

Panorama des genres au cinéma is dedicated « to the new cinephiles » : high school and university students. Though not intended as a Monograph, it introduces and discusses the complex issue of « genres » through a compilation of 24 specialized contributions (completed with complementary bibliographies, filmographies and photographic material including movie stills). The objective of this thematic edition is to help non-initiated people find their way through the jungle of the « genres » and their classifications. It intends to formulate pertinent questions about the genres that will help the reader to develop an initial understanding of this hotly debated subject, although it does not offer a comprehensive answer.

The *Panorama* is a collection of independent short essays, which are organized into 10 chapters and an Introduction. The first three chapters are dedicated to the geographical location (Hollywood, France, Japan and India), showing that the genres debate is to a large extent also a cultural debate. The following six chapters are focused on a particular genre : comedy, melodrama, fantasy and science fiction, historical films, realistic films, and porno movies. Within these chapters the editor has chosen either a cultural sub-division (like the English or Italian comedy) or a genre-based subdivision (the political film, the documentary). The concluding chapter brings us back to the fundamentals of the genre debate, comprising three essays on the meaning of genres for classifying cinema. Although it is hard to do justice in a lecturer's note to the wealth of information and film references that are mobilized by each of the 23 specialists (each essay in essence being a summary in itself), it seems interesting to present the core of the contents in order to show both extent and depth as well as bias and eclecticism in the collection. At the end of the *résumé*, we will discuss whether the volume meets its objectives.

After a brief introduction by the editor, the kick-off comes from François de la Bretèque who analyses *Les genres du cinema* (1963). This classic by Antoine Vallet proposes nine different genres all of them related to literature, and as such is an interesting historical starting point for asking the right questions. However, he concludes, it is doubtful whether literary genres still offer a useful tool for understanding cinema. As a matter of fact, they are not used to organize the core of the volume.

Chapter I takes us to, arguably, the most influential hometown of cinema : Hollywood. Three genres are closely related to the Californian Mountains, being the Western, the Musical and the « film noir ».

Starting with the Western, Suzanne Liandra-Guigues remarks that its classification often lacks a real understanding related to its geographical context producing a mythical space. The inaccurate question of what the Western is should be replaced by a reflection on the Western itself. Observing the different elements that appear within the Western, she concludes that a genre is a collection of other works, a body linked to other bodies. Also the Musical, writes N.T. Bihn, provokes ambivalent positions. To define it we must consider it as a blend of other artistic branches : its success results from the harmony between movement, image and sound. Even without sound there were film musicals as early as the 1920s. When the voice appeared in 1927, the genre rapidly reached maturity with the 1929 film *Broadway Melody* by Harry Beaumont and *Parade* by Ernst Lubitsch. The « film noir », defends Michel Cieutat, is not just a variation of the detective film, but a mature genre in itself. He defines a list of 22 parameters that define a movie as « *noir* », obviously containing the crime, the city and the night, but also the « *femme fatale* », greediness, anti heroes or oppressive closed doors.

In contrast to Anglo-Saxon cinema, the French cinema is much less based on genres but on Theatre and Literature, and as such can be considered a genre in itself. In Chapter II René Predal explains that French cinematography has a very narrow genre spectrum and a particular form of narrating. In essence, one can distinguish the psychological film and the « *cinéma d'auteur* » (the *Nouvelle Vague*). The former flirts with all the other genres whereas in the latter the director expresses himself by means of the characters and the plot : delving deeply into the characters and minimizing the plot ; the tempo is more reflexive than active.

Going beyond Occidental film cultures and with the aim to extend the genre debate, Chapter III takes us to Japan and to India. Hubert Niogret examines the Japanese cinematography and establishes two main categories, the historical film (*jidai-geki*) and the modern film (*gendaki-geki*) that include stories since 1868 at the beginning of the Meiji era, a sub-genre itself. Jidai-geki films include historic films and those called sable films where the duel is part of the development of the story ; Gendaki-geki includes monsters, action, and erotic films. Interestingly, in both categories corresponding genres appear similar to those from theatre and literature. As in literature Japanese audiences look for points of reference, this explains the boom of serials and remakes with specific codes for specific audiences.

As for the Indian cinema, Rashmi Doraiswamy explains that socialist ideas and hope for a better future appear as recurrent themes. After the independence of 1947 up until the end of the 1960s the cinema appears as a dream : situation changes and so do idealistic thoughts, the accent going from the collective destiny to the individual one. 1989 brings the lost of faith in the institutions, the government, the judicial system, police and its capacity to restore Justice and this is reflected in the films of the last 20 years. There is nothing in common between films that belong to the same genre but were made in the 1950s and in the 1980s.

After this geographical orientation, the next chapters discuss a selection of genres, starting with the Comedy (Chapter IV). Comedies are highly culture-bound, and large differences exist between American, English and Italian comedy. But also within one culture, claims Grégoire Halbout in his introductory essay. It is a mistake to reduce a multiform genre and to deny the evolution from the silent film era to the burlesque and to the situation comedy. With respect to the American Comedy two patterns of success can be identified : popular and screwball comedies. They are closely related to the cultural reality of each epoch, representing a society closely related to its audience : life is simple, honest work dignifies, all is well that ends well. Also, the comedies serve to underline the imperfections of a society without classes. Censorship often limited the comedy to the pursuit of happiness of the couple as the fundamental cell of society. In contrast to the American Theatre where comedy and drama are totally opposed, *La comédie à l'italienne* (title of the essay by Sandro Bernardi) tends to demonstrate that the comic and the tragic are not separate but identical universes. Italian comedy has a pejorative connotation and has been used to designate a cinematography genre with deep roots in the Roman nature, the ancient comedy of Plauto and the classic author. The English Comedy, at last, is closely related to the contradictory nature of English humor : the logic of the absurd. Alain Malassinet emphasizes the *leitmotivs* that converge on it : realism (originated in the documentary school and its seal in the war movies) ; the psychological approach or the social description ; the adaptation of classical works (like Shakespeare and Dickens) ; the detective film (represented by Hitchcock), the fantastic (natural result of the realism) and the humorous approach with its sources also in the realism.

Aspects of the melodrama (Chapter V) are introduced based on three cinema-cultures : the American, Italian and Spanish. In *Le mélodrame américain,* Jean-Pierre Piton writes about the predominance of this genre that produced some beautiful films of the golden age of Hollywood. Melodrama, still one of the most popular genres, has several key characters and archetypal situations, which are used to create stories that oppose irreconcilable worlds (because of conventions, age, race, ways of life). The fight against conventions is worse when racial prejudice is highlighted, but at its best melodrama exalts the values of the free market and American capitalism ; work is the key to success. In contrast, the Italian melodrama appeared in an era of censorship and closely related to political matters. Sentimentality gave place to a code of intentions directed to an audience looking to escape from a difficult life. Historic references in the melodrama are a kind of pretext ; the author, Stephano Socci, explains that melodrama always has a metaphysical dimension : ambiguous, symbolic and fluctuating between aesthetic and technical experimentation (color and atmosphere), a return to the grandiloquent melodrama Hollywood style, the autobiographic and unconscious bends. In the case of Spain, argues Marcel Oms, melodramas are impregnated with semi-pagan religiosity full of rich characters among which the priest takes a special place. In the specific case of Mexico, melodramas underline the conflict that resulted from the confrontation of Indian blood and the Catholic conquest.

The sources of the fantastic film are legends and folklore, writes Jean-Pierre Piton, in *Fantasy and Science Fiction* (Chapter VI). The roots are undoubtedly present in German and Scandinavian culture and also France tales. Later, many of those characters appear in Anglo-Saxon cinema, like the vampire myth that evolved from the pure sexual connotations to social and political interpretations : vampirism = Nazism or capitalism. The genre adopts many forms : the strange (non common phenomena but compatible with natural laws), the marvelous (a singular universe where everything is possible) or the dominion of fairies. A contrasting form is Terror, in itself difficult to delimit, belonging to uncommon individuals and relating to our deepest fears. A particular type of fantasy is Science Fiction (SF). Claude Billard explains that this genre can be situated in the confluence of two sources of inspiration : fairy tales and technical advances of science. Science Fiction represents, in particular in films, the imaginary place where the human individual has reached a return to himself in a reflection on the destiny of humankind. SF images are those of Jerome Bosch and they aim to lead us astray sending us far away from our landmarks as a result of the technical and scientific power. There are unequivocal signs in Science Fiction : robots, machines, space, future, extra terrestrials, and future cosmos dominion.

Chapter VII accentuates the place of history in cinema. Not without humor, Claude Aziza starts this section with the so-called *peplum* cinema : historical films dedicated to glorify the male figure named after a female garment ! They appear in the 1960s, but there are early productions (the antepeplum, the archpeplum) as well as contemporary ones (the neo-peplum). What these films have in common is their historical setting in the Antiquity, that is, European antiquity glorifying Greek, Roman or Christian heroes. Peplum, therefore, hardly is a genre, but a mixture of any kind of historical influences, often leading to mediocre cinema complete with well-oiled biceps ready to save the threatened beauty. A second branch of the historic genre includes the French creation of cloak-and-dagger films. Pierre Guibbert points out that this genre is recognized for its reference to a deter-minate moment (witnessed by the film poster) where the hero of the film appears geared with cloak and dagger. The genre renewed with the Ancient Regime following the cavalry films where the heroes use armor and pikes. This type of expression situated French history in the path of a contem-porary realism and marks the romantic decline of the Louis XIII, Louis XIV and Louis XV regimes. The films abound in landscapes and nature ; geogra-phy is present, as are parks and gardens. This typical national genre reaches its heights during the epoch of Gaullism and later diminishes with the fading of national pride.

In classifications, Fiction is often contrasted with non-Fiction (the cinema of the real). In Chapter VIII four authors try to nuance this simplistic view. First, Genevieve Jacquinot introduces the idea that Fiction itself has a documentary value. This discussion brings us to the underlying question about the relationships between films and reality, something that, *a priori* can lead us to declare that the Documentary is not a genre but an adventure of cinematography that extend to all the other genres. The debate relates both to the intrinsic nature of reality, the possibility to interfere actively with the environment and since the 1970s to camera objectivity and semiological ideas about the image as a language. In his short contribution, Yves Laberge illustrates the theme, presenting the Quebecois Documentary movement. Its proponents held the idea that the event must be lived and not narrated. Real sound was one of the innovations replacing narration and musical score in the background. During the 60's technical advances had a big influence, ap-proaching fiction and non-fiction. In France, the young filmmakers from the *Nouvelle Vague* changed the scheme for the fiction movies and the French-speaking filmmakers in Canada tried to do something similar in relation to the traditional Documentary. Part of it can be explained by ethics (a different approach to the world), social concerns (the need to show the real more closely) or cultural identity (refusal to adopt or stop to use British methods).

Nicolas Schmidt, in his *Cinema verité,* considers « the cinema of the real » as a literal translation of Vertov's Kino Pravda. *Cinema verité* accounts for films rooted in observation : the director actively participates in the occupations of those who are observed. It is at the same time a manifestation of the possibilities that the cinema offers and a manifest as a part of cinema that has a critical vision, a social tendency that alters the nearness between those who film and those filmed. It is an heterogeneous genre with sources in the beginning of cinema (Italian neo-realism), and evolving through the French *Nouvelle Vague,* the Free Cinema and the New York School.

A fourth expression of the real cinema is the Political film. Raymond Lefèvre points out that this cinema is characterized by its political message sometimes with a militant aim. The genre also includes propaganda films where the tendentious gives place to cynicism. Another aspect of the Political film is its purpose to arouse class-consciousness or a revolutionary attitude as the treatment given to strikes (like 1953's *Salt of the Earth*). Finally, big scandals are also enclosed in the genre including authority or justice abuses, pointing out totalitarian or discriminatory regimes.

Chapter IX reserves a place for the « *Unclassifiable Porno* ». In his second essay, Raymond Lefèvre approaches the theme through a historical return. Porno, attached to the time when nudity started to appear in films, is generated with the « Scandinavian immodesty » in the 1950s. Repression followed in the form of laws like the one in France of 1975 classifying films of pornographic character. Religious and moral censorship on the one hand and economic factors on the other bring the genre to decadence. All this banned porno from exhibition places, nowadays limiting it to video.

As a genre one may define porno related to its function : the refusal of symbols or simulation of sexuality and situating it under the raw light of the Documentary. The characters are defined only for their sexual greed (gluttony) in the celebration of sex, without exception the central theme in all pornographic material.

The final chapter brings the reader back to the initial debate on the use and usefulness of genres.

Two short essays signed by Barthelemy Amengual and Michel Larouche revive once more the everlasting discussion. Whereas Amengual rejects the concept of genre, Larouche insists on the difficulty to classify in genres, since most films reflect the position of the director. Amengual agrees with this latter idea, promoting the « *cinema d'auteur* » as an alternative to the theoretical abstraction of genres. The final words come from the volume's editor, Michel Serceau. In *Vie, mort et retour des genres* he identifies two (apparently contradictory) ways to establish the problem of cinematographic genres. The first one is rooted in the history of language and in the history of forms (in semiotics) and considers the genres as a simulacrum. A contrasting view comes from the perspective of cultural anthropology, which favors the continuity or even the return of the genres. However, he continues, we are not dealing with a difference, but at most with a divergence of points of view. Genres are not born and do not die : they continuously evolve and reformulate the relation between literature, society and cinematography. Therefore, he concludes, genres are neither framework nor code of reference. They are not the answer to the spectator in need of a classification, but in itself « a crystallization of its interrogation ».

The very specialized contents of *Panorama des genres au cinema* make it not very well suited for non-initiated, but an interesting study document for initiated. The essays require not only the reader's interest, but also a solid and theoretical understanding of the genres concept. Most authors write for an audience assuming knowledge that permits the reflection on the relative nature of what genres are. As is normal with so many French essayists, there is an emphasis on French cinematography, as well as historical and political connections that result in very rich and controversial material. As a final consideration, we are compelled to mention that if we would take François de la Bréteque's suggestion to reread *Les genres du cinema,* we would find that one important genre is clearly missing in the present compilation : animations.

Mercedes Escamilla
Guadalajara, Mexico
email : kea90479@cencar.udg.mx

Pierre SKILLING (2001), *Mort aux tyrans ! Tintin, les enfants, la politique,* Québec, Éditions Nota Bene. (Coll. « Études culturelles ».)

Le rôle des *Aventures de Tintin* dans la formation de la conscience politique des enfants est exploré dans cet ouvrage, très documenté. L'auteur divise le cycle des 22 albums en deux grandes périodes : la période publique, qui va de *Tintin au Congo,* premier album de la série, au *Sceptre d'Ottokar,* où Tintin défend l'ordre social, aide la police « dans des affaires criminelles mettant en danger la sécurité publique » (p. 56) et la période privée, du *Crabe aux pinces d'or* aux *Picaros,* dernier album, où c'est l'histoire de Tintin lui-même et sa quête de reconnaissance de l'Autre qui sont privilégiées et où c'est la police qui collabore à des affaires qui préoccupent essentiellement Tintin et ses proches. Mais, dans les deux cas, l'enjeu est le même : préserver un certain ordre, une certaine stabilité. De nombreux parallèles avec d'autres albums comme *Blake et Mortimer,* contemporains de Tintin, sont proposés, ainsi que des rapprochements, plus contestables peut-être, avec par exemple les Enquêtes du Commissaire Maigret de Simenon ou les grands « Bildungsroman ». L'ensemble est très intéressant, même s'il comporte, inévitablement vu son découpage, un certain nombre de répétitions. La bibliographie paraît très complète, mais le recours à des critiques contemporains comme Todorov et la typologie des personnages-voyageurs qu'il propose dans *Nous et les autres* (1989) paraît parfois forcé, d'autant plus que, comme l'auteur le dit lui-même, Tintin est « inclassable » ! Peut-être correspond-il à un souci de l'auteur de légitimer le caractère universitaire de sa recherche, qui pourtant n'est pas contestable.

Dans l'introduction, Pierre Skilling propose une lecture politique des *Aventures de Tintin* qui part de l'étude des rapports entre le héros et les personnages et est centrée sur deux idées principales : l'identité « européenne » du héros et la primauté de la raison (p. 20). Il note l'évolution du héros, ethnocentriste dans les premiers albums, et qui devient au fur et à mesure de ses aventures de plus en plus relativiste et critique de l'Europe et de plus en plus préoccupé par son noyau « familial » de Moulinsart : Tintin « devra passer l'épreuve du politique avant de trouver refuge dans son royaume privé » (p. 23). Il remarque également que le héros est fondamentalement humaniste et individualiste : pour Tintin, « mieux vaut délivrer un seul individu que "sauver" virtuellement un peuple par une révolution sanglante » (p. 23).

La première grande partie traite des « figures de l'autorité politique dans le monde de Tintin » et le premier chapitre se concentre sur « Police et armée – la force publique ».

L'auteur y fait remarquer que pour l'enfant, ce sont les personnes d'autorité plus que le concept de pouvoir qui représentent concrètement le politique. C'est le cas dans les albums de Tintin. Le héros est théoriquement journaliste, mais c'est en fait un prétexte pour voyager facilement, car il ne publie jamais d'articles. Le point de départ de ses aventures est en général une énigme à résoudre. Tintin est au fond une sorte de policier amateur (doublé d'un journaliste amateur) qui mène l'enquête par-dessus la tête des autorités policières, comme les Dupond/t (qui apparaissent dans 17 des 22 albums) qui « démontrent facilement l'injustice dont peut faire preuve la police judiciaire en Europe occidentale, lorsqu'ils arrêtent des innocents et laissent fuir les coupables » (p. 46). Ils jouent le rôle de faire-valoir, leur nullité renforçant l'intelligence du héros. Les policiers en général sont représentés comme « d'éternels incompétents » (à l'exception des policiers britanniques, très efficaces dans *L'Île noire*), complètement soumis à leurs supérieurs hiérarchiques et manquant totalement de compréhension des autres cultures. Le seul rôle positif des policiers dans le monde entier, de la Chine à l'Amérique, est d'aider Tintin à s'orienter dans un environnement inconnu. Quant aux chefs de la police, ils sont corrompus (comme Dawson dans *Le Lotus bleu*) ou démunis de moyens. Tintin joue un rôle complémentaire par rapport à la police : il ajoute « à la compréhension intuitive des policiers la dimension déductive » (p. 63) grâce à son intelligence.

La police et l'armée représentent « les deux faces d'une même médaille, celle de la sécurité » (p. 60). Les militaires ne sont pas plus habiles que les policiers et les militaires de grade inférieur obéissent également aveuglément aux ordres pour la plupart irrationnels de leurs supérieurs ; mais Tintin fait preuve du même respect pour l'institution militaire que policière. L'armée n'est jamais représentée dans la communauté politique de résidence de Tintin, mais elle est omniprésente en Amérique latine, « image renversée de l'État dont Tintin est le citoyen » (p. 60), où elle est souvent l'instrument d'hommes avides de pouvoir personnel et de territoires à conquérir, alors que Tintin défend une certaine forme de pacifisme, même s'il participe à la défense de populations ou de pays en danger (*Lotus bleu, Sceptre d'Ottokar*) et défend un humanisme moderne fondé sur le respect de l'individu.

Dans le chapitre 2, « Le roi et le dictateur – les autorités dirigeantes », l'auteur distingue deux sortes d'autorité politique : les régimes dictatoriaux (totalitaires ou républicains) et les monarchies légitimes. Tintin préfère la monarchie éclairée, qui est indubitablement la forme politique défendue dans les albums. Cependant, les monarques sont traités différemment : le roi des Babaor'm dans *Tintin au Congo* n'est qu'un grand enfant qui joue à imiter les Européens (son sceptre est un rouleau à pâtisserie) alors que le Maharadjah des *Cigares du Pharaon* ou le roi de Syldavie, qui est présenté comme un bon roi, qui gouverne en ayant à l'esprit le bien de son peuple (comme le montre l'emblème de la monarchie, le pélican, symbole chrétien qui figure l'abnégation et le sacrifice de soi), sont traités avec beaucoup de respect par Tintin, ainsi que Wang, figure d'autorité dans le *Lotus bleu,* même s'il n'est pas l'un des acteurs du pouvoir gouvernemental. Autre monarchie, pétrolière celle-là, défendue par Tintin : celle de l'émir du Khemed dans *Tintin au pays de l'or noir.* Sa richesse pétrolière fait de lui un jouet des capitalistes occidentaux qui n'hésitent pas à fomenter un coup d'État pour s'assurer de lucratifs contrats. C'est pour le protéger et lui garantir une certaine indépendance vis-à-vis des multinationales et de leur appétit guerrier que Tintin s'allie à l'émir (nouvelle preuve de son anti-capitalisme viscéral). La complexité de la situation politique au Moyen-Orient est simplifiée par Hergé : le pétrole remplace le sceptre comme symbole de l'autorité de l'émir et s'il en perd le contrôle, sa position à la tête du pays est compromise. Pour Hergé, l'attrait de la monarchie est double : à la fois elle est garante de la stabilité politique du pays, mais aussi elle permet de conserver dans les albums une dimension de conte de fées dans la perspective d'une lecture des *Aventures de Tintin* comme œuvre pour la jeunesse. Le roi de Syldavie, le Maharadjah de Rawahapoutalah ou l'émir du Khemed (tous souverains de royaumes imaginaires, comme les rois des contes de fées) sont de « bons » monarques et ceux qui veulent s'emparer de leur royaume sont cupides et sans scrupules. En les sauvant, Tintin défend une cause juste. Cependant, contrairement aux héros de contes de fées, Tintin n'obtient pas la main d'une jolie princesse en récompense des services qu'il a rendus, mais il est décoré (*Le sceptre d'Ottokar,* mais aussi *Picaros*) et honoré (*Cigares du Pharaon*). Tintin lui-même semble aspirer à une certaine noblesse et rêve d'une sorte de royaume dont la représentation est le château de Moulinsart.

La promesse d'une révolution non sanguinaire suffit cependant pour que Tintin admette la légitimité d'un régime, notamment en Amérique du Sud, où la situation politique est présentée de manière caricaturale (cinq coups d'État en 22 albums au San Theodoros qui mettent/remettent au pouvoir de façon cyclique Alcazar ou Tapioca, chacun aidé par une puissance étrangère, politique ou économique – la Bordurie pour Tapioca, « l'International Banana Company » pour Alcazar) mettant l'accent sur le caractère

« traditionnellement » arbitraire du pouvoir militaire. Les révolutions sont amorales et leurs effets nuls : les deux célèbres vignettes du départ et du retour du San Theodoros dans *Les Picaros* montrent que l'arrivée d'Alcazar, ami de Tintin, au pouvoir ne change rien à la misère du peuple. Tintin est fondamentalement pacifiste et anticapitaliste mais n'est pas un révolutionnaire. Il « respecte le devoir de non-ingérence dans les affaires d'un État dictatorial étranger » (p. 78) sauf quand les citoyens de ces pays risquent de payer de leur vie les caprices de leurs chefs politiques.

Il n'y a dans les albums qu'un seul « véritable » dictateur, le maréchal bordure Plekszy-Gladz (omniprésent mais jamais montré en personne), qui est à la tête d'un régime totalitaire intégrant à la fois « des éléments du fascisme nazi et du communisme stalinien », véritable « synthèse du totalitarisme » (p. 73) incluant la dimension symbolique (les moustaches), avec des prétentions à la domination planétaire. Même si *L'Affaire Tournesol* n'est pas une œuvre de théorie politique, on peut la voir comme une sorte de version BD, à l'usage des enfants, de l'essai de 1954 de Hannah Arendt sur *The Origins of Totalitarianism*.

Les albums présentent une image peu flatteuse de l'idéologie politique, de droite comme de gauche. Mais la problématique du pouvoir – que l'on prend ou que l'on perd – et de l'autorité politiques y est importante. La politique est un jeu, auquel Tintin ne s'intéresse pas vraiment et Hergé présente au jeune lecteur « une image ridiculisée de la quête du pouvoir » (p. 94). Pour Tintin, l'important, c'est que les individus ne soient pas mis en péril par ce jeu politique.

Dans la deuxième partie, l'auteur analyse « la communauté politique de Tintin et l'image de l'autre ». Le chapitre 3 traite de « l'Europe, communauté politique de Tintin ».

Dans l'univers politique des albums, l'Europe est présentée comme « lieu des références, comme lieu d'origine des représentations de l'Autre » (p. 101). Tintin en est le représentant – il n'y a pas de « belgitude » du héros malgré la nationalité de Hergé à part quelques allusions, quelquefois sur le mode de la dérision, comme dans la célèbre exclamation : « Vive le général Alcazar et les pommes de terre frites » dans *L'oreille cassée*. La question de l'identité politique européenne se pose. Elle se constitue par la négative : l'Européen se reconnaît comme tel « lorsqu'il entre en contact avec les espaces politiques non européens » (p. 106). La mission de Tintin est de défendre les droits de l'homme contre ses ennemis, ce qui est une idée typiquement européenne.

Tintin est plus un héros de roman de formation qu'un héros de littérature (au sens large, incluant la BD) pour enfants. Traditionnellement, l'apprentissage se fait en deux temps : par le voyage (expérience de l'étranger, essentielle dans *Tintin*) et par le contact avec l'art (peu présent malgré le soin avec lequel Hergé plante le décor de ses histoires). D'après l'auteur, les *Aventures de Tintin* se présentent comme de courts romans (tradition littéraire typiquement européenne) que l'on peut qualifier de formation, car ils racontent « l'apprentissage de l'individu aux prises avec la complexité de la réalité sociale et politique et qui cherche sa place dans un monde hétérogène » (p. 107). On y trouve des références à plusieurs événements historiques (conflit sino-japonais dans *Le Lotus bleu,* conquête de l'espace dans *Objectif Lune* et *On a marché sur la lune*), mais aussi à des phénomènes plus généraux qui dépassent l'historicité. L'apprentissage aboutit à l'acquisition par Tintin – et le jeune lecteur – d'un certain sens critique.

Dans le chapitre 4, « Découverte de l'Autre et vision ethnocentrique », l'auteur examine les rapports de Tintin avec l'étranger et notamment la question souvent évoquée du racisme.

La première expédition hors Europe a pour cadre l'Afrique (*Tintin au Congo*) mais Tintin, ambassadeur d'une culture dominante, y est en fait chez lui puisqu'il s'agit du Congo belge, et que son aventure conforte « l'imaginaire colonialiste avec tous ses clichés » (p. 116). Les Africains sont représentés de façon caricaturale : infantiles, peureux, paresseux, parlant « petit nègre » (image typique de l'époque, comme la publicité pour Banania le montre), mais pour autant il n'y a pas, selon l'auteur, de véritable racisme dans l'album. Contrairement à celle de l'Indien d'Amérique dans l'album suivant, la représentation du Noir africain n'est pas non plus celle du « bon sauvage », car il n'y a pas de critique de la société européenne de référence et la société africaine est clairement représentée comme étant en retard sur l'Europe. Une « image paternaliste de l'Afrique, qui tend à justifier les colonies » (p. 121), est proposée, où l'Autre n'est perçu que comme un élément du décor. Quand Tintin va en Amérique, le but est « d'aller voir ce qui se passe dans le pays du capitalisme le plus pervers, après être allé dénoncer l'enfer du communisme soviétique » (p. 122-123). On trouve dans cet album la même vision stéréotypée qu'en Afrique (cowboys et indiens, gangsters, etc.) conforme à la vision des USA véhiculée par les westerns qu'ont les enfants européens de l'époque. Là non plus il n'y a pas de racisme de la part de Tintin qui reconnaît aux Indiens, même « folkloriques », le droit au respect de leur propriété (ici, un puits de pétrole) contrairement aux « businessmen » américains, qui sont des escrocs : on retrouve ici un anticapitalisme évident et l'influence « boy scout » dans l'admiration du dessinateur pour les Indiens. Les Noirs américains sont eux aussi exploités par les Américains blancs et l'auteur s'interroge sur la contradiction entre le traitement des Noirs africains et américains et fait un parallèle intéressant entre Hergé et Alexis de Tocqueville « qui a aussi bien condamné l'attitude américaine vis-à-vis des Indiens que défendu le colonialisme français en Algérie » (p. 127).

Dans le chapitre 5, « L'Autre semblable et la vision humaniste », Pierre Skilling examine la suite des *Aventures de Tintin* à l'étranger et notamment en Asie.

C'est dans les *Cigares du pharaon* que Tintin rencontre Rastapopoulos l'apatride, incarnation même du Mal et du capitalisme sauvage, immoral et inhumain qui favorise toujours « ses intérêts financiers au mépris des êtres humains et de leur dignité » (p. 132). Sa nature criminelle apparaîtra clairement dans le *Lotus bleu,* qui représente un véritable tournant dans les *Aventures de Tintin,* car à partir de cet album et jusqu'au dernier de la série, la relation de Tintin à l'Autre sera de plus en plus respectueuse. On y retrouve des éléments anticapitalistes et anti-impérialistes (notamment à travers le personnage de Gibbons, révoltant), mais surtout un premier véritable échange entre Tintin et un autochtone, Tchang. C'est le début d'une amitié profonde et durable entre le héros et un personnage non européen ainsi que d'un véritable engagement politique de Tintin en faveur des droits de l'homme.

À partir de *L'oreille cassée,* les aventures de Tintin se déroulent dans des pays imaginaires. Le héros franchit une nouvelle étape et devient capable de porter un regard critique sur sa propre culture. Il y a dans l'album un véritable éloge du « bon sauvage » à travers le personnage de l'explorateur anglais Ridgewell, qui a renoncé à la « civilisation » et partage la vie des Arumbayas, dont la société est plus stable (même si cet équilibre apparaît menacé dans les *Picaros* à cause de l'alcool fourni par le général Tapioca) et somme toute plus harmonieuse que celle du général Alcazar. Enfin, après que Tintin a fait l'effort de s'ouvrir à l'Autre, l'Autre s'ouvre maintenant à lui : son action est officiellement reconnue dans le *Sceptre d'Ottokar* par le roi Muskar qui le décore de l'Ordre du Pélican d'Or, faisant de Tintin le premier étranger à être ainsi récompensé.

Le chapitre 6, « Relativisme, allégorisme et désenchantement du politique », examine le deuxième cycle des *Aventures,* où les préoccupations du héros sont plus individuelles (par exemple les divers enlèvements de Tournesol) et où il s'agit pour lui de construire progressivement un espace privé, une « famille » constituée de lui-même (et de son chien Milou), de

Haddock, marin aux origines aristocratiques (rappel de la partialité d'Hergé pour le régime monarchique) et au langage coloré, et de Tournesol, archétype du savant distrait. C'est dans le *Crabe aux pinces d'or* que Tintin rencontre Haddock et dans le *Trésor de Rackham le Rouge* qu'il fait la connaissance de Tournesol. Il s'installe à Moulinsart, demeure ancestrale de Haddock, à partir d'*Objectif Lune* : le héros voyageur est devenu sédentaire.

Le Temple du Soleil amène le lecteur à « jeter un regard particulier sur les valeurs occidentales modernes liées à la science, opposées au respect de la tradition religieuse cultivée par les Incas d'Hergé » (p. 147) qui vivent en autarcie totale, condition de leur survie. Tintin fait preuve d'un grand respect pour leurs croyances, même s'il les manipule pour sauver sa vie et celle de sa « famille » : le héros – et le jeune lecteur – prennent conscience du relativisme des cultures. Par contre, il n'y a pas dans *On a marché sur la lune* de population à sauver ou de contact avec une autre culture (ce n'est pas de la science-fiction) mais néanmoins c'est bien d'une quête de connaissance de soi et des autres qu'il s'agit. Tintin marche sur la lune au nom de l'humanité entière et non pas d'un pays particulier et sa mission « privée » est de ramener sa « famille » à terre, soudée par l'aventure. Il y a un aspect politique à la mission : pour éviter la guerre et enseigner la paix, il faut préserver l'harmonie dans sa propre maison. Dans les albums suivants, alors que *Tintin au Tibet* est une ode à l'amitié, à la tolérance, à l'ouverture à l'Autre, dans *L'affaire Tournesol*, *Coke en Stock* et les *Picaros* le voyage est vécu par un Tintin désabusé comme une contrainte interrompant la tranquillité bien gagnée de Moulinsart. Cette quiétude est troublée quand Tintin reçoit la visite de l'Autre chez lui : cet autre n'est pas nécessairement étranger (ainsi le vendeur d'assurances Séraphin Lampion dans *L'affaire Tournesol*) et s'il l'est, ce n'est pas en tant que tel qu'il dérange. Dans *Coke en Stock,* Abdallah est insupportable non pas parce qu'il est Arabe mais parce qu'il est l'enfant gâté à qui l'on passe tous les caprices. Seuls les personnages secondaires (Nestor, les Dupond/t et même Milou) conservent leurs préjugés par rapport à l'Autre même si dans *Coke en stock* les Noirs, musulmans de surcroît, sont toujours représentés comme naïfs et émotifs. Dans *Les bijoux de la Castafiore,* les « Autres », ici les Romanichels, éternels gens du voyage, sont invités à Moulinsart par Haddock et c'est la Castafiore qui est vraiment encombrante. Grâce à ses voyages, Tintin a acquis les outils intellectuels qui lui permettent de considérer les Bohémiens comme des semblables et de présumer de leur innocence. Cependant, Tintin représente maintenant l'Européen bien installé par rapport à l'immigrant sans attache. Dans *Tintin et les Picaros,* dernier album de la série, le prétexte du voyage est de sauver la Castafiore et les Dupond/t, prisonniers du général Tapioca. Tintin, par méfiance mais aussi parce qu'il est devenu casanier, hésite à quitter Moulinsart, ce qui fait que

Haddock part d'abord seul. Arrivé au bout de son itinéraire, Tintin, désabusé, est devenu relativiste et « a compris que les passions politiques et le goût des hommes pour le pouvoir ne disparaîtront pas. Il n'empêche pas les coups d'État, il se contente de limiter les dégâts [...] » (p. 163), même s'il reste universaliste sur un plan, celui des droits de l'Homme. Tintin, au début citoyen d'un pays d'Europe, est devenu progressivement une sorte de citoyen du monde.

Dans la conclusion, l'auteur revient brièvement sur les prises de position politiques d'Hergé, accusé de sympathies pour l'extrême droite, en soulignant que Tintin est toujours du côté des opprimés et qu'il y a parfois contradiction entre la vie d'un auteur et son œuvre. Au fur et à mesure des *Aventures de Tintin,* le politique et la foi en l'État du héros se dévaluent dramatiquement. Tintin devient simple citoyen européen, habitant Moulinsart. Mais il a une haute idée du rôle du citoyen, qui est de défendre les droits de ceux qui ne peuvent se défendre contre les abus de l'État ou du système économique.

Isabelle Roblin
Université du Littoral-Côte d'Opale

Jean-Louis VEY (1995), *Jacques Becker ou la fausse évidence,* Lyon, Aléas Éditeur.

Relativement peu de monographies ont été consacrées aux cinéastes français d'avant la Nouvelle Vague. Parmi ceux-ci, le réalisateur Jacques Becker (1906-1960) reste surtout connu pour ses quelques films remarqués, produits pour la plupart durant les années 1950, dont voici une sélection : *Casque d'or* (1952), *Touchez pas au grisbi* (1954), *Ali Baba et les quarante voleurs* (1954), *Les aventures d'Arsène Lupin* (1957), sa biographie filmée du peintre Modigliani intitulée *Montparnasse 19* ou *Les amants de Montparnasse* (1958) et enfin une œuvre posthume, *Le trou* (1960), sur le milieu carcéral, sorti un mois après sa mort. Inscrit dans la lignée réaliste, Jacques Becker ne faisait partie d'aucun courant ni de la Nouvelle Vague française (1958-1962), caractérisée par sa spontanéité et son renouveau. On le considérait plutôt comme un continuateur de son ami Jean Renoir (dont Becker avait été l'assistant), par la parenté de leur style et par la justesse de sa direction d'acteurs. Néanmoins, les réalisateurs de la Nouvelle Vague issus des *Cahiers du cinéma* (Godard, Rohmer, Truffaut) reconnaissaient le talent du metteur en scène et la valeur indéniable de ses films, alors que le reste de la critique pouvait à l'occasion louanger certains de ses films sans toutefois considérer Becker lui-même comme un réalisateur important et vraiment original. Quiconque a vu le film *Touchez pas au grisbi* se souviendra d'une séquence d'anthologie, montrant la distribution des gifles par Jean Gabin, jouant le rôle d'un malfaiteur charmant mais agressif.

Les œuvres de cinéastes comme Becker font maintenant l'objet de redécouvertes et de relectures depuis la récente réédition de plusieurs de leurs films en format DVD. Si l'on excepte les catalogues (relativement récents) de rétrospectives et d'autres opuscules, il n'existait avant le livre de Jean-Louis Vey qu'une seule monographie, écrite jadis par Jean Queval, en 1962, dans la célèbre collection « Cinéma d'aujourd'hui » aux Éditions Seghers, consacrée à l'œuvre du cinéaste Jacques Becker. Deux autres titres sont parus depuis (Nauman, 1997 et 2001). Ceux pour qui le nom de Jacques Becker semblera familier se souviendront que celui-ci est le père de Jean Becker, également réalisateur (entre autres) du film *L'été meurtrier* (1983), qui mettait en vedette Alain Souchon et Isabelle Adjani.

Le livre *Jacques Becker ou la fausse évidence* est arrivé à point nommé. Non seulement Jean-Louis Vey a comblé une lacune, après plusieurs décennies de silence de la critique sur ce corpus, mais il propose dans son livre un excellent modèle de monographie dans le domaine des études cinématographiques. D'abord, Jean-Louis Vey réussit à redonner aux films de Becker leurs lettres de noblesse, en réhabilitant des œuvres qui étaient restées incomprises, ou simplement considérées comme de beaux films anodins. Les témoignages plus emphatiques se résumaient alors à quelques commentaires élogieux provenant d'autres cinéastes contemporains de Jacques Becker, comme Jacques Doniol-Valcroze, Jean-Pierre Melville ou François Truffaut, qui avaient durant les années 1950 signé des critiques pour des revues spécialisées comme *Les Cahiers du cinéma*. Ensuite, Jean-Louis Vey met en place différents outils méthodologiques qui permettent de repérer diverses interprétations de l'ensemble de l'œuvre du cinéaste.

Dans les premiers chapitres, l'auteur cherche le fil conducteur qui pourrait relier les films de Becker, pourtant caractérisés par des genres disparates et des atmosphères très variées. Celui-ci met en évidence les thèmes dominants (la solitude, les difficultés du couple), thèmes qui, tout au long de son œuvre, reviennent inévitablement d'un film à l'autre, faisant de Becker un véritable auteur au cinéma. Depuis les écrits d'Andrew Sarris (1996), on convient que l'auteur au cinéma se caractérise par l'unité thématique et stylistique dans l'ensemble de son œuvre, peu importe les adaptations, les films de commande et les différents collaborateurs rencontrés. La dernière moitié du livre, plus audacieuse, prolonge les premières intuitions en utilisant la grille psychanalytique pour tenter de mieux saisir les thèmes particuliers du sadomasochisme et de l'autodestruction dans l'œuvre de Becker, et spécialement dans son avant-dernier long métrage, *Montparnasse 19,* l'un des derniers films tournés avec Gérard Philippe.

Le livre *Jacques Becker ou la fausse évidence* se veut une référence pour s'initier aux films de ce réalisateur. Malgré le nombre restreint d'ouvrages consacrés à ce cinéaste disparu prématurément (Nauman, 1997 et 2001), on peut considérer cette monographie de Jean-Louis Vey comme une excellente initiation à l'œuvre méconnue de Jacques Becker.

Yves Laberge
Institut québécois
des hautes études internationales
Université Laval

Références bibliographiques

NAUMAN, Claude (1997), *Le système des personnages dans les films de Jacques Becker,* (s. l.), Presses universitaires du Septentrion.

NAUMAN, Claude (2001), *Jacques Becker,* Paris, BIFI – Bibliothèque du film. (Coll. « Ciné-regards ».)

QUEVAL Jean, *et al.* (1962), *Jacques Becker,* Paris, Éditions Seghers. (Coll. « Cinéma d'aujourd'hui ».)

SARRIS, Andrew (1996), *American Cinema Directors and Directions, 1929-1968,* New York, Da Capo Press.

questions de communication

Interculturalités

4 • 2003

Dossier coordonné et présenté par Sylvie Thiéblemont-Dollet

Échanges

Notes de recherche

PRIX AU NUMÉRO   20 euros (frais de port de 3,25 euros en sus)
ABONNEMENT (1 an, 2 numéros)   32 euros (frais de port de 6,50 euros en sus)

Presses universitaires de Nancy • pun@univ-nancy2.fr

Revue publiée avec le concours du Centre de recherche sur les médias (université de Metz)
du Groupe de recherche en information, communication, progagandes (université Nancy 2)
et le soutien du Conseil régional de Lorraine et du Centre National du Livre

RECHERCHE

DÉVELOPPEMENT DES CONNAISSANCES

RÉFLEXION CRITIQUE

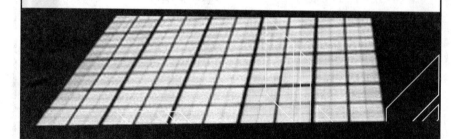

Des démarches essentielles à l'amélioration continue des relations publiques au Québec

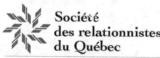

Société
des relationnistes
du Québec

La référence en relations publiques

www.srq.qc.ca

TARIF PUBLICITAIRE

Demi-page

- 1 parution   100 $
- 2 parutions   175 $

Pleine page

- 1 parution   175 $
- 2 parutions   300 $
- La taxe canadienne TPS est incluse dans les prix affichés
- La taxe québécoise TVQ est incluse dans les prix affichés

La revue *Communication*
B-5604 Pavillon L.-J. Casault
Université Laval
Québec (Québec)
Canada G1K 7P4

Infographie : Isabelle Tousignant
Correction des épreuves : Isabelle Bouchard
Infographie de la page couverture :   Caron et Gosselin
                                       Communication graphique

ISSN : 0382 7798
ISBN : 2-89518-183-7
Dépôt légal : Bibliothèque nationale du Québec, 2e trimestre 2004

ACHEVÉ D'IMPRIMER
CHEZ AGMV
MARQUIS
IMPRIMEUR INC.
CAP-SAINT-IGNACE (QUÉBEC)
EN MAI 2004
POUR LE COMPTE DES ÉDITIONS NOTA BENE

Dépôt légal, 2e trimestre 2004
Bibliothèque nationale du Québec